Crishnamurti's Notebook

クリシュナムルティ・ノート

拡大完全版 Full Text Edition

J. クリシュナムルティ 著
中野多一郎 訳

たま出版

私は「クリシュナムルティ・ノート」を旅行中に日記として書きましたが、出版するために書いたのではありません。私は、自分がプロセスと呼ぶものを記述しています――日常的な世界の外にある感覚で、完全に平和で葛藤から離れている感覚です。これは時折起こるに過ぎません。そして、明らかにこれを経験したことのない人にこれを説明するのは不可能です。しかし私は、高揚した意識に伴う現実の痛みと感覚を言葉に表そうと試みました。ロマンチックな方法でそうしているつもりはありません。もし人がある種の規律ある穏やかな生活を送れば、人は何らかのエネルギーを生み出します――それは科学的な事実です――そしてそれが人の頭脳の非機械的な部分に影響して、人は新しい次元に入っていきます。ところが、身体的有機体はそれに出会えないので人は苦痛を感じます。私は誰もがここへ到達しなさいと言っているのではありません。しかし、私の思考や考え方についてきた人たちにとって何が起こっているのかをもっと個人的なレベルで知ることは興味深いものとなるかもしれません。

――J．クリシュナムルティ

［ガーディヤン紙のインタビューから］

◎目次

拡大完全版序文

R. Mc.

一九七六年に「クリシュナムルティ・ノート」が初めて出版された時、タイプ原稿にされる以前の彼の原稿は手書きで三百二十三ページあり、ページ番号が彼自身によって付けられていました。その原稿がその時は彼のノートの全てであると考えられていました。

ところが二〇〇〇年に、クリシュナムルティ自身の手書きによる「クリシュナムルティ・ノート」の三十二ページにわたる追加部分が、オーハイの米国クリシュナムルティ財団の一九八〇年から続いていたクリシュナムルティ保管文書の発掘作業によって発見されました。これらのページには、元の「クリシュナムルティ・ノート」からの旅程の日付と、クリシュナムルティ自身が書いたページ番号が連続して記されていました。これらの追加部分がなぜ元のノートから切り離されてしまったのかは分かりません。これらの追加部分は一九六二年の一月二十四日から三月十九日までで、この拡大完全版の最後に収められています。

初版の序文でメアリー・ルティエンスは、そのような追加部分をクリシュナムルティは以前も以後も残さなかったと書いています。しかし「クリシュナムルティ・ノート」が出版された後から、彼女はクリシュナムルティが一九七三年九月から一九七五年四月まで日記を付けていたことを知りました。これは“Krishnamurti's Journal”(「クリシュナムルティの日記」めるくまーる・一九八三年)として一九八二年に出版されています。そして一九八三年に、彼は一人で、朝、座りながらテープに向かって、独特の「ノート」を吹きこみました。これは一九八七年に“Krishnamurti to Himself — His last journal”(「最後の日記」平河出版社・一九九二年)として出版されました。

インドの都市名であるボンベイやマドラスやベナレスは、現在ではそれぞれムンバイやチェンナイやヴァーラーナシーとなっています。クリシュナムルティの時代には前者の名が使われていましたので、本書では歴史的な意味合いを込めてそれらの都市名を記しました。

初版序文

メアリー・ルティエンス

一九六一年六月に、クリシュナムルティは彼の知覚や意識の状態を日記の形で書き始めました。彼は、約十四日間を除いて七か月間書き続けました。鉛筆で、実質的には消しゴムを使わずにはっきりと書きました。原稿の最初の七十七ページは小さなノートに書かれていますが、それ以降、最後（原稿の三百三十一ページ）までは大きめのルーズリーフ式ノートが使われました。

その日記は突然始まり、突然終わります。クリシュナムルティ自身は、何が彼をそのように促したのかを言うことができません。彼は、そのような日記をそれ以前にもそれ以後も付けていません。

原稿には必要最小限の編集的措置が加えられています。クリシュナムルティの綴り方から正しい綴り方に直しています。幾つかの句読点が明瞭性の観点から加えられています。彼がいつも使う〝&〟などの略語は略さずに完全に元の綴りにしてあります。幾つかの脚注と角括弧を施した付加的注が加えられています。これらを除けば「クリシュナムルティ・ノート」は最初に書かれたままになっています。

ここでひと言説明を必要とする言葉に「プロセス」があります。一九二二年、二十八歳の時に、クリシュナムルティは彼の生涯を変える深い内的な体験をしました。それは、何年もの鋭くてほとんど途切れることのない痛みを彼の頭脳と脊髄にもたらしました。彼はその不思議な痛みを「プロセス」と呼び、それがもっと穏やかな状態ではあるけれども、その時以降ほとんど四十年近くずっと続いていたと日記の中に書いています。「プロセス」は身体的な現象です。それを、クリシュナムルティがノートの中で様々に言及している「天恵」や「他者性」や「際限のなさ」などの意識の状態と混同してはなりません。彼は、この「プロセス」に対して、いついかなる時でも鎮痛剤は一切使いませんでした。彼はお酒を飲まず、いかなる種類の薬も使ったことがなく、煙草を吸ったことがありません。過去三十年くらい、お茶やコーヒーすら飲んでいません。彼は、これまでずっと菜食家として過ごして来ましたが、いつもバランスのとれた豊かな食事を心がけています。彼によれば、禁欲主義というのは自由放縦と同様に宗教的な生活を破壊するものなのです。

彼は、騎兵隊将校が愛馬を大事にしたと思われるように、身体（彼は身体とエゴをいつも分けています）に実に気を配っています。彼は、幻視や他の精神現象を引き起こすとされる癲痫やその他の身体的な状態を患ったことがありません。また、いかなる瞑想〝法〟も試みたことがありません。クリシュナムルティの意識の状態が、今も、そして今までも薬物や断食によるものではないことを読者の方々に肝に銘じて頂くために、敢えてこうして記しています。

このユニークな日記を通して、我々はクリシュナムルティの発言の源泉と言えるかもしれない場所に立ち会うことになります。彼の発言の本質が自然な形でここに現れているのです。

「この天恵の中には、いつでも何か新しいものや、新しい質や、新しい香りがありますが、それでもそれはいつも不変です」

と「ノート」の中で記しているように、彼の発言がしばしば同じ言葉の繰り返しになっていても、それらは決して同じ内容の繰り返しではないのです。同様に、何回も何回も彼が繰り返して記す樹々や山々や川や雲や陽光や鳥たちや花々は、それらをそのつど初めて見るような眼で見るので、それらは永遠に〝新しい〟のです。それらは毎日毎日、全く新鮮な印象なのです。そして、それは我々にとっても全く同じことです。

一九六一年六月十八日にこの日記を書き始めた時、クリシュナムルティはニューヨークの西八十七番街の友人たちの所に滞在していました。彼はロンドンに約六週間滞在して十二回のトークを行い、六月十四日にニューヨークに降り立ちました。ロンドンに来る前にはローマとフィレンツェにいました。そしてその前に、新年の三か月間をインドで過ごし、ニューデリーとボンベイでトークを行っています。

Ojai, California

一九六一年六月十八日（ニューヨーク）

夕方それは現れて、突然部屋を満たしました。それは美と力と優しさの大いなる感覚でした。他の人達もそれに気づきました。

十九日

目を覚ますと、それは一晩中いつでも現れていました。頭がひどい状態でしたが、空港へ向かいました——頭脳の浄化が必要です。頭脳はあらゆる感覚の中心で、感覚が気を抜かずに警戒していて鋭敏であればあるほど、頭脳はより鋭くなります。それは記憶や過去を司っている中心で、経験、知識、伝統が仕舞い込まれている所です。従って、それは制限を受けていて、条件づけられています。その活動は計画的で、よく考えられていて論理的ですが、制限を受けている時空の中の機能です。従ってそれは、余すことのないものや、全体や、完全なものを形に表すことも理解することもできません。完全なものや全体は精神です。それは空虚、余すことのない空虚です。この空虚ゆえに、頭脳が時空の中に存在するのです。頭脳が、その条件づけや貪欲や嫉妬や野望を自ら洗い流したときのみ、完全なものを理解することができます。愛はこの完全なものです。

二十日

それは、オーハイ*へ行く車の中で再び始まりました。圧迫感と際限のない壮大な感覚でした。壮大な感覚を経験しているというよりも、単に、それがそこに現れているだけでした。そこから、或いはその中で経験が起こっている中心が存在していませんでした。車や人や広告塔など、全てのものがはっきりと見えていて、色彩が痛いほど強烈でした。それは一時間以上続き、頭がとてもひどい状態で、頭全体に痛みがありました。

頭脳は発達が可能ですし、発達しなければなりません。その発達にはいつも原因があり、それは反射的な反応であって、暴力から非暴力へなどとなるでしょう。原始的な状態から発達してきた頭脳は、どんなに洗練され、どんなに知的になっても、どんなに技術的に高度になっても、時空の境界の中でしょう。

無名とは謙虚のことで、名前や服装を替えることの中にあるのでもなければ、理想や英雄的な行為や国家などの無名的と思われるようなことと一体化することでもありません。頭脳の産物である無名性は意識された無名性ですが、完全なものに気づくことでやってくる無名性があります。完全なものは決して頭脳や観念の領域の中にはありません。

＊ロサンゼルス北方約八十マイルにあるオーハイ谷。

二十一日

二時頃、目を覚ますと奇妙な圧迫感があり、以前にも増して激しい痛みが頭の中心部にありました。それは一時間以上続き、圧迫感の強烈さで何回か目が覚めました。毎回強烈に広がる喜悦があり、それがしばらく続きました。

――歯科医院で、椅子に座って待っていると、突然、またも圧迫感が起こりました。頭脳は非常に穏やかになって、震えていて、とても生き生きとしていました。あらゆる感覚が気を抜くことなく警戒していて、目は窓にいる蜂や蜘蛛や鳥や遠くの紫色に煙った山々を見ていました。目は見ていても、頭脳はそれらを記憶していませんでした。震えている頭脳を、途轍もなく生き生きと振動していて、単に記憶している何かではない頭脳を感じることができました。圧迫感と痛みがひどく、体は朦朧とした状態になっていたに違いありません。

自己に批判的に気づくことが殊の外大切です。想像と幻想は正確な観察を歪めます。快楽の持続と苦痛の除去を願う強い衝動がある限り、幻想はいつも存在するでしょう。それは続くと心地よく、思い出すと楽しい経験の要求であり、苦痛や苦悩の除去です。それらはいずれも幻想を生み出します。幻想を完全に払い除けるためには、コントロールや理想化や何かとの一体化や否定ではなく、快楽や悲しみが理解されなければなりません。

頭脳が穏やかなときにのみ、正しい観察が可能です。頭脳が穏やかになることは可能でしょうか。頭脳がとても鋭敏で、頭脳の歪みをもたらすものが何もなく、頭脳が否定的に気づいているときに、それは可能です。

午後、ずっと圧迫感が続いています。

二十二日

夜中に目を覚ますと、計り知れず広がる精神の状態を経験していました。精神自体がその広がりでした。その状態の〝感覚〟は、あらゆる感傷や情動が抜け落ちている感覚でしたが、それは紛れもない事実で、とてもリアルでした。その状態がかなりの間続きました。午前中、圧迫感と痛みが強烈でした。

破壊は本質的です。それは建物や物質の破壊ではなく、全ての精神的な装置や精神的な防御物の破壊で、神や信仰の破壊であり、僧侶や経験や知識などに依拠することの破壊です。これらが破壊されない限り、不可思議な創造はありえません。自由の中にのみ不可思議な創造がありえます。他の人がこうした防御装置を壊してあげることはできないのですから、自ら気づいて破壊しなければならないのです。

革命は、社会的であろうと経済的であろうと、ただ外面的な状態や物事を、範囲を拡大して、或いは範囲を縮小して変えているだけで、いつも思考の限られた領域の中の出来事にすぎないでしょう。余すことのない革命のためには、頭脳が、権威や嫉妬や恐怖など、それ自身の秘かな内面の仕組みを捨て去ってしまわなければならないのです。

柔らかな葉の美しさと力強さは、破壊に対する脆さです。舗道の隙間から萌え出す草の葉のように、それには死を呆気なくやり過ごせる力があります。

二十三日

不可思議な創造は個人のなせる業《わざ》ではありません。個人の能力や才能や技術が優勢になると、それは全く止んでしまいます。不可思議な創造は全体の不可知的な本質であり、部分の表現では決してありません。

ちょうどベッドへ行こうとした時に、イルエル*のときと同じものが部屋を満たしていました。それは部屋だけでなく、地平線から地平線まで地上を覆っているようでした。それは天恵でした。

圧迫感が、奇妙な痛みを伴って午前中ずっとあり、午後も続いています。

歯科医院の椅子に座って、窓から垣根越しに、テレビのアンテナや電柱や紫色に煙っている山々を見ていました。単に目だけでなく頭脳全体で、まるで頭脳の後ろから、全存在を傾けて見ていました。それは奇妙な経験で、観察がそこから起こっているはずの中心がないのでした。山々の色彩や美や形が鮮烈でした。

思考のあらゆる性向が理解されなければなりません。というのは、全ての思考が反射的な反応であり、そのことから起こるどのような行動も混乱と葛藤をただ増大させるだけだからです。

＊クリシュナムルティが四月に滞在していた家で、フィレンツェの北方にあります。

二十四日

昨日、圧迫感と緊張感が一日中ありました。それが今はもっと厄介なものになっていて、一人になった途端に始まります。それが続いて欲しいとか、続かないと落胆するという思いはありません。望むと望まないとに関係なく、それは単純に現れていて、あらゆる理由や思考を超えています。

それ自身のために何かを行うということはなかなか難しいようで、ほとんど望むべくもないようです。社会的価値は、他の何かのために何かを行うことに基づいています。このことは、不毛な存在、決して完全ではなく十分ではない生を助長します。これが、ばらばらになっている不満の原因の一つです。

満足していることは醜いものですが、不満は憎悪を生みます。天国へ行くために有徳者でいるとか、社会的に尊敬すべきことや社会を是認することは、生を不毛な農地に――何回も何回も繰り返し耕すけれども、一向に種が播かれたことのない不毛な農地にします。他の何かのために何かを行う行動は、本質的に複雑な一連の逃げの行動であり、自分自身や現実からの逃避です。

本質の経験なしに美はありえません。美は、単なる外側のものの中や、内側の思考や感情や観念の中にはありません。美は、全ての思考や感情を超えたところにあります。本質こそが美です。美に対極はありません。
圧迫感が続いていて、緊張感が頭部の底にあり、痛みがあります。

二十五日

夜中に目を覚ますと、完全に静まっている体が仰向けの姿勢で手足を伸ばして、身動きしていないのが分かりました。この状態がしばらく続いていたはずで、圧迫感と痛みがありました。頭脳と精神はとても落ち着いていて、二つの間に区別がありませんでした。二つの大きな発電機が高速度で回転しているような、奇妙で静かな強烈さがあり、張りつめていない妙な緊張感がありました。あらゆるものに関する壮大な感覚と、方向性や理由がないために残虐さや冷酷さを欠いた力がありました。それは午前中ずっと続きました。

過去一年余りの間、夜中に目を覚まして、寝ているときの様々な状態を、はっきりとした頭脳の状態で経験するようになっていました。まるで、何が起こっていたのかを記録するために、頭脳が目を覚ますかのようでした。しかし面白いことに、その特殊な経験はすぐに消え去ってしまうのでした。頭脳は、それを記憶の中に折り畳んで保存しておくことをしませんでした。

破壊のみがあって変化はないのです。というのは、全ての変化が、それまでに起こったことの形を変えた継続だからです。全ての社会的革命や経済的革命は反射的な反応であり、それまでに起こったことの形を変えた継続です。そのような変化が、自己中心的な活動の根源を破壊することは決してありません。

我々が言っている意味の破壊には動機がありません。この破壊には、結果を求めて行動するという意味の目的がありません。嫉妬の破壊は、余すことなく完全に行われます。それは抑圧や支配からの自由や、いかなる動機も持たないことを意味します。
この余すことのない破壊というのは可能で、嫉妬の構造を余すことなく見るときに起こります。このように見ることは、時空の中ではなく、瞬時に起こります。

二十六日
圧迫感と緊張感が非常に強く、昨日の午後と今朝ありました。ただ、はっきりした変化があり、それらが後頭部から口蓋を通って頭頂にまで達していました。奇妙な強烈さが続いていて、このことが始まると、安静にしていなければなりません。
コントロールは、どんな形であれ、余すことなく理解するための障害になります。規律化された生は、順応を宗《むね》とする生き方で、順応の中には恐怖からの自由がありません。習慣は自由を破壊し、考え方の癖や飲酒癖などは表層的で、鈍重な生き方を助長します。信仰や教条や儀式などを伴う組織化された宗教は、精神の壮大な広がりへ入っていくことを否定します。精神の壮大な広がりへ入っていくことこそが、頭脳から時空を洗い流します。頭脳から時空が洗い流されるので、頭脳は時空を扱うことができます。

二十七日

イルエルの時と同じものが現れ、大いなる優しさを伴って、辛抱強く、温かく待ち受けていました。それは暗夜の稲光のようでしたが、辺りに染み渡っていて至福的でした。

何か奇妙なことが身体に起こっています。それが何か正確に指摘できないのですが、それには〝奇妙な〟執拗さや突き動かす感覚があり、それは自分自身で作り出したものでも、想像力によって生み出されたものでもありません。緑陰の中や、部屋の中で独り静かにしていると、手に取るようにそれが感じられ、寝ようとすると、それはひどく差し迫った様子で現れます。その圧迫感と緊張感が、今こうして書いているとき、いつもの痛みを伴って現れています。

このようなことを形に表したり、言葉で表現したりすることは全く無駄のように思えます。言葉は、それがいくら正確でも、その表現がいくら精緻でも、実際のことを伝えてはいないのです。

言葉では言い表せない大いなる美が、これらの中にあります。

生の中には、ただ一つの活動、外面的な活動と内面的な活動があるだけで、それらは分断されているけれども、本来は分断できません。それらが分断されているので、ほとんどの人は知識、思想、信仰、権威、安全、繁栄などの外面的な活動を追います。このことに反射的に反応して、人は展望、希望、意欲、秘密、葛藤、絶望を伴ったいわゆる内面的な生を追います。この内面的な活動は反射的な反応なので、外面的なものと衝突します。そこで心痛や不安や逃避を伴った矛盾が起こります。

ただ一つの活動があるだけで、それは外面的な活動と内面的な活動です。外面的なものを理解することで、対立や矛盾を起こさない内面的な活動が始まります。対立が取り除かれると、頭脳は感受性が鋭敏になり、気を抜かずに警戒しているけれども、穏やかになります。そうするときのみ、内面的な活動に根拠と意義があります。

この活動から、寛容さと、理性や目的意識的な自己否定の結果ではない慈悲心が生まれます。花は忘れられても、捨て置かれても、破壊されても、美の中で強靭です。野心家に美は分かりません。本質に触れることが美です。

二十八日

夜中に目を覚ますと、叫んだり、唸ったりしていました。圧迫感と緊張感が特別な痛みを伴っていて、強烈でした。それはしばらく続いていたはずで、起きてからもしばらく続いていました。叫び声と唸り声がしばしば起こります。それらは食物の消化不良によって起こっているのではありません。

歯科医院で椅子に座って待っていると、このようなことが再び起こり始めました。そして午後はずっと、今これを書いている時も続いています。よりはっきり分かるのは、一人でいるときや美しい場所にいるときであり、或いは騒々しくて汚れている通りにいる時でさえも、それをよりはっきりと感じました。

神聖であるものにはいかなる属性もありません。寺院の石像や教会の肖像やシンボルは神聖なものではありません。人はそれらを、複雑に込み入った衝動や恐怖や願望から、神聖なもの、或いは礼拝されるべき聖なるものと呼びます。この〝神聖さ〟は依然として思考の領域内であり、思考によって築き上げられますが、思考の中には新しいものや聖なるものはありません。思考は、システムや教条や信仰などの込み入ったものを作り上げることができますが、それが思い描くイメージやシンボルは、家屋の青写真や飛行機の設計図が聖なるものとは言えないように、聖なるものではありません。それらは全て思考の境界内であり、それらに神聖なものや神秘的なものは何もありません。思考はものであり、どのようなものにもすることができます、美しいものにも醜いものにも。

しかし、思考から生まれたのではない、或いは思考によって蘇った感情から生まれたのではない神聖なものがあります。それは思考によっては認識できないし、思考の用に供されることもありえません。思考はそれを形にすることができません。シンボルや言葉では触れられない神聖なものがあります。それは伝えられません。神聖な事実があります。

事実は見られるものです。見るのは言葉を通してではありません。事実が解釈されると、それは事実ではなくなり、全く別のものになります。

このように見ることが、この上なく重要です。このように見ることは、時空の外に出ることであり、一瞬であり、瞬時です。そして、見られるものは同じものの繰り返しでは決してありません。再びとか、その間に、ということはありません。

神聖なものは崇拝者とは無縁であり、それを瞑想の対象とする観察者とも無縁です。それが市場で売り買いされることはありません。美と同様に対極が存在しないので、それを対極から見ることはできません。

それがここに現れていて、部屋を満たし、丘に溢れ、河を越え、大地を覆っていました。

昨夜は、以前、一、二度起こったことがあるように、体はただの有機体に過ぎなくなって、空虚に、静かに機能していました。

二十九日

深い痛みの圧迫感と緊張感があり、体の奥深いところを手術されているかのようです。それがどんなに微かなものであっても、自分自身の意志によって引き起こされているのではありません。試みに、わざとしばらくの間、その深部まで行き、それを誘い出そうとしてみました。また、独りになるなどして、様々な外的な条件を生みだそうとしてみました。しかし何も起こりません。これらのことは全て最近のことではありません。

愛は愛着ではありません。愛は悲しみを生みません。愛は絶望や希望とは無縁です。愛が社会的に賞賛されることはありえませんし、社会組織の一部にはなりえません。それがないとき、あらゆる形の労苦が始まります。

所有することや所有されることが愛の形と考えられています。人や財産を所有したいという衝動は、単に社会や環境の要請ではなく、もっと遥かに深いところに根ざしています。それは孤独の深部からやってきます。誰もが、この孤独を飲酒や組織宗教や信仰や何らかの活動など、様々な方法で埋めようとします。それらは全て逃避であり、孤独は依然として存在したままです。

何らかの組織や、何らかの信念や行動に献身的になるということは、それらに消極的に所有されることです、或いは積極的にそれらを所有することです。消極的被所有も積極的所有も、共に何か良いことをして、社会を変えていて、それらがいわゆる愛であるということになります。愛の名のもとに、他の人を支配したり、他の人を形作ったりするのは、所有しようとする衝動で、安全性や安心を他の人の中に見つけようとする衝動であり、慰めです。他の人を通じて、或いは何らかの活動を通じて自分を忘れようとすることは愛着を助長します。この愛着から悲しみと絶望が生まれ、このことから無関心になるという反射的な反応が起こります。この愛着と無関心の矛盾から葛藤と欲求不満が生じます。

孤独からは逃げられません。それは事実であり、事実から逃げることは、混乱と悲しみを生みます。

しかし、何も所有しないということは途方もない状態です。一つの観念をも所有しないことでも途方もないのに、ましてや人や物を所有しないことなら尚更です。観念や思考が根を下ろすと、それは既に一つの所有物になり、そうして自由になるための戦いが始まります。この自由とは本質の自由ではなく、ただの反射的な反応に過ぎません。反射的な反応が根を下ろすと、我々の生は、その根の蔓延《はびこ》る土壌になってしまいます。全ての根を一つひとつ切ろうとするのは心理的な愚行です。それは不可能です。人はただ、孤独という事実を見なければならず、そうすると他の全てが消え去ります。

三〇日

昨日の午後はそれがとてもひどくて、数時間続き、ほとんど耐えられませんでした。地肌が露出している紫色の岩山に囲まれて歩いていると、突然、独存性を感じました。完全な独存性です。至る所に独存性があり、それは計りがたい大いなる豊かさを秘めていて、思考と感情を超えた、あの美を湛えていました。それは静かではなく、生き生きと活動していて、あらゆる所に満ちていました。高い岩山の頂上が夕陽で赤々と燃えていて、その光と色彩が独存性を湛えて天空に満ちていました。

それは独特で、孤立しているのではなく、地球の全ての河川を内に含む雨のしずくのように、独存していました。それは喜ぶのでもなく悲しむのでもなく、それには形や色のような質がありませんでした。形や色があれば、それを認識できて計り知りうるものにするでしょう。

それは閃光のようにやってきて受精しました。それは発芽しませんでしたが、その全容を現しました。成熟する時間がありませんでした。時間は過去に根ざしています。それは根や原因を欠いた状態でした。従って、それは余すことなく〝新しく〟、これまでに存在したこともなければ、これから先も決して存在しない状態です。というのは、それは生きているからです。

孤立は知ることができるし、孤独も同様で、それらは認識できます。それらが実際に、或いは想像上、しばしば経験されているからです。それらをよく知っていることが、正に、ある種の独善的な軽蔑や冷笑と神々の温床となる恐怖を生みます。しかし、自閉的孤立や孤独が独存性に至ることはなく、それらは用済みにされなければなりません。何かを得るためにではなく、柔らかな花が朽ち果てるように、自然に、それらは潰えなければなりません。抵抗は恐怖を生みますが、抵抗は受容も生みます。頭脳は、それら全ての巧妙な装置を洗い流して自身を綺麗にしなければなりません。

全ての自己汚染的な意識の右往左往とは無関係でいて、それらとは全く異なるものが、この際限のない独存性です。その中で、あらゆる不可思議な創造が起こります。不可思議な創造は破壊するので、それは正に未知のものです。

全ての過去の夕方に、この独存性がありました。そして今もあります。夜中に起きると、それはそこに依然として現れていました。

圧迫感と緊張感が、繰り返す波の中で強くなったり弱くなったりしています。それが、今日の午後、かなりひどくなっています。

七月一日

全てがまるで静まり返っているようで、いかなる活動もざわめきもなく、考えることや見ることの全てが完全に止んでいます。解釈する者、観察する者、批評する者がいません。全く静かで沈黙している計りがたい壮大さがあります。空間がなく、空間を覆う時間もありません。全てのものの始まりと終わりがここにあります。それについて言える何ものも実際にありません。

圧迫感と緊張感が一日中穏やかに続いていました。それが今、ただ増してきているだけです。

二日

昨日起こった、あの計りがたい壮大さが、人々がいて話をしているにもかかわらず、夕方ずっと続いていました。それは一晩中続き、午前中にも現れ、会話がやや激しく感情的になっていたにもかかわらず、突然、会話の最中に現れました。そして、今ここに現れていて、それには美と栄光と、この世のものではない喜悦があります。

圧迫感と緊張感がやや早く始まりました。

三日

一日中ずっと外出していました。全てが同じ状態で、午後、人で混雑する街頭にいても、圧迫感と緊張感が二、三時間続いていました。

四日

忙しかったけれども、午後、圧迫感と緊張感がありました。

日常の生活で何を行おうと、そのことによる衝撃や様々な結果が傷となって残ることのないようにしなければなりません。そのような傷はエゴや自己となり、生活していくうちに強固になり、その壁はほとんど難攻不落なものになります。

五日
とても忙しかったけれども、穏やかになると、いつでも圧迫感と緊張感が現れました。

六日
昨夜、あの完全な静寂と沈黙の感覚と共に目が覚めました。頭脳は全く気を抜かずに警戒しており、途轍もなく生き生きとしていました。肉体はとても落ち着いていて、その状態が、疲労困憊した一日にもかかわらず、およそ半時間続きました。
強烈さと感受性の高まりは本質を経験することです。言葉や感情を超えた美というのはこのことです。姿形と深さ、或いは光と影は時空の制限を受けていて、美醜に囚われています。線と形、学習と知識を超えたものが本質の美です。

七日
何回か目覚めて叫んでいました。再び、あの頭脳の強烈な静寂と壮大さの感覚がありました。圧迫感と緊張感が続いていました。
成功は野蛮なものです。成功には政治や宗教、芸術、ビジネスなど、様々な形があります。どんな形であっても、成功しているということは冷酷さを意味します。

八日

寝ようとする前や寝入る前に、何回か唸り声と叫び声が起こりました。体が旅行のために落着きをなくしています。今夜、「ロサンゼルス経由で」ロンドンへ出発します。ある程度の圧迫感と緊張感があります。

九日

雑音と煙草の煙と大きな声のお喋りの中、飛行機の座席に座っていると、全く思いがけずに、際限のなさの感覚と共に、イルエルで感じたあの途方もない天恵、あの差し迫った神聖なものの感覚が起こり始めました。人ごみと雑音などで神経が高ぶっているにもかかわらず、それは現れました。圧迫感と緊張感が強烈で、後頭部に激痛を感じました。この状態だけが存在していて、これを観察している当人はどこにもいませんでした。身体全てがその中に入っていて、神聖なものの感覚が余りにも強烈なので、呻き声が体から漏れてしまいました。乗客たちが周りの席に座っていました。それは夜遅くまで数時間続きました。肉体の目だけではなく、まるで一千世紀が畳み込まれている眼差しで見ているかのようで、全く不思議な出来事でした。頭脳は完全に空虚で、あらゆる反射的な反応が止んでいて、その間、ずっとその空虚に気づかず、書いているときにだけそれは既知のものなのですが、その知識はただ描写しているのに過ぎなくて、真実ではありません。

頭脳が自らを空虚にするのは奇妙な現象です。目を閉じていると、肉体や頭脳が底なしの深みへ、信じがたい感受性と美の中へ落ちて行くようでした。隣の乗客が何か話しかけてきたので答えましたが、それでもこの強烈さは現れていて、それには継続性がなく、それはただ存在しているだけでした。

夜明けがゆっくりとやってきて、晴れ渡った空が明るくなりました。これを、遅い時間に、不眠の倦怠感と共に書いている間、あの神聖なものが現れています。圧迫感と緊張感もあります。

London

十日

僅かの睡眠にもかかわらず目が覚め、頭の中に集中している、駆り立てるエネルギーの大いなる感覚があるのに気づきます。肉体は唸っていましたが、非常に落ち着いていて、手足を平らに伸ばし、非常に穏やかでした。その部屋は満員のようで、深夜、隣の部屋の扉がバタンという音と共に閉まりました――何の考えも何の感情も起きませんでしたが、頭脳は気を抜かずに警戒していて敏感でした。圧迫感と緊張感が痛みを伴って現れていました。この痛みで奇妙なことは、それが肉体を少しも消耗させないことです。頭脳の中で相当なことが起こっていると思えるのに、何が実際に起こっているのか言葉にすることができません。計り知れなく広がっていく感覚がありました。

十一日

圧迫感と緊張感がやや重く圧《の》しかかっていました。そして痛みがあります。このことで奇妙なところは、肉体が少しも抗議したり、抵抗したりしないことです。これらには何か未知のエネルギーが含まれています。忙しくてあまり多くを書けません。

Gstaad, Switzerland

十二日

昨夜はひどくて、叫んだり唸ったりしてしまいました。頭痛がしていました。僅かしか寝ていないにもかかわらず二度目を覚まし、そのつど拡大する強烈な感覚と、強烈な内側へ気をつけている感覚がありました。頭脳はあらゆる感情と思考をなくして、それ自身を空虚にしていました。

破壊が起こると、或いは頭脳を完全に空虚にすると、頭脳の反射的な反応や記憶が何の努力もせずに朽ち果てるに違いありません。朽ち果てるというと時間を意味しますが、止むのは時間であって、記憶が消滅するのではありません。

昨夜現れていた、時間とは無縁の広がりと強烈さの質と程度は、熱情や感情とは全く異なります。記憶としてのいかなる欲望や願望や経験とも全く関係のないこの強烈さこそが、頭脳の中を迸《ほとばし》っているのでした。頭脳は単に装置にしか過ぎなくて、精神こそが、時間とは無縁な広がりであり、不可思議な創造の爆発する強烈さです。不可思議な創造は破壊です。

飛行機の中で、それは続いています。*

＊ジュネーブへ向かっています。そこから彼はクシュタートにある友人の山荘へ車で向かいました。

十三日

圧迫感と緊張感をより一層強めているのは、土地の静けさ、山々の緑の斜面の静けさ、樹々の美しさ、その他の様々な清潔感ではないかと思います。頭が一日中ひどい状態で、一人でいるとなお一層悪くなるようです。昨日は一晩中続いていたようで、何回か目を覚ますたびに、叫んだり唸ったりしました。そして、午後休んでいるときでもそれがひどくて、叫んでいました。

肉体は完全に寛《くつろ》いでいて、休息していました。昨夜、山間の町を走る長い素敵なドライブを終えてから部屋に入ると、あの不思議な、神聖な天恵が現れていました。友人もそれを感じました。友人＊は、静寂も、静かで染み透るような雰囲気も感じました。大いなる美と愛の感覚と、成熟した充実感がありました。

力は、苦行、行動、地位、徳、優越感などのようなものから生み出されます。そのような形の力は全て邪悪なものであり、腐敗し、歪みます。力を獲得するために、金、才能、如才なさを使ったり、それらを駆使して力を生み出そうとしたりすることは、邪悪なことです。

しかし、邪悪な力とは何の関係もない力が存在します。この力は、自己犠牲、徳、善行、信仰では獲得できないし、崇拝や祈り、自己否定的或いは自己破壊的な瞑想でも獲得できません。

そうなりたいとか、そうありたいとかのあらゆる努力が、自然に止まなければなりません。そうしてのみ、邪悪ではない力が生まれます。

＊滞在先であるクシュタートでの彼の友人。

十四日

全プロセスが一日中続きました――それは圧迫感や緊張感、後頭部の痛みなどでした。目が覚めると数回叫び、日中でも、思わず唸ったり叫んだりしました。昨夜は、あの神聖な感覚が部屋を満たし、友人もそれを感じました。

自分を欺くことは、ほとんどあらゆることで、特により深く微妙な要求や願望に関しては尚更そうで、何とたやすいことでしょう。そのような全ての衝動や要求から余すことなく自由になることは、骨の折れることです。しかし、それらから自由になることは大切なことで、そうでないと、頭脳はあらゆる形の幻想を生み出します。どんなに楽しく、美しく、実り豊かな経験であっても、それをまた繰り返したいという衝動が、悲しみの生まれる土壌になります。悲しみの情念は、力の情念と同様に限界があります。頭脳は、自分の思い通りにしようとするのを止めて、余すことなく受け身でなければなりません。

十五日

全プロセスが昨夜はひどくて、疲れて眠れませんでした。際限のない、計り知れない力強さの感覚と共に、夜中に目が覚めました。それは意志や欲望が作り出した力強さではなくて、河や山や樹木の中にある力強さで、あらゆる形の欲望や意志が完全に止んだときに人の中に存在するものです。それは人間には何の価値も利益ももたらしませんが、それなしには人間は存在せず、樹木もまた同様にそれなしには存在しません。

人の行動は取捨選択と意志であり、そのような行動の中には矛盾と葛藤があるので、悲しみが生まれます。そうした行動は、全て理由や動機がある反射的な反応です。この力強さから生まれる行動は、理由も動機もないので、計り知れなくて、本質です。

十六日

全プロセスがほとんど夜通し続き、かなり強烈でした。体がどれだけ持ち堪《こた》えられることか！体全体が震えています。そして、朝起きると頭を振っていました。

今朝、あの神聖なものが現れて部屋を満たしていました。それは強力な染み透る力で人の至る所に入り込み、広がり、洗い清め、あらゆるものを神聖なものにしました。友人もそれを感じました――それは誰もが渇望するものです。しかし、渇望するがゆえに誰もがそれを取り逃がしてしまいます。僧や聖職者や托鉢僧は、それを期待して自らの肉体と人格を傷つけますが、それを取り逃がします。というのは、それが何らかの取引の可能なものでもなければ、自己犠牲や徳や祈りがこの愛をもたらすこともないからです。この生、この愛は、もし死んだものを手段とするなら、ありえません。捜し求めること、希《こいねが》うこと全てが止むのでなければなりません。

真理は厳密なものではありえません。計りえるものは真理ではありません。生きていないものは計ることができますし、その高さを見つけることができます。

十七日

我々は、樹々が生い茂っている急斜面の山道を登り、しばらくしてからベンチに座りました。突然、全く予期せずにあの神聖な天恵が我々に訪れ、友人もそれを感じましたが、我々は何も言いませんでした。それは、何回か部屋を満たしたときと同じように、今、幅広く広大に広がる谷を越えて山腹を覆い、山々を越えて至る所に現れていました。全ての空間が消滅しているようで、遠くのものも、広大な谷間も、雪を被った峰々も、そしてベンチに座っている人も消え去りました。一つ、二つ、多数ということがなくて、あるのはこの際限のなさだけでした。頭脳は応答することを全て止めていて、ただ観察するための装置となっていました。頭脳は、特定の人のそれとしてではなく、時空に条件づけられていない頭脳として、全ての頭脳の本質として見ていました。

静かな夜で、全プロセスはそれほど強くありませんでした。朝目覚めた時に、恐らく、一分か一時間かの、或いは時間とは無縁の経験をしました。時間によって思い知らされる経験は、その経験ではありません。継続性のあるものはその経験ではありません——目が覚めると、全精神の非常に深いところ、計り知れない深みに、強烈な炎が生き生きと、恐ろしく燃えていました。それは、気をつけている炎であり、気づきの炎であり、不可思議な創造の炎でした。言葉は、それが言い表そうするその当のものではありません。シンボルは真実ではありません。
生の表面で燃える炎は、消え去り、燃え尽き、悲しみと灰と思い出を残します。それらの炎が生と呼ばれますが、それは生ではなく腐敗です。破壊である不可思議な創造の炎が生です。その中には、始まりも終わりも、明日も昨日もありません。それが現れていて、表面の活動が、この炎を露わにすることはないでしょう。この生が存在するためには、頭脳が死ななければなりません。

十八日
プロセスが強烈で眠れません。午前も午後も叫んだり唸ったりしていて、痛みがかなりひどいのです。
非常に激しい痛みと共に目覚めましたが、それと同時に、暴いて見る閃きがありました。我々の目と頭脳は、樹々、山々、川の急流など外側のものを記録したり、知識や技術などを収集蓄積したりします。観察したり、取捨選択したり、非難したり、正当化したりするように鍛えられたその同じ目と頭脳で、我々は内側に目を転じて物事を認識し、観念を作り上げ、それらが論理的に組織立てられる目と頭脳で内側を見ます。このような内側を見る目はそれほど遠くへは行きません。というのは、それが依然として、それ自身の観察と思慮の限界内にあるからです。このような内側を見る眼差しは、依然として外側を見る目なので、これら二つの間に大きな違いはありません。違うように見えるものが同類なのかもしれません。

しかし、外側の観察が内側に転じたのではない、内側の観察があります。部分的にしか観察しない頭脳や目は、余すことなく見ることを理解しません。それらは完全に活動していても、静まっていなければなりません。それらは取捨選択したり、判断したりすることを止めて、受け身で気づいていなければなりません。そうすると、内側を見る眼差しは時空の境界を超えます。この閃きの中に、新しい知覚が生まれます。

十九日

昨日の午後、それはかなりひどい状態でした。今また、痛みが増してきているようです。夕方にかけて、あの神聖なものが現れて部屋を満たしました。友人もそれを感じました。それは、圧迫感と緊張感があったにもかかわらず一晩中かなり穏やかで、雲に隠れている太陽のようでした。今朝早く、プロセスが始まりました。

何らかの経験を単に記録するために目が覚めるかのようです。このことは、ここ一年度々起こっています。今朝、生き生きと歓喜を感じて目が覚めました。目覚めるとそれが現れていました。それは過去の何かではありませんでした。それは実際に現れていました。その喜悦は〝外側〟からやってきていて、自分で引き起こしたものではありませんでした。それは身体の中に押し込まれていて、身体組織の中を大きなエネルギーと量を持って流れていました。頭脳はそれに関与していなくて、ただそれを思い出としてではなく、実際に起こっている事実として記録しているだけでした。この喜悦の背後に、際限のない力強さと生命力があるようでした。それは感傷的でもなく、感情や情動でもなくて、あの山肌を流れ落ちる急流や、緑の山腹に聳え立つあの松の木のように実質的でリアルでした。全ての感情と情動は頭脳に関係していますが、この喜悦は愛と同様に、頭脳には関係がなかったのです。頭脳は、この上ない困難を伴ってそれを思い出せるのです。

早朝に、大地を覆って部屋を満たしていると思われる天恵が現れました。それと共に、あらゆるものを吸収してしまう穏やかさや、あらゆる活動をその中に取り込んでしまう静けさが辺りに漂っています。

二十日

プロセスが昨日の午後は特に強烈でした。車の中で待っていたのですが、周りで何が起こっていたのかほとんど覚えていません。強烈さが増して耐えがたいので、横にならざるをえませんでした。幸いにも部屋に人がいました。

部屋は天恵で満ちました。次に起こったことは、言葉ではほとんど表現できません。言葉は、固定した意味が確定していて、死んでいるものです。ここで起こったことは、全ての言葉と表現を超えていました。それはあらゆる不可思議な創造の中心に存在するもので、頭脳からあらゆる思考と感情を洗い流して浄化する真剣さでした。その真剣さは雷のように破壊して焼き尽くすもので、その深遠さは計りがたく、不動で、底知れず、そこには天空の軽さほどの固体感がありました。それは目の中や呼吸の中に存在していて、目で見ることができました。そのように見て眺める目は、身体器官としての目とは全く違っていましたが、それでも、それらは同じ目であり、ただ見ている、時空を超えて見る目でした。底知れぬ威厳と、あらゆる活動と行動の本質である平和が存在していました。それは人間のあらゆる徳や賞罰を超えていて、どのように徳を積んでもそれに触れることができませんでした。とても儚い愛がありました。従って、それには、脆くて壊れやすいけれども、それらをやり過ごす新しいもの全てに備わっている繊細さがありました。滅びることのない、名づけようのない、未知なものが現れていました。どのような思考も、それに這い入ることはできませんでした。どのような行動も、それに触れることはできませんでした。それは〝純粋〟で触ることができないので、死と表裏一体の美しさでした。

これらのこと全てが頭脳に影響しているように思えました。それは、それまでの頭脳ではありませんでした。思考は全く取るに足らないものです。それは必要ですが、取るに足らないものです。そのことのために関係性が変わったようです。猛烈な嵐や破壊的な地震が、河川の流れを変え、地形を変え、大地を深く抉るように、それは思考の様相を一変させ、心の佇まいを変えました。

二十一日

寒気がして熱がある状態にもかかわらず、全プロセスが続いています。それはより一層激しく、より一層執拗になっています。体がいつまで持ちこたえられるだろうかと思います。

昨日、暗い松の樹々が急斜面にあり、沢山の野草が草原に満ちている美しい狭い谷を登っていると、突然全く思いがけずに——というのは、その時我々は他のことを話していたのですが、天恵が、優しい雨のように我々に降り注ぎました。我々はその中心になりました。それは、穏やかで、圧していて、途轍もなく優しく、平和的で、あらゆる過ちと弁明を超えた力の中に我々を包んでいました。

朝早く起きると、変化していても不変で浄化作用のある真剣さと、出自を欠いた喜悦を感じました。それが単にそこにあり、一日中何をしていてもそれは背後にあり、静かにしていると、それはすぐに、人の前に直接やってきました。その中に、差し迫った感じと美があります。どのような想像力も願望も、そのような深遠な真剣さを形にすることはできません。

二十二日

病院の中の、暗くて通気の悪い部屋で待っていると、どのように欲しても創り出せない、あの天恵が現れて部屋を満たしました。我々が帰るまでそれはそこに現れていました。たとえ医者がそれを感じたとしても、それは言葉で表現できません。

何故、劣化が起こるのでしょうか、内面的にも外面的にも。何故でしょうか？　時間は全ての機械的有機体に破壊をもたらします。それは、あらゆる形の有機体を、その使用と病気によって消耗させせます。何故、内面的に、心理的に、劣化が起こるのでしょうか？　賢い頭脳が考えることができるあらゆる説明をやり過ごして、何故、我々はより良い方ではなく、より悪い方を、何故、愛ではなく憎しみを、何故、寛大ではなく貪欲を、何故、開放的で申し分のない行動ではなく、自己中心的な行動を選択するのでしょうか？　何故、我々は、聳え立つ山々や、迸る川の流れを前にして、卑しいのでしょうか？　何故、愛ではなくて嫉妬なのでしょうか？　何故でしょうか？

　事実を見ることとは、意見や説明とは違います。我々には、堕落して劣化するという事実を見ることが何よりも大切です。理由が大切なのではありません。説明は、事実を前にして、僅かしか意味を持ちません。説明や言葉に満足することが、劣化する大きな要素の一つです。何故、平和ではなくて戦争なのか？　事実は、我々が暴力的だからです。争いが、内面的にも、外面的にも、我々の日常生活の一部分であるからです――野心や成功のことです。小賢しい説明や当たり障りのない言葉ではなく、この事実を見ることが、劣化することに終止符を打ちます。もし止むのであれば、堕落の最大の原因の一つである取捨選択することが完全に止むのでなければなりません。成就欲と、その満足と、それに影のように付きまとう悲しみも、劣化する要素の一つです。

　今朝早く目が覚めると、あの天恵を経験しました。その透明感と美の中にいるように〝強制されて〟起き上がりました。朝の遅い時間に、道端の木陰の椅子に腰を下ろしていると、際限のなさを感じました。それは、頭上の木の葉が、山からの強い日差しを遮ってシェルターを作りながら、それでも光を通しているように、シェルターや保護の役割を果たしていました。あらゆる関係性は、その中に自由が存在する保護であり、自由が存在するので、それがシェルターになります。

二十三日

朝早く目覚めると、力や、美や、腐敗しないものの途轍もない感覚がありました。それは、起こったことがある何かでも、過去の経験でもなく、目覚めて夢の中のこととして思い出しているのでもなく、実際に起こっている何かでした。決して腐敗しない何かに気づきました。その中では、腐敗したり劣化したりする何ものも存在しえないのでした。それは余りにも際限がなくて、頭脳は把握したり、記憶しておいたりすることができず、そのような腐敗を知らない〝状態〟があることを、ただ機械的に記録するだけでした。そのような状態を経験することは、途轍もなく大切です。それは、限界のない、触れえない、底知れないものとして現れていました。

腐敗しないので、その中に美が存在していました。それは、色褪せる美でもなければ、人の手によって作られるものでもなく、美しさに伴う邪悪さでもありませんでした。その存在の中に全本質が存在するので、それが神聖であると感じました。それは、その中で何ものも滅びることのない生命でした。死は腐敗しませんが、人間にとって生が腐敗するものであるように、人間は死を腐敗するものにしてしまいます。

それら全てと共に、あの山のように、何ものも破砕できない、いかなる犠牲や祈りや徳でも触れえない、強固な力や、力強さの感覚がありました。

それは現れていて際限がありませんでした。記憶されたものである思考は、寄せては返す波のように、どんなに試みても、それを腐敗させることはできませんでした。それは、そこに現れていて、目や息はそれを出自としていました。

時間や怠惰は腐敗します。それは、ある程度続いていたに違いありません。夜が明け始めていました。屋外の車や草の上に朝露ができていました。太陽はまだ昇っていませんでしたが、雪で覆われた山頂が灰青色の空にくっきりと鮮やかでした。魅惑的な朝で、雲一つありませんでした。しかし、それは続かないでしょう。それは余りにも素晴らし過ぎました。

何故、このようなことが我々に起こるのでしょうか？　人は幾つもの説明を考え出しますが、どんな説明も十分とは言えません。しかし、幾つかのことがはっきりしています。
一、人は、それがやって来ようと去って行こうと、それには全く〝無頓着〟でいなければなりません。
二、その経験を継続しようとしたり、それを記憶に留めておこうとしたりする欲望があってはなりません。
三、ある種の身体的な感受性、快楽に対するある種の無頓着がなくてはなりません。
四、自己を批判的に、ユーモラスに見る眼差しで取り組まなければなりません。

しかし、こうしたこと全てを、偶然にも、意図的な育成や謙遜によってではなく身につけていたとしても、まだ十分ではありません。何か全く違うものが必要です。或いは何も必要ではありません。それはやってくるものに違いなく、人はどのようにしてもそれを追い求めることができません。人はそれに愛も加えることができますが、それは愛を超えています。一つだけ確かなことは、頭脳がそれを理解することも、それを内に含むことも決してできないということです。幸福なるかな、それが与えられし人よ。そして、人は静かで穏やかな頭脳も加えることができます。

二十四日

プロセスはそれほど強くありません。体の調子がここ何日間か良くありませんが、体は弱っていても、この強烈さを時々感じます。不思議なことに、プロセスは環境に順応します。

昨日、山の水が賑やかな音をたてて流れている、狭い谷の中の渓流沿いの濡れた道路をドライブしていると、この天恵が現れました。それは非常に強くて、あらゆるものに降り注ぎました。渓流の賑やかな音はその一部でした。そして、その渓流に流れ落ちている高い滝も、その中にありました。それは降りかかる優しい雨のようで、人は全く脆くなりました。体が一枚の木の葉のようになって、剥き出しになり、震えていました。それは長時間の肌寒いドライブの間ずっと続き、会話が単調になり、その美が信じがたく思われました。午後の間、それはずっと現れていて、我々の間に笑いが起こっても、その固体感のある底知れない真剣さは引き続き現れていました。

日がまだ昇っていない早朝に目が覚めると、この真剣さの喜悦がありました。それは心と頭脳を満たしていて、不動感がありました。

見ることは大切です。我々は目先のものに目をやり、目先の必要性から過去に彩られた未来に目をやります。我々の眼差しは非常に限定的で、近くのものに慣れ親しんでいて、頭脳と同様に、時空に縛られています。我々は決して見ていません。決してこの限界を超えて見ていません。我々は、このような断片的な境界線をやり過ごし、それらを超えて見る見方を知りません。しかし、それらを超えて、取捨選択せずに、シェルターを取り除いて、深く広く見通し、人が作り出した観念や価値の境界線を超え、愛を超えて感じなければなりません。そうすると、どのような神でももたらすことのできない天恵が現れます。

二五日

トーク*の参加者たちと一緒にいるにもかかわらず、プロセスが続いています。それは、少し優しくなっていますが、続いています。

今朝やや早めに目が覚めると、精神が未知の深みに入っていた感覚がありました。それはまるで、精神が精神自身の中に深く広く入っているようでした。そしてそれは、活動とは無縁であるように思えました。豊饒な際限のなさと腐敗を知らない豊かさの経験をしました。

不思議なのは、どの経験や状態も全く異なっているにもかかわらず、それらは依然として同じ活動であることです。それは変化するけれども、依然として不変です。

＊クシュタートの隣の村ザーネンでの、九回のうちの最初のトーク。

二六日

昨日の午後、ずっとプロセスがありました。それはかなりひどい状態でした。賑やかな音を立てている渓流沿いの山の深い緑陰の中を歩いていると、全く脆くなって、剥き出しで、非常に開放的になっているのを感じて、人はほとんど存在していないようでした。凹曲線を描いている、黒い松林の丘に挟まれた雪山の美しさがとても感動的でした。

まだ日が昇らず、草のしずくが残っている朝早く、ベッドで何も考えないで、動かずに、静かに横になっていると、目で表面的に見るのではなく、頭の後方の目から見るということが起こりました。目と頭の後方からというのはただの装置にしか過ぎなくて、その装置を使って、計り知れない過去が、時間を脱落させた計り知れない空間の中を見ていました。そして、その後、まだベッドにいると、全生命が畳み込まれているような眼差しになりました。

自分自身を欺いたりすることや、実際に経験して、それが特に楽しかったときの望ましい状態を思い描いたりすることは、何とたやすいことでしょう。意識的であれ無意識的であれ、いかなる種類のいかなる経験も欲せず、いかなる経験の去来にも全く無頓着で、何ものも望まない時には、どんな幻想もどんな自己欺瞞も起こりません。

二七日

二つの異なった谷を抜けて、山道へ出るまでのドライブは美しいものでした。見渡す限りの岩山、幻想的な形と曲線、それらの独存性と壮観さ、遥か遠くの緑のなだらかな山などが、穏やかな頭脳に印象として残りました。我々がドライブしていると、この何日間かの不思議な強烈さと美が、ますます我々に差し迫ってきました。友人もそれを感じていました。

非常に朝早く目が覚めました。すると、天恵と力強いものが現れていて、頭脳は香りに気づくようにそれに気づきました。しかし、それは感覚や情動ではなくて、ただそこに現れているだけでした。人が何をどうしようと、それらはいつも現れるでしょう。人は、それに対して何もできません。

今朝トークがあり、その間ずっと、反射的に反応したり、考えたり、論理などを組み立てたりする頭脳が消えていました。恐らく頭脳は、言葉を記憶することを除いて、働いていませんでした。

二八日

昨日、我々は、あの賑やかな音を立てる渓流沿いの、我々のお気に入りの道を歩きました。そこは暗い松の樹林と花畑がある狭い谷で、遠くに大量の雪で覆われた山と滝が見え、魅惑的で、平和で、ひんやりとしていました。そこを歩いていると、あの神聖な天恵が現れました。それは、ほとんど触れることができそうな何かでした。そして、内面の深い所に、変化する活動が起こりました。この世のものではない魅惑と美の夕刻で、計り知れないものが現れていて、静寂が起こりました。

今朝早く目が覚めて、プロセスが強烈であることを頭脳に記録しました。そして、奇妙な音を立てて空中を飛ぶ矢のように後頭部から飛び出したのは力で、どこから来たのでも、どこへ行くのでもない活動でした。それには壮大な安定感と近づきがたい〝威厳〟があり、思考では形にすることのできない厳格性がありました。それと共に、限りない優しさの純粋性がありました。これらは全て単なる言葉なので、その現実を表現することは決してできません。シンボルは決してその現実ではなく、シンボルに価値はありません。

午前中、プロセスは続いていました。そして、天井知らずで底の抜けたコップが溢れそうでした。

二九日

人々と会っていた時と彼らが帰った後とで、何か二つの世界の間に挟まれて、宙吊りになっているかのようでした。しばらくすると、プロセスの世界と、あの消すことのできない強烈さがやってきました。何故この分離が起こるのでしょうか？　私が会っていた人たちは、真剣ではありませんでした。彼らは少なくとも、自分たちは真剣であると考えていたかもしれませんが、彼らは表面的な意味で真剣なのでした。自分を完全に提示することができなかったので、この居心地の悪い感じが再び起こったのでしょう。それでもやはり、それは奇妙な経験でした。

我々は会話を交わしていて、樹々の間から渓流が少し見えました。それは普通の光景であり、日常的な出来事ですが、見ていると、幾つかのことが起こりました。それは何か外側の出来事ではなくて、明瞭な気づきでした。成熟するために絶対に必要なものが幾つかあります。

一、物や所有物の中にではなく、存在の質の中に、謙虚と共に完全な単純性がなければならないこと。

二、あの強烈さを伴った、単に物理的ではない熱気がなければならないこと。

三、美。外側の現実性に対する感受性だけではなく、思考や感情を遥かに超えた、あの美に鋭敏であること。

四、愛。余すことのない愛で、嫉妬や愛着や依存を知っている愛でもなければ、肉欲的な愛と神聖な愛とに分裂した愛でもなく、完全な際限のなさであること。

五、精神が動機や目的を持たずに追究できて、それ自身の計り知れない深みへ入って行けること。遮るものが何もなく、時空を超えて自由に歩き回れる精神であること。

突然、これらのことの全てと、その中に含まれている全ての意味に気づきました。それは、ちょうど憂鬱な雨の日に、朽ち果てていく枯れ枝と枯れ葉の間を流れる水流をほんの少し垣間見るかのようです。

我々が、それほど真剣ではない、取り留めのない話をしていると、突然、近寄りがたい深みから現れた、不可思議な創造の中の、破壊的な力の際限のない炎を感じました。それは、あらゆるものが誕生する前に存在する力で、近寄りがたいものでした。そして、正にその力強さのために、その近くに行くことができませんでした。そのこと以外は何ものも存在していません。際限のなさと畏怖があります。

この経験の一部は、寝ている間も〝続いていた〟はずです。というのは、早朝に目が覚めると、それがそこに現れていたからです。プロセスの強烈さに目覚めさせられました。全ての思考と言葉を駆使しても、起こっていることを、その不思議さを、その愛を、その美を表現することはできません。どのように想像力を逞しくしてもそれらを思い描くことはできませんし、それらは幻想でもありません。その力強さと純粋性は、見せかけの頭脳的精神のためにあるのではありません。それは、人の全ての能力を遥かに超えています。

三十日

重苦しい暗い雲が出ている曇天で、午前中、雨が降っていて肌寒くなりました。散歩の後、我々は会話を交わしていました。しかし、それよりも我々は、大地や家並みや黒い樹々の美しさを見ていました。

不意に、物理的に破砕する、あの近寄りがたい力と力強さの閃きが起こり、体が凍て付いたように動かなくなり、気を失わないように目を閉じていなければなりませんでした。それは何もかも破砕し、存在していたあらゆるものが存在していないようです。その力強さの不動性と、それに伴う破壊力は、視界と音の限界を焼き尽くしました。それは、その高さと深さが不可知の、筆舌に尽くしがたい大いなる何かでした。

夜が明け始めた早朝、空には雲一つありませんでした。雪を被った山が見えました。目が覚めると、目と喉にあの底知れない力強さの感覚があり、それは手で触れられるように思われる状態で、決して存在するはずのない何かではありませんでした。それは一時間ぐらい現れていて、頭脳はずっと空虚のままでした。それは、思考によって捉えられて、後から思い出すために記憶されるものではありませんでした。それはそこに現れていて、全ての思考は止んでいました。思考は機能的なものであり、その限りで有効です。思考は時間ですから、思考はそれについて考えることができませんでした。それは全ての時間と計ることを超えていました。思考や欲望がその継続や繰り返しを追い求めることはできませんでした。というのは、思考や欲望が全く消えていたからでした。そうすると、これを書くにあたって何が記憶しているのでしょうか？　それは単なる機械的な記録で、記録や言葉は、それらが伝えようとする当のものではありません。

恐らく、トークがあったことで、プロセスが比較的穏やかになっています。体が壊れてしまう限界もあります。しかし、それはそこに現れていて、頑固で執拗です。

三十一日

流れの速い渓流に沿って、ひんやりとしていて心地よい道を多くの人たちと一緒に歩いていると、あの天恵が現れました。それは木の葉のように優しくて、その中には踊るような喜びがありました。しかし、その中に、それを通り越して、あの際限がなくて固体感のある、近寄りがたい力強さと力が現れていて、その背後に、計り難くて、計り知ることのできない深みを感じました。それは、一歩一歩の足の運びと共に、差し迫った様子で、それでも無限の〝無頓着さ〟で現れていました。大きな深いダムが川を堰き止めて何マイルもの巨大な湖を作るように、この際限のなさも出現しました。

しかし、どの瞬間にも破壊がありました。それは新しい変化を生むような破壊ではなく――変化は決して新しくありません――これまで存在していたものが存在できなくなるほどの、余すことのない破壊です。この破壊の中に暴力は存在しませんでした。暴力は、変化、革命、服従、規律、コントロール、支配などの中にありますが、様々な名前で呼ばれるあらゆる形の暴力が、ここでは全て余すことなく止んでいました。このような破壊こそが不可思議な創造です。

しかし、不可思議な創造は平和ではありません。平和と争いは、変化と時間の世界、存在の外面的そして内面的な活動に属しますが、これは時間を出自としていませんし、空間の中のいかなる活動をも出自としていませんでした。それは純粋で完全な破壊で、〝新しいもの〟がそのようなときにだけありえます。

今朝目覚めると、この本質が現れていました。一晩中そこに現れていたのに違いなく、目覚めると、それが頭と体の全てに充満しているようでした。プロセスが優しく続いています。人は独りで穏やかにしていなければなりません。そうすると、それが現れます。

これを書いていていてもあの天恵が現れていて、それは木の葉の間を通り抜ける、柔らかなそよ風のようです。

八月一日
美しい一日でした。その美しい谷をドライブしていると、否定されるべきでないものが現れました。それは、空気や空や山々のように現れていました。
朝早く目覚めると叫んでいました。プロセスが強烈だからでした。しかし、日中はトーク*があったにもかかわらず、それは穏やかに続いていました。

*ザーネンでの四回目のトーク。

二日
今朝早く目が覚め、顔も洗わないまま、ベッドの上で上体を起こすようにさせられました。いつも、ベッドを出るまでしばらくの間は上体を起こしたままにしていましたが、しかし、今朝のそれはいつもの様子ではなく、差し迫っていて、有無を言わせないのでした。上体を起こしてからほんのしばらくすると、あの際限のない天恵が現れ、間もなくその全ての力が、その全ての底知れない厳格な力強さが、内に、周りに、そして頭の中に存在しているのを感じました。この際限のなさの正に中心に、完全な静寂がありました。それは精神が想像したり形に表したりできない静寂で、どのような暴力によってもこの静寂を作り出すことはできません。
それには理由がありませんでした。それは結果でもありませんでした。それは、途轍もないハリケーンの中心の静寂で、動の中の静であり、あらゆる行動の本質であり、不可思議な創造の爆発でした。不可思議な創造は、この静寂の中でのみ起こりえます。

再び頭脳はこれを捉えることができませんでした。これは時間から生まれているのではないので、頭脳はそれを記憶の中に、過去の中に記録しておくことができません。それには未来も過去も現在もありません。もしそれが時間から生まれていたら、頭脳はそれを捉えることができたし、条件づけに従ってそれを形にすることができたでしょう。この静寂は、あらゆる動きの余すことのない全体であり、あらゆる行動の本質であり、影とは無縁でいた生きものなので、影から生まれたものが、それを計り知ることは決してできません。時間がそれを保持するには、それは余りにも際限がなさすぎます。空間はそれを内に含むことができません。

これら全ては、一分、或いは一時間続いていたかもしれません。

寝る前にプロセスが激しく起こりました。それは穏やかに一日中続きました。

三日

他者性を強く感じ、全ての思考を超えた別世界を強く感じて、朝早く目が覚めました。それは非常に強烈で、早朝の雲一つない空のように清らかで純粋でした。それには継続性がないので、想像力と幻想が精神から排除されました。あらゆるものが存在していて、それらは決して以前に存在したものではありません。継続性の可能性があるところには妄想があります。

すぐに雲が集まってくるのでしょうが、晴れた朝でした。窓から外を見ると、樹々や野原が非常にすっきりとしていました。奇妙なことが起こっています。感受性が高まっているのです。

美しいものだけではなく、他の全てのものに対しても鋭敏である感受性です。草の葉が驚くほど緑色でした。一つの草の葉が色彩の全スペクトルを含んでいて、強烈で、眼が眩むほどで、そしてそれは余りにも小さく、いとも簡単に壊れるのでした。それらの樹々は、その高さも、その深さも、全て生命から生まれていました。それら見渡す限りの丘々の曲線と単独の樹々は、全ての時間と空間の表現でした。そして、淡い色の空を背にした山々は、人が作り出した全ての神々を超えていました。何気なく窓越しにこのように見て感じるのが信じがたいのでした。目が洗い清められました。

一、二のインタビューの間、あの力強さ、あの力が部屋を満たしていたのは不思議でした。それは目と息の中に存在しているようでした。それは突然、全く思いがけずに、力と全く圧倒的な強烈さを伴って現れます。他の時には、それは穏やかに澄み渡って現れます。望もうと望むまいとそれは現れます。それはこれまでに決して存在したことがないし、これから先も決して存在することがないので、それに慣れる可能性は全くありません。しかし、それは現れています。

プロセスが穏やかになっています。恐らく、こうしたトークと人々に会っていることがそうさせているのでしょう。

四日

朝、かなり早く目が覚めました。まだ辺りは暗かったのですが、夜明けはすぐそこでした。

東の遠くの方が少し明るくなっていました。空はよく晴れていて、山と丘の形がはっきりと見えました。非常に穏やかでした。

ベッドの上で上体を起こし、思考が穏やかで遥か遠くにあって感情がその片鱗もないとき、この壮大な沈黙から、突然、固体感のある、消耗を知らないものが現れました。それは固体的で、重さがなく、計れませんでした。それは現れていて、その他には何も存在していませんでした。他に何もなく、ただ現れていました。固体的であるとか、不動であるとか、不滅であるという言葉は、時間とは無縁なその安定性の質を少しも伝えていません。こうした表現や他のどのような言葉も、そこに現れたものを伝えることはできませんでした。それは余すことなくそれ自身であり、それ以外の何ものでもありませんでした。それはあらゆるものの余すことのない全体であり本質でした。

その純粋性がずっと留まっていて、人から思考と行動を奪っていました。それと一体になることはできません。河川の急流と一体になることができないように、形がなく、計り知ることができなくて質がないものとは一体になれません。それが存在している、それが全てです。

あらゆるものが何と深く成熟して優しくなるのでしょう。あらゆる生命がその中に存在しているとは何と不思議なのでしょう、守ることを露ほども知らない萌え出したばかりの若葉のように。

五日

今朝、早く目が覚めると、〝見る〟〝気をつけて見る〟という閃きが起こり、それが永遠に続くかと思われました。それは、どこからともなく始まり、どこへ行くというのでもありませんでした。しかし、その見るという中に、あらゆる光景とあらゆるものが含まれていました。それは、河の流れを越え、山々を越え、大地と地平線と人々を越えていく光景でした。この見るという中に、ものを射抜く光と、信じがたい敏捷性が存在していました。頭脳はそれに付いていけず、精神もそれを内に含むことができませんでした。それは純粋な光で、抵抗できない敏捷性でした。

昨日、散歩していると、樹木の中と草の葉の上の光の美しさが強烈で、実際に息が止まり、体が脆くなりました。

今朝遅く、朝食をとろうとしていたときには、柔らかな土に突き刺されたナイフのように、あの天恵が、その力と力強さを伴って現れました。それは稲妻のように現れて、素早く去って行きました。

昨日の午後はプロセスがやや強かったのですが、今朝は幾分和らいでいます。体が脆く感じられます。

六日

あまりよく眠れなかったのですが、目覚めると、プロセスが一晩中続いていたのに気づきました。それ以上に、あの天恵が花開いているのに気づきました。まるで手術を施されているかのように感じました。

目覚めると、この力と力強さが迸り出ていました。それは、岩や地表から湧き出している清水のようで、想像力を超えた不思議な至福がその中にありました。それは思考や感情とは何の関係もない喜悦でした。

ポプラの樹があり、葉がそよ風に揺れていました。このダンスなしに生命はありえません。

七日

トーク*と人々に会っていたこととで、疲れてしまいました。夕方になってから、我々は短い散歩に出ました。日中の素晴らしい天気の後、雲が広がってきました。夜中は雨になるかもしれません。雲が山々にかかってきて、渓流が凄まじい音を立てていました。道路が車のために埃っぽくなっていました。渓流に狭い木の橋が架かっていて、我々はそれを渡り、草の生えている道を登りました。緑の斜面が色とりどりの花々で一杯でした。

道は穏やかに登っていて、牛小屋を通り過ぎました。牛はもっと高い場所に放牧されていて、見当たりませんでした。その高さまで来ると、静かで人はいなくなり、渓流の音だけが聞こえていました。それは静かに現れました。非常に優しく現れたので、すぐには気づきませんでした。それは地上のすぐ近く、花々の中に現れると、広がって地表を覆いました。人は、観察者としてではなく、その一部として、その中にいました。思考も感情も働いていなくて、頭脳は全く穏やかでした。

突然、とても単純な、とても明確で繊細な無垢性が現れました。それはあらゆる快感と痛みをやり過ごして、希望と絶望のあらゆる拷問を超えている無垢の草原でした。それが現れて、精神、或いは人の全存在を無垢にしました。計ることや言葉をやり過ごして、その一部になりました。精神は透明になり、頭脳から時間が脱落して、頭脳が若くなりました。

それはしばらく続きました。遅くなったので、我々は引き返しました。

今朝、目が覚めると、あの際限のなさが現れるのに少し時間がかかりました。しかし、それは現れて、思考と感情が静かになりました。歯を磨いているとき、その強烈さは鋭くてはっきりとしていました。それは現れるのも去っていくのも突然で、何ものもそれを抑えたり呼び出したりできません。

プロセスがかなり激しくて、痛みが鋭くなっています。

＊トークは前日に行われました。

八日
目を覚ますと、前日は疲労した一日でしたので、あらゆるものが穏やかでした。驚くほど穏やかでした。上体を起こして、いつもの瞑想を行いました。遠くの物音を聞いていると、それは思いがけず、静かに優しく始まりました。それは全く突然、力を全開にして現れました。それは数分間続いたはずで、去って行きましたが、その深い香りを意識の中に残し、それを見ていたということを目の中に残して行きました。

今朝のトーク＊の間、あの際限のなさが天恵と共に現れていました。誰もが、それをそれぞれの言葉で言い換えていたに違いありません。そうすることによって、皆が、言葉では表現しようのないその性質を破壊していました。あらゆる解釈は歪みを生みます。

プロセスが激しくて、体がかなり脆くなっています。しかし、こうしたことを超えて、信じられない美の純粋性が現れています。思考や感情が作り出したものの美ではなく、或いは職人の技が作り出したものの美ではなく、それは、大河があらゆるものを養いながら無頓着に流れ、汚染され、利用されながら流れるように現れています。それはそこに現れていて、それ自身が完全で豊かです。それは、人間の社会的構造と活動には価値のない力強さです。それはそこに現れ、平然としていて際限がなく、人はそれに触ることができません。このために全てのものが存在します。

＊これは七回目のトークで、主に瞑想についてでした。

九日
今朝、目が覚めると、再び何もない夜であったと感じました。トーク［前日］とトークの参加者と会っていたことで、体が疲れて大変でした。いつものようにベッドの上で上体を起こしていました。穏やかで、辺りは静まり返っていて物音がしませんでした。雲が重く立ち込めている朝でした。この天恵は、どこでも突然、その力強さと力を全開にして現れました。それは部屋を満たし、部屋を超えていました。しばらくすると、それは言葉では表現のしようがない高さと壮大な感覚を残して去って行きました。

　昨日、丘や草原や渓流のある所を、心地よい静けさと美しさを感じながら歩いていると、再び、あの不思議な奥深いところで蠢く無垢性に気づきました。それは、穏やかに何の抵抗にも遭わないで、染み透るように精神の至る所へ入ってきて、精神から全ての思考と感情を洗い流しました。それは、人を空虚に、完全にしました。突然全ての時間が止まりました。誰もがその蠢きに気づきました。*

　プロセスが、もっと穏やかに、深いところで続いています。

*恐らく、彼は何人かの友人たちと散歩をしていました。

十日

激しい雨が相当の量降っていて、山奥へ至る未舗装の道路わきの、大きな丸い葉についた白い埃を洗い落としました。空気は柔らかで優しく、その高度では重くありませんでした。空気が澄んでいて心地よく、雨で洗われた土の匂いがしました。道を登っていくと、大地の美しさと、夕空を背にした急勾配の丘々の繊細な線の美しさに気づきました。氷河と広い雪原を抱いた大きな岩山の美しさや、草原の中の沢山の花々の美しさに気づきました。とても美しくて、穏やかな夕刻でした。渓流が賑やかな音を立てていて、最近の大量の雨で濁っていました。それは山の水に特有のキラキラした透明感を失っていましたが、数時間のうちに元のように再び澄むのでしょう。

その大きな岩山を、その曲線や形や輝く雪を、夢見心地で何の考えもなしに見ていると、突然、力強さと天恵の、際限のない堂々とした威厳が現れました。それは忽ち谷を満たしました。精神にはそれを計り知る術がありませんでした。その深さは言葉を超えていました。再び無垢性が現れました。

朝早く目が覚めるとそれは現れていて、瞑想は些細なものでした。全ての思考が止んで、全ての感情が消えました。頭脳が完全に静まりました。頭脳が記録するものは真実ではありません。それは現れていて、触られることも、知られることもありませんでした。それは、これまでに存在したものでは決してないでしょう。それは決して消滅することのない美から生まれています。

途方もない朝でした。こうしたことが、どんな環境であろうと、どんな体の状態であろうと、実質四ヶ月続いています。それは決して同じではありませんが、それでも、それは同じであり、破壊であり、決して消滅しない不可思議な創造です。その力と力強さは、あらゆる比較と言葉を超えていて、決して継続しません。それは死と生です。

プロセスがかなり強烈でした。それらは全て、あまり重要ではないようです。

一九六一年　八月十一日*

曇ってきた空の下、賑やかな音を立てている渓流沿いと、緑豊かな草原の中をドライブしている車の中にいると、あの腐敗を知らない無垢性が現れました。その厳格性は美でした。頭脳は完全に静まっていて、それが頭脳に触れました。

頭脳は、反射的な反応と経験によって育ち、経験を糧にしています。しかし、経験にはいつも限界があり、それはいつも条件づけられています。記憶が行動の装置です。経験と知識と記憶なしに行動は不可能です。しかし、そのような行動は断片的であり、限界があります。理由や組織立てられた思考は、いつも不完全です。観念や思考の応答は不毛であり、信念は思考の逃避先です。あらゆる経験は思考を、肯定的であれ否定的であれ、ただ強めるだけです。

経験することは、経験によって、或いは過去によって条件づけられています。自由は、精神から経験を取り除いて精神を空虚にすることです。頭脳が、経験や記憶や思考で自らを養うことを止めて、経験を死んでやり過ごすとき、その活動は自己中心的ではなくなります。そうすると、それは他のものを糧にします。それが精神を宗教的にします。

今朝目が覚めると、あらゆる瞑想と思考と、感情が作り出す妄想を超えて、強烈な明るい光が、頭脳の正に中心に、そして頭脳を超えて意識の中心に、或いは存在の中心に現れました。それは影のない光であり、いかなる次元にも属さない光でした。それは、そこに現れて動きませんでした。その光と共に、あの計り知れない力強さと美が思考と感情を超えて現れていました。

午後、プロセスがかなり激しくなりました。

＊彼は、ここから大きめのページに書くようになって、初めて年数を入れました。

十二日

昨日、谷を登っていると、山々に雲がかかっていて、渓流がいつもより大きな音を立てているように思われました。驚くべき美の感覚がありましたが、それは草原や丘や黒い松の樹々の様子が変化していたからではありませんでした。光だけが違っていて、いつもより柔らかで、全てを射抜いて、影を全く残さないと思わせる透明性を備えていました。山道を登って行くと、農場を見下ろすことができました。農場の周りに緑の牧草地が広がっていて、草原の緑の豊かさは他の場所では見られないものでした。その小さな農家と緑の牧草地が全大地と全人類を含んでいました。そこには絶対的な究極があり、それは思考や感情によって拷問を受けていない美の究極でした。絵画や歌や建物の美しさは人の手によって作られたもので、比較されたり、批判されたり、付け加えられたりしますが、この美は人の手になるものではありませんでした。この美の存在が可能となるためには、人の手で作られたものが全て究極的に否定されていなければなりません。というのは、美が、余すことのない無垢性や、余すことのない厳格性を要求するからです。それは思考が考え出した無垢性でもなければ、犠牲と引き換えの厳格性でもありません。頭脳が時間から自由で、反射的な反応が全く止んでいるときにだけ、あの厳格な無垢性が現れます。

夜明けにはまだかなり時間があるうちに目が覚めました。辺りは非常に静かで、大地は日が昇るのを待っていました。目が覚めると、奇妙な透明感と、十分に気をつけているように促す差し迫った感覚があり、体が完全に動かなくなりました。それは重圧感や緊張感のない不動感で、頭の中に奇妙な現象が進行していました。大河が、際限のない水圧と共に、聳え立つ磨かれた花崗岩の間を流れていました。この大河の両岸には磨かれて光っている花崗岩があり、その上には何も生えていなくて、草一つありませんでした。そこには何もなく、ただ磨かれて光っている切り立った岩が、計り知れない視界の先まで聳え立っていました。大河は静かに音一つ立てず、無頓着に威厳を保ったまま流れていました。それは実際に起こっていたことで、夢でも幻でもなく、解釈されるべきシンボルでもありませんでした。それは疑いもなくそこで起こっていたことで、想像力の産物ではありません。どのような思考もそれを発明することはできないでしょう。思考が作り出すには、それは余りにも際限がなくて、リアルでした。

体の不動感と、頭脳の中の磨かれた花崗岩の壁の間を流れる大河は、時計時間で一時間半続きました。開いている窓から夜明けが始まっているのが見え、起こっていたことの現実性を見誤ることはありえませんでした。一時間半の間、努力することなく、気を散らすことなく、全存在を傾けて、気をつけていました。そして、全く突然それは終わり、一日が始まりました。

今朝、あの天恵が部屋を満たしました。雨が強く降っていましたが、後に青空になるでしょう。

圧迫感と痛みを伴いながら、プロセスが穏やかに続いています。

十三日

山道が山全体を決して覆い尽くせないように、この際限のなさは言葉で表現し尽くせません。山際を流れている小さな渓流がある山裾を登っていると、この信じがたい、名付けようのない際限のなさが現れました。心と精神がそれで満たされ、木の葉や草の葉の上の水滴がそれと共に輝いていました。

夜中と午前中は雨降りで、重苦しい雲が立ち込めていました。今、太陽が高い丘の上に昇ってきて、沢山の花々が咲いている緑一面の草原に影を作っています。草がとても濡れていて、太陽は山々の上にあります。その山道には人を魅了するものがあり、時折交わす会話は、光の美や野原に漂う質素な平和を［※訳者注：この後は言葉が抜けています］。あの際限のなさの天恵が現れていて、歓喜がありました。

今朝、目が覚めると、再びあの力が、天恵である底知れない力強さが現れていました。それに呼び覚まされ、頭脳は何の反応もしないで、それに気づいていました。それは、雲のない空とスバルを信じられないくらいに美しくしていて、雪を被った山上の朝日は世界の光でした。

それはトーク*の間ずっと現れていて、触ることができない純粋性でした。午後になると、それは部屋の中に稲妻のような速さで現れて、そして去って行きました。それは、その核心を決して触らせたことがない不思議な無垢性を伴って、ここにいつも幾分か現れています。

昨夜はかなりプロセスが強烈でした。これを書いている今も同じです。

＊これが最後のトークで、主に宗教的精神についてでした。

十四日

［昨日］のトークと人々に会っていた後、体は疲れていましたが、打ち広がる樹々の下をドライブしながら車の中に座っていると、深いところで不思議な活動が進行していました。それは、通常の反応をする頭脳では、理解したり、形に表したりできない活動で、頭脳の能力を超えていました。深いところで、あらゆる障害物を消滅させている活動が続いていましたが、その活動が何であるのか分かりません。深いところにある地下水が地表に湧き出すように、あらゆる意識を超えた遥かに深いところで活動が起こっていました。

頭脳の感受性が増しているのに気づいています。色、形、線、物のあらゆる形が、より強烈に、途轍もなく生き生きとしているのです。影に、影自身のより深くて、より純粋な生命があるかのようで、美しい静かな夕刻でした。そよ風が木の葉の間を通り抜けて、ポプラの葉が揺れて踊っていました。淡いピンク色をなぞった、白色の花々の樹冠がある、高くて真っ直ぐに伸びた樹の幹が、渓流のそばで、山の主のように立っていました。渓流が夕陽で金色に染まっていて、森は深い沈黙の中にありました。通り過ぎる車でさえもそれを乱すことはないようでした。雪を頂いた山々が、暗く重苦しい雲にすっぽり包まれていて、草原に無垢性が漂っていました。
全精神は、あらゆる経験を遥かに超えていました。そして、瞑想者は沈黙していました。

十五日

山に雲がかかっていました。渓流沿いを歩いていると、雲の切れ間から輝く青い空が現れるように、強烈な沈黙の瞬間がありました。北から微風があり、肌寒い身の引き締まる夕方でした。不可思議な創造は、能力がある人や才能がある人のためにあるのではありません。その人たちは創造的なことを知っているだけで、決して不可思議な創造を知っているのではありません。不可思議な創造は思考やイメージを超えていて、言葉や表現を超えています。それは、形に表したり言葉にすることができないので、伝達されることがありません。それは完全な気づきの中で感じられます。それが使用されたり、市場で値切られて売られたりすることはありえません。

それは、複雑で様々な反応を伴う頭脳では理解されません。頭脳は、それに触れるどのような手段も持ち合わせていません。それは全くありえません。知識は障害になります。自己を知ることなしに不可思議な創造はありえません。頭脳の鋭い装置である知力は、それに全く近づくことができません。全頭脳が、その秘かな隠れた要求や追究や多くの様々な狡賢い徳と共に、余すことなく穏やかになって、無言でいなければなりませんが、それでも全頭脳は、気を抜くことなく警戒していて静まっていなければなりません。不可思議な創造は、パンを焼くことでもなければ詩を書くことでもありません。

頭脳の全活動が、葛藤や痛みなしに、自発的に、苦もなく止まなければなりません。葛藤や模倣のどのような影もあってはなりません。そうすると、不可思議な創造と呼ばれる、驚くべき活動が起こります。それはただ余すことのない否定の中にあるだけで、時間の領域の中にはありえないし、空間がそれを覆うこともありえません。それが存在するためには、完全な死や、余すことのない破壊がなければなりません。

今朝、目が覚めると、完全な沈黙が内側と外側にありました。肉体と、計り比較考量する頭脳は、共に活動的で、感受性豊かであるにもかかわらず、静かで、不動の状態にありました。そして、穏やかに夜明けがやってくると、あの力強さがエネルギーと純粋性を伴って、どこか内面の深いところから現れました。それは出自や理由を欠いているようでしたが、それでも現れていて、強烈で固体感があり、計り知れない深さと高さを備えていました。それは、時計時間でしばらくの間現れていましたが、雲が山の背後に隠れるように去って行きました。

この天恵の中には、そのつど、何か〝新しい〟もの、〝新しい〟質、〝新しい〟香りがありますが、そうであっても、それはいつも不変で、全く不可知なものです。

プロセスはしばらくの間強烈でしたが、今は穏やかになって現れています。それは全くのところ、とても不思議で予測がつきません。

十六日

どこまでも続く壮大な雲の合間から、青空が覗いていました。それは澄んでいて、驚くほどの青さで、とても柔らかく染み渡っていました。数分後に、それは雲に呑み込まれて永久に消えてしまうでしょう。そのような青さの空が再び見られることはないでしょう。

雨がほとんど夜通し、朝方まで降っていました。山々と丘の高所に新雪がありました。草原が以前にも増して青々と豊かでしたが、あの澄んだ青空が再び見られることはないでしょう。雲の切れ間にあったのは、全天の光であり、全ての空の青さでした。それを見ていると、その形は変化して行き、そんなに見られてはいけないとばかりに、雲が大急ぎでそれを隠すのでした。それは消え去って、再び現れることはありませんでした。しかし、それは目撃され、その不思議さは残っています。

ソファーの上で、雲がその青を制圧しようとしているのを見ていると、そのとき全く思いがけずに、あの天恵が、その純粋性と無垢性を伴って現れ、豊かさに溢れ、部屋と人の心がそれ以上持ち堪えられなくなるまで部屋を満たしました。その強烈さが、奇妙なくらい圧倒的に辺りに染み透っていて、その美しさが地上を覆っていました。日の光が草原の一部に注いでいて、そこを鮮やかな緑色に変えていました。黒い松の樹々が穏やかで、無頓着でした。

今朝、太陽が昇るのにまだ数時間ある、非常に早い時間に目が冴えて起きだすと、計り知れない快活さに気づきました。その快活さには、何の理由も、何の感傷も、感傷の背後にある、情動的な突飛な振る舞いや熱狂もありませんでした。それは鮮明で、単純な快活さで、汚れがなくて豊かで、触ることができなくて純粋でした。それについて思い当たることがなく、理由も見つかりませんでした。それには理由がないので、それを理解することもできませんでした。この快活さは、人の全存在から迸り出てきていて、存在そのものが全く空虚になっていました。清水が山の中腹から自然に勢いよく迸り出るように、この快活さは、どこからともなくやってきて、どこへ行くともなく、豊かに迸り出ています。心と精神は、二度と再び同じ心と精神にはならないでしょう。

その快活さが勢いよく現れたとき、その快活さの質に気づきませんでした。それは起こっていて、その自然現象は、恐らく、それ自身を時間に見せていたのでしょう。時間にはそれを計る手立てがなかったのでしょう。時間は取るに足らないもので、豊かさを計ることができません。

肉体がかなり脆く、空虚になっていました。昨夜と今朝、激しいプロセスがありましたが、長くは続きませんでした。

十七日

曇りがちの雨の日で、北西の風が強く吹く、寒い一日でした。賑やかな流れになっている滝へ向かう山道を登っていました。人はあまりいなくて、僅かばかりの車が通り過ぎました。渓流がより一層速く流れていて、追い風を受けながら登って行くと、狭い谷が広くなってきて、光り輝いている緑の牧草地の上に陽光が所々差していました。

彼らは道を広げていました。我々が通ると、彼らは人懐っこい笑顔と、簡単なイタリア語で挨拶をしました。彼らは、一日中、山道を掘ったり、岩を運んだりして重労働をしているので、彼らが屈託なく笑うのが信じられないくらいでした。しかし、彼らは働いていて、更に上の方では、大きな工事用構築物の下で、近代的な機械を使って、木を切ったり、穴を掘ったり、大木に刻み目を付けたりしていました。谷がどんどん開けてきて、その先に村があり、更に先に、岩山の高所の氷河を水源とする滝がありました。

大地や、疲労している人たちや、急流や、穏やかな草原などの美を見た以上に何かを感じました。帰り道に別荘の脇を通ると、全天が重い雲に覆われました。すると突然、山の高所の岩の上を夕陽が照らしました。岩山の表面にできたその夕陽の一端が、美の深みと、人の手で彫られた彫像では表現できない感覚を露わにしていました。それはまるで内側から光っているようであり、自身が発している光のようでもあり、澄んでいて、決して色褪せることがないように思われました。それは一日の終わりでした。

翌日、朝早く目が覚めても、前日の夕刻の荘厳さと過ぎ去った美を感じていました。意識は、無垢性の際限のなさを内に含むことができません。意識は、それを受け取ることはできても、それを追い求めたり、それを育んだりできません。全意識は、欲することなく、求めることなく、決して追求することなく静まっていなければなりません。意識の余すことのない全体が静まっていなければなりません。そのときにのみ、始まりもなく終わりもないものが存在しえます。

瞑想は意識を空虚にすることです。それは、受け取らずに、あらゆる努力をしないで、空虚になることです。静寂のためには空間がなければなりませんが、その空間は、思考とその活動によって作られるのではなく、否定と破壊によってもたらされます。そのときには、思考とその産物の何ものも残りません。空虚の中にのみ、不可思議な創造が起こります。

朝早く目が覚めると、あの力強さの美が無垢性を伴って内面の深いところにあり、それが精神の表面に現れていました。それは無限の柔軟な質を持っていましたが、何をもってしても、それを形に表すことはできません。それは、人間の拵《こしら》える鋳型に適合させられたり順応させられたりすることがありえず、シンボルや言葉によって捉えることができず、際限がなくて、触ることができないものとして現れていました。あらゆる瞑想が取るに足らなくて愚かに思えました。それだけが留まっていて、精神は静かでした。

日中何回か、あの天恵は時折やってきて、そして去って行きました。欲したり願ったりすることには何の意義もありません。

ゆっくりとプロセスが進行しています。

十八日

ほとんど夜通し雨が降っていて、かなり冷えました。丘の高所と山に新雪があり、刺すような風も吹いていました。草原が途方もなく輝いていて、その緑が驚くほどでした。日中もほとんど雨で、夕方遅くになってようやく日が差してきて、太陽が山の間に現れました。我々は村から村へと続く道を歩いていました。その道は農場の周りを廻っていて、緑豊かな草原の中を通っていました。高圧線用の鉄塔が、夕陽を背に度肝を抜くように立っていて、千切れ雲を背にしたそれら鉄製の構築物を見上げていると、美と力を感じました。木橋を渡ると、渓流がこのところの雨で水かさを増していて、山の渓流独特のエネルギーと力でかなり速く流れていました。両岸を岩と木でしっかりと固められた渓流の上流と下流を見ていると、過去、現在、未来の時間の活動に気づきました。その橋が現在で、全ての生命は現在を通って活動し、生きていました。

しかし、これら全てを超えて、雨で洗われてぬかるんでいる小道に他者性が現れました。それは、人間の思考や活動や終わりのない悲しみでは触ることができない世界でした。この世界は、希望や信念の産物ではありませんでした。その瞬間は、そのことに十分に気づきませんでした。余りにも多くの見るもの、感じるもの、香りがありました。雲があり、山々の向こうの青白い空があり、その山々の間の太陽があり、輝く草原に映える夕陽があり、そして牛小屋の臭いや農場の周りの赤い花の香りがありました。

この他者性は、これらのもの全てを、どんなに小さなものも見逃さずに覆っていました。目を覚ましてベッドにいると、それは降り注いできて、心と精神を満たしました。その繊細な美や、その熱気と愛に気づきました。それは偶像の中に祭り上げられている愛でもなく、シンボルや絵画や言葉によって喚起される愛でもなく、妬みや嫉妬に包まれた愛でもありません。それは、思考や感情から自由になって存在するものであり、やり過ごす曲線運動であり、永久に続くものです。その美が、自己を放棄する熱気と共に現れています。

　厳格性がなければ、美の熱気はありえません。厳格性は精神の産物ではありません。それは、犠牲や抑圧や規律によって注意深く築き上げられた精神の産物ではありません。それらが全て自然に止むのでなければなりません。というのは、それらはあの他者性にとって何の意義もないからです。

　それが、計り知れない豊かさと共に降り注いできました。この愛には中心も周辺もありませんでした。余りにも完全で、全く傷つけられないので、その中に影がありませんでした。従って、それはとても壊れやすいのでした。

　我々は、いつも外側から内側を見ます。我々は、知識から更なる知識へと進み、いつも加算しています。引き算もまた別の意味の加算です。我々の意識は数多くの記憶と認識から成り立っています。それは、あの揺れる木の葉、あの花、あの通り過ぎる人、あの野原を駆け回る子供たちを意識しています。あの岩、あの渓流、あの赤く輝く花、あの豚小屋の悪臭を意識しています。このような記憶や認識から、このような外側の反応から、我々は内面の深みや、より深い動機や衝動を意識するようになります。我々は、精神の果てしない深みへ、更に更に深く探りを入れます。このチャレンジと反応の全ての過程、隠れた活動と表面の活動を経験したり認識したりする全ての過程、これら全ての過程が時間に縛られた意識です。

　コップは、その形や色やデザインだけがコップではなくて、コップの中の空虚も含めてコップです。コップは、形の中に入れられた空虚です。その空虚がなければ、コップもないし、形もないでしょう。我々は、意識を外面的な姿形によって、その高さと深さの限界や思考と感情の限界によって知ります。しかし、それらは全て意識の外面的な形です。我々は、外面的なものから内面的なものを見つけ出そうと試みます。それは可能なのでしょうか？　理論や推測には意味がありません。それらは、あらゆる発見を実際に妨げます。我々は、外面的なものから内面的なものを見つけ出そうと試みます。未知のものを見つけ出そうと願って、既知のものから探りを入れます。内面的なものから外面的なものへ探りを入れることができるでしょうか？外面的なものから探りを入れる道具を我々は知っています。しかし、未知のものから既知のものへ探りを入れる道具が果たして存在するでしょうか？　存在するでしょうか？　そしてどのように存在するのでしょうか？　ありえません。もしそれが存在するなら、それは認識できるということになります。そしてもし認識できるなら、それは既知の領域の中ということになります。

あの不思議な天恵は、その赴くままにやってきますが、それがやってくるたびに、いつも深いところで変質が起こります。それは決して同じではありません。

プロセスは続いていて、時々穏やかに、そして時々激しくなります。

十九日

光と影が織りなす、雲のない美しい一日でした。激しい雨の後、晴れて澄んだ青空に太陽が照っていました。雪を被った山々が、手で触れられるかと思えるほど非常に近くにあり、空に向かってすっきりと聳えていました。明るく輝く草原が、日の光でキラキラしていて、どの草の葉も思い思いのダンスをしていました。木の葉がゆったりと揺らぎ、谷が輝いていて、笑い声がありました。素晴らしい一日で、数多くの影ができていました。

影は現実よりも生き生きとしていて、より長く、より深く、より豊かです。それらは自身の生命を持っているかのようで、独立的で、自衛的です。それらの誘いの中には奇妙な満足感があります。今はシンボルが現実性よりも重要になっています。シンボルはシェルターを提供します。その中で慰安を得るのは簡単です。人はシンボルで思い通りのことができます。それは決して矛盾しないでしょうし、決して変化しないでしょう。それは花輪や灰で覆うことができます。絵画や結論や言葉などの死んだものの中には、途方もない満足があります。それらは死んだものであり、全く取り返しのつかないものです。過去の多くの香りの中に快感があります。頭脳はいつも過去であり、今日は過去の影であり、明日は幾分変えられているものの、依然として過去の臭いがする影の継続です。そのように、頭脳は影の中を生きていて、影の中の存在です。影は、より安全で、より居心地が良いのです。

意識はいつも、受け取ったり、収集蓄積したりしていて、収集したものから解釈しています。それはそのあらゆるフィルターを通して受け取り、蓄え、収集し、収集したものから経験したり、判断したり、編集したり、修正したりします。意識は、目や頭脳だけではなく、そうした背景を通して見ます。意識は、受け取るために出向き、受け取って存在します。それは、その隠れた深みに、数世紀にわたって受け取ってきたものを本能や記憶や防衛手段として蓄えていて、更に加え続けます。取り除くのも、更に加えるためでしかありません。意識は外に目を向け、比較考量し、バランスを考え、受け取ります。それが内に目を向けるとき、その眼差しは依然として外面的な眼差しに過ぎず、比較考量し、バランスを考え、受け取ります。内面的な抽象化も加算の別の形です。この時間に縛られた過程が、痛みや儚い喜びや悲しみと共に続きます。

しかし、このような意識とは無縁に、気をつけて見ること、見て耳を澄ますこと――受け取ることなく、やり過ごすこと――が、自由の余すことのない活動です。そのようにやり過ごすときには、大きかろうと小さかろうと、そのための中心も、そのための拠り所も存在しません。そのように、それは時空の限界を超えて、あらゆる方向に向かいます。それは余すことなく耳を澄ますことであり、余すことなく見ることです。このようにやり過ごすことが、気をつけていることの本質です。気をつけていると全方向に向かいます。気の逸脱がないからです。精神集中のみが気の逸脱を知っています。

全ての意識は思考です。表現されていても表現されていなくても、言葉であっても言葉を探していても、それは思考です。それは感情としての思考であり、思考としての感情です。思考は決して静かにしていません。それ自身を表現しようとする反射的な反応が思考です。思考は反応を更に増やします。いわゆる美は、思考が表現する感情です。いわゆる愛は、依然として思考の領域の中のものです。思考の閉じた世界の中に愛や美が存在するでしょうか？　思考が存在するとき、美が存在するでしょうか？　いわゆる美や思考が知っている愛は、醜さや憎しみの対極にあるものです。美に対極はなく、愛にも対極はありません。

思考することなく、言葉にしないで、記憶の反応なしに見ることは、思考と感情を織りなして見ることと全く異なります。思考を交えて見るものは表面的です。それは部分的に見ているに過ぎません。それは見ているのでは全くありません。思考を交えないで見ることは、余すことなく見ることです。山の上にかかる雲を思考とその反応を交えずに見ることは、新しさの奇跡です。それは〝美しい〟のではありません。それは際限のなさの中の爆発です。それは、これまでには決してなかった何かであり、これから先も決してないであろう何かです。見たり耳を澄ましたりするためには、破壊的な、不可思議な創造のために、意識が全体として静まっていなければなりません。それは、生の余すことのない全体性であって、全思考の断片ではありません。美があるのではなくて、ただ山の上にかかる雲があるだけであり、それが不可思議な創造です。

沈み行く夕陽が山の上に触れて輝くのに息を呑みました。大地は静かでした。ただ色彩だけがあって、異なる色彩があるのではありませんでした。ただ耳を澄ましているだけであって、多くの音を聞いているのではありませんでした。

今朝、遅く目が覚めて、日の光が丘の上に降り注ぐと、あの天恵が、輝く光のように現れていました。それは、それ自身の力強さと力を持っているようです。遠くの川の水の囁きのように、意志や欺瞞を伴う頭脳の活動ではなく、強烈さの活動が続いていました。様々な強烈さでプロセスが続いていて、時々激しくなります。

二十日

完璧な一日でした。空が強烈な青でした。全てのものが朝日の中で輝いていて、幾つかの雲がどこへ行くともなく漂っていました。傾斜した青い丘を背に、ポプラの樹のパタパタ揺れる葉に差す日の光が輝く宝石のようでした。草原が一夜にしてより強烈に、より柔らかくなり、全く想像を超えた緑色に変わりました。丘の上の方に三頭の牛がのんびりと草を食んでいて、その鈴の音が早朝の澄んだ空気の中に響いていました。彼らは一列になって、ゆっくりと、草原の中を端から端へ、草を食べながら進んで行きました。スキーリフトが彼らの上を過ぎて行きましたが、彼らは見上げることもなく、気にも留めませんでした。美しい朝で、雪山が空にくっきりと映えていました。とても澄んでいて沢山の小さな滝が見えました。長い影ができている、限りなく美しい朝でした。不思議なことに愛がその美しさの中にあります。隠れている影を呼び覚まさないように、全てのものがじっと静かにしているような優しさがありました。そして、更に幾つかの影ができました。

美しいドライブでした。自分の性能を楽しんでいるような車の中にいました。車は、どのカーブも、たとえどんなに急であっても楽々と自ら進んで曲がり、長い急勾配でも音を上げませんでした。道路が続く限り、車は強力な力で登って行きました。自分自身の力強さを知っている動物のようでした。道路は陰った森の中を蛇行していて、陽が差しているところが生き生きとし、木の葉が踊っていました。どのカーブにも、更に一層の光と躍動感と歓喜がありました。どの樹木もどの木の葉も、独存的で、強烈で、沈黙していました。樹々の僅かの隙間から、太陽に照らされた草原の驚くような緑を垣間見ました。驚きのあまり、危険な山道を走っていることを忘れました。しかし、山道は大人しくなり、穏やかに別の谷へと曲がって行きました。

　雲が集まってきていて、強い日差しを受けないのが心地よいのでした。道はほとんど平坦になりました——もし山道に平坦な道があるとすればですが。松の樹々に覆われた暗い丘を過ぎると、目の前に途轍もなく圧倒的な山々や、岩や、雪を被った緑の野原や、滝や、小さな木の小屋と見渡すばかりの山の曲線が現れました。目で見ているものがほとんど信じられませんでした。それらの岩の形の圧倒的な荘厳さ、雪で覆われていて樹の生えていない山、延々と続くごつごつした岩、それらに下から迫る緑の草原など、全てが山の懐に抱かれていました。本当に、全く信じられないことに、そこには美、愛、破壊、不可思議な創造の際限のなさがありました。それは岩や野原や小さな山小屋のことでなく、それがそれらの中に、或いはそれらの一部として存在しているのではないのでした。

　それはそれら全てを遥かに超えていました。それは目や耳では見ることも聞くこともできない荘厳さや轟きと共に現れていました。それは、思考的な頭脳が、森の中の枯れ果てた葉のように全く色褪せてしまうほどの、余すことのない全体性と静寂を伴って現れていました。それは、世界や樹々や大地が色褪せてしまうほどの豊かさと力強さを伴って現れていました。それは愛であり、不可思議な創造であり、破壊でした。その他には何もありませんでした。

　深さの本質がありました。思考の本質は、思考が存在しない状態です。いかに深く広く思考が追い求められても、思考はいつも浅くて表面的なままでしょう。思考の消滅こそが、その本質の始まりです。

思考の消滅は否定です。否定のための肯定的な方法はありません。思考を終わらせるための、いかなる方法もシステムもありません。方法やシステムは、否定への肯定的な取り組みですから、それでは思考は自身の本質を見つけることができません。その本質が存在するためには、それが止まねばなりません。存在の本質は非在です。非在の深みを〝見る〟ためには、何ものかになろうとすることから自由でなければなりません。継続性があると自由は存在しません。継続性があるものは時間に縛られています。あらゆる経験は思考を時間に縛り付けます。

経験をしていない状態の精神が、あらゆる本質に気づきます。全ての経験が止んでいるこの状態は、精神が麻痺しているのではありません。むしろ反対に、萎えて行くのは加算的な精神であり、収集蓄積的な精神です。収集蓄積は機械的であり、繰り返しだからです。獲得の否定も、単なる獲得も共に繰り返しであり、模倣です。この収集蓄積的で保身的なメカニズムを余すところなく破壊する精神は自由な精神です。そうして、経験することがその意義を失います。

そうすると、事実だけが存在します。それは事実の経験ではありません。事実についての意見や、事実の価値評価や、事実について美しいとか美しくないとかは、事実を経験していることです。事実を経験することは、事実を否定することであり、事実から逃げることです。事実を思考と感情抜きで経験することが、深遠なことです。

今朝、目が覚めると、あの奇妙な不動感が体と頭脳にありました。それと共に、強烈さと、大いなる至福の計り知れない深みへ入っていく活動がやってきて、あの他者性が現れました。

プロセスが穏やかに進行しています。

二十一日

再び、日の光が降り注ぐ快晴の日で、長い影ができ、木の葉が輝いていました。山々は澄み渡っていて迫力があり、それらが近くに感じられました。空は途方もなく青くて、雲一つなく穏やかでした。影が地上に溢れていて、影のためにある朝でした。小さい影、大きい影、長く痩せている影、太った自己満足げな影、ずんぐりした地味な影、そして楽しげな生き生きとした影などができていました。農場と別荘の新しい屋根や古い屋根が、磨かれた大理石のように光っていました。樹々と草原の中に、大いなる喜びと歓声があるように思われて、それらは共存していました。それらの上には、拷問と希望の人間世界とは無縁の天空があり、生命が、壮大に、輝かしく脈動していて、あらゆる方向へ広がっていました。それはいつも若く、いつも危険に満ちた生命で、決して一ヶ所に留まらずに地上をめぐり、無頓着で、決して後に何も残さず、何も求めず、何も要求しませんでした。それは豊かにそこに現れていて、影を作らず、不死で、どこから来て、どこへ行くのかには無頓着でした。

それが現れるところにはどこでも、時間と思考を超えた生命がありました。それは驚くべきもので、自由で軽くて、計り知れませんでした。それは閉じ込めておくことができないもので、人々が、それを崇拝用の壇上や、市場や、家庭に閉じ込めたりすると、腐敗と堕落と人々による絶え間ない改革が生じました。それは、単純に、厳かに、破砕的に現れていました。その美は思考と感情を超えていて、余りにも壮大で比較のしようがなく、地上と天上と、瞬く間に破壊されてしまう草の葉の中に満ちています。それは愛と死と共に、そこに現れています。

森の中は涼しく、数フィート下の渓流が賑やかで、松の樹々が、地上を顧みることなく空高く聳えていました。それは、樹に生えている茸を食べながら、小さな螺旋を描いて上下に追いかけ合っている黒いリスたちと共に、壮麗でした。一羽のロビンが——ロビンのような鳥が、上に下に飛び回っていました。渓流の冷たい山の水以外は涼しくて静かでした。そして、愛、不可思議な創造、破壊が、シンボルとしてではなく、思考と感情の中の出来事としてではなく、実際の現実として現れていました。人はそれを見ることも感じることもできないでしょうが、それは破砕的な際限のなさで、途轍もなく強力に、この上なく脆い力と共に現れていました。それはそこに現れ、あらゆるものが静まりました。頭脳と肉体も静まりました。それは天恵で、精神はその一部でした。

深さに底がありません。本質は、時間や空間とは無縁です。それは経験されるものではなく、経験は、ごたごた飾り立てていて安っぽいもので、簡単に手に入るし、簡単に消えてしまいます。思考は、それを作り出すことができないし、感情はそこへ赴けません。それらは愚かで未熟なものです。成熟は、時間や年齢から生まれるのでもなければ、影響や環境によるものでもありません。それは金銭で買えるものではないし、書物も教師も聖者も、一つでも多数でも、一人でも大勢でも、成熟のための正しい環境を作ることはできません。成熟それ自身は目標にはなりません。それは、成熟を企てる思考とは無縁に、ひっそりと、媒介するものもなく、知らないうちにやってきます。成熟、或いはあの生の熟成がなければなりません。それは、病気や労苦や悲しみや希望から生まれる熟成ではありません。絶望や労働は、この余すところのない成熟をもたらすことができません。それは追究されることなく現れるのでなければなりません。

というのは、この余すところのない成熟の中に、厳格性があるからです。宗教的な灰や粗衣の厳格性ではなく、徳、神々、社会的な賞賛、希望、価値などの通俗的な物事に対する、何気ない問答無用の無頓着です。そのようなものは、独存性と共にやってくる、あの厳格性にとっては、余すことなく否定されなければなりません。どのような社会的な影響も、文化的な影響も、この独存性に触れることはできません。それは時間と影響の申し子である頭脳によって呼び起されるのではなく、そこに現れていなければなりません。それは雷鳴のように、どこからともなくやってくるのでなければなりません。そして、それなしには余すことのない成熟はありえません。

孤独――自己憐憫と自衛と自閉的、神話的、知識的、観念的生活の本質――は独存性とは遥かにかけ離れています。それらの中には、いつ終わるともしれない統合への試みと、その崩壊があります。独存性は、その中であらゆる影響が消滅している生です。この独存性こそが厳格性の本質です。

この厳格性は、恐怖による心理的傷が全くない明晰な頭脳に訪れます。どのような形の争いごとも、頭脳の感受性を壊します。無慈悲や、何ものかになろうとする絶え間ない努力を伴った野心は、頭脳の繊細な感受性を疲弊させます。貪欲と嫉妬は、その上首尾で頭脳を鈍くし、その不首尾で頭脳を疲弊させます。取捨選択をしないで、気を抜かずに警戒していなければなりません。受け取ることや適合することを全て止め、気づいていなければなりません。過食とあらゆる形の耽溺は、肉体を鈍くし、頭脳を麻痺させます。

道端に一輪の花があり、空に向かってすっくと、明るく咲いていました。太陽や雨や夜の闇や風や雷鳴や土などが、その花の中で咲いています。しかし、その花はそれらのいずれでもありません。それは全ての花の本質です。

権威からの自由や、嫉妬や恐怖からの自由や、孤独からの自由が、その途方もない厳格性を伴った独存性をもたらすことはないでしょう。それは、頭脳がそれを求めないときに現れます。人がそれに背を向けたときに現れます。それに付け加える何ものも、それから取り去る何ものもありません。それはそれ自身の生命を持っていて、全ての生命の本質の活動であり、時空とは無縁です。

あの天恵が、大いなる平和と共に現れていました。

プロセスが穏やかに進行しています。

二十二日

月は雲の中にありましたが、山々と暗い丘ははっきりと見えていました。大いなる静けさがそれらの周りに漂っていました。大きな星がちょうど森の上にかかっていて、谷から聞こえてくる音は、岩の上を逆る渓流の音だけでした。遠くの村以外は眠りについていて、村の音もこの高さまでは聞こえてきませんでした。渓流の音はすぐに弱くなりました。それはまだ聞こえていましたが、それが谷を満たすことはありませんでした。風はなく、樹々はじっとしていました。月の淡い光が、点在する家々の屋根を照らしていて、全てのものが、淡い光までもが静かでした。

辺りに、あの耐えがたい際限のなさの感覚が、強烈に、執拗にありました。それは空想ではありません。想像は現実性があるときに止みます。想像は危険で、それには根拠がありません。事実にだけ根拠があります。空想と想像は快楽的で、欺瞞的です。それらは全て追放されなければなりません。あらゆる形の神話や、空想や想像が理解されなければなりません。この正に理解こそが、それらの意義を剥ぎ取ります。

それが現れていました。瞑想として始まったものが止みました。現実性があるとき、瞑想に何の意義があるのでしょう！ 現実性をもたらしたのは瞑想ではありませんでした。何ものも、それをもたらすことはできません。それは瞑想にかかわらず現れていましたが、必要だったのは、理由のある、あるいは理由のない頭脳のお喋りを完全に、自ら進んで苦もなく止めた、非常に感受性豊かで気を抜かずに警戒していた頭脳でした。とても静かになりました。解釈したり識別したりすることを止めて、見て耳を澄ましていました。静かでした。静かにするための実在も必要性もありませんでした。頭脳は非常に静かで、非常に活発でした。あの際限のなさが夜を満たし、至福感がありました。

それは何ものとも関係していなくて、形作ろうとしたり、変えようとしたり、主張したりしませんでした。それは何の影響ももたらさないので、なだめがたいのでした。それは善行を働いているのでも、改革しているのでもありません。それは社会的な賞賛を得ようとしているのではないので、極めて破壊的でした。それは愛で、社会が育む、拷問を受けたものではありませんでした。それは生の活動の本質で、そこに現れていて、なだめがたく、破壊的で、春の若葉のように新しいものだけが知っていて、人に教えてくれる優しさを伴っていました。計り知れない力強さと不可思議な創造のみが湛える力が現れ、あらゆるものが静まっていました。丘の上にかかっていたあの単独の星が、今は空高くにあって、独り輝いていました。

午前、渓流の上流にある森を歩いていると、どの樹木にも陽が差していました。再びそれが現れ、その際限のなさが余りにも予期せず、余りにも静かだったので、その中を驚きながら歩きました。一枚の木の葉が規則正しく踊っていて、他の生い茂った葉は静かでした。それはただ現れていました。それは、人間が願ったり、計り知ろうとしたりする領域の中にはない愛でした。それは現れ、思考はそれを吹き消すことができましたし、感情はそれを押し退けることができましたが、それは現れていて、決して征服もされなければ、捉えられもしませんでした。

感じるという言葉は誤解を生みます。それは情動以上であり、感傷以上であり、経験以上であり、触覚や嗅覚以上です。言葉は誤解を生みがちですが、コミュニケーションのためには使われなければなりません。特に、我々が本質について語るときにはそうです。

本質を感じるのは、頭脳によるのでも、何らかの空想によるのでもありません。それは衝撃として経験できるものではありません。とりわけ、それは言葉ではありません。人はそれを経験できません。経験するためには、経験者や観察者がいなければなりません。経験者なしに経験することは全く別のことです。この〝状態〟の中にこそ、経験者も観察者もいないその中にこそ、あの〝感じ〟が起こります。それは直観ではありません。それは、観察者が盲目的に、或いは理性的に解釈したり、従ったりする直観ではありません。それは直観に姿を変えた欲望や願望でもなく、政治家や宗教的或いは社会的改革者によって唱えられる〝神の声〟でもありません。こうしたこと全てから離れ、遥かに遠ざかることが、感じることや、見ることや、耳を澄ましたりすることを理解するために必要です。〝感じる〟には、その中に混乱や葛藤のない明晰な厳格性が要求されます。本質の〝感じ〟は、いかなる逸脱も悲しみも、嫉妬も恐怖も野心もなく、最後まで追究する単純性があるときにやってきます。この単純性は知力を超えています。知力は断片的です。

この追究は、単純性の最も高度な姿であって、托鉢者の粗衣や一日一食ではありません。本質の〝感じ〟は、思考の否定であり、知識や理由などの思考の機械的な能力の否定です。理由や知識は、機械的な問題に取り組むために必要です。思考と感情の全ての問題は機械的です。反射的な反応が思考である、この記憶装置こそが、本質を追究する中で否定されなければなりません。最後まで行くために破壊します。破壊は外面的なものの破壊ではなくて、心理的な避難所と抵抗の破壊であり、神々とそれらの秘密の隠れ家の破壊です。これなしには、その本質が愛、不可思議な創造、死である、あの深みまでは行けません。

朝早く目が覚めると、天恵の力と力強さが現れていたために、体と頭脳に動きがありませんでした。
プロセスは穏やかです。

二十三日
早朝、青白く静かで時間を感じさせない空に、幾つかの漂う雲がありました。太陽は、朝の素晴らしさが止むのを待っていました。草原に朝露が残っていて影はなく、樹々だけが影のできるのを待っていました。
非常に朝早くて、渓流も賑やかに流れ出すのを戸惑っていました。静かで風もまだそよいでいなくて、木の葉が静かでした。農場からはまだ煙が上がっていませんでしたが、屋根は昇ってくる太陽に照らされて明るくなっていました。星々はしぶしぶ夜明けに席を譲り、辺りには、太陽が昇ってくるときの奇妙な期待感がありました。丘や樹々や草原が、喜びを隠さずに夜明けを待っていました。すると、太陽が、山々の頂上に、癒すように柔らかく触れました。朝日で雪が輝き、木の葉が長い夜から解放されてざわめき始めました。小屋から煙が真っすぐに立ち昇って行き、渓流が堰を切ったように音を立て始めました。そして、ゆっくりと戸惑いがちに、慎み深い繊細さで、長い影が地上に広がりました。山々の影が丘の上に伸びて、丘の影が草原に伸びました。樹々は影ができるのを待っていました。すぐに、明るい影や濃い影や羽毛のような影や重そうな影ができました。ポプラの樹が揺らぎ始めて、一日が始まりました。
瞑想は、その中で、あらゆるものの活動に取捨選択することなく気づいている気をつけている働きです。牛の鳴き声、樹を切り裂くチェーンソー、葉の揺らぎ、渓流の音、子供の呼び声、感情、動機、変更を繰り返してより深まる思考など、瞑想は意識に余すことなく気づいていることです。このように気をつけていると、明日の空間の中へ入って行く過去としての時間や、意識のねじれや歪みが、穏やかになり静まります。この静寂の中に、計り知れなくて比較できない活動が起こります。それは存在者が脱落している活動で、至福と死と生の本質です。それは追跡されえない活動です。というのは、それが足跡を残さないからであり、静かで不動だからです。それはあらゆる活動の本質です。

道は西へ向かい、雨を吸い込んだ草原を巡り、丘の斜面の小さな村々を過ぎ、澄んだ雪解け水の渓流を渡り、教会の銅製の尖塔を過ぎて、暗い洞穴のような雲と雨の中へ入って行きました。山が迫ってきて、霧雨になりました。ゆっくりと走っている車の窓から何気なく後ろを見ると、我々が通って来た方向に、陽に照らされた雲と青空と明るい晴れた山々が見え、我々は一言も言わずに、車を本能的に止め、バックし、Uターンして、その光と山々の方に向かって車を飛ばしました。それは信じられないほど美しく、車が道の開けている谷の方へ向かうと、心臓が止まるほどの美しさでした。静寂が、開けた谷のように広がっていて、完全に破砕的でした。我々はその谷に何回か来ていて、丘の形をよく知っていましたし、草原や山小屋には見覚えがあり、渓流のお馴染みの音が聞こえていました。頭脳以外は――頭脳は車の運転をしていましたが――全てのものがそこにあり、あらゆるものが非常に強烈になっていました。

死がありました。それは、頭脳が静かになっているためでもなく、風景の美しさのためでもなく、雲にかかる光の美しさのためでもなく、山々の不動の威厳のためでもありませんでした。それらがそれに何かを加えていることはあったかも知れませんが、それはそれらのいずれでもありませんでした。それは文字通り死でした。あらゆるものが突然止み、継続するものがなく、頭脳は体に命じて車を運転していましたが、それが全てでした。文字通り、それが全てでした。車はしばらくしてから止まりました。生と死があり、それらはとても接近していて、親密で分かち難く、それらはどちらも重要ではありませんでした。何か破砕的なことが起こっていました。

幻想や想像は起こっていませんでした。それは、その種の馬鹿げた精神の錯乱にとっては、余りにも真剣すぎました。それは弄ぶ対象ではありませんでした。死は気まぐれの出来事ではありませんし、消え失せないでしょう。それと議論はできません。人は生と一生議論を戦わすことができますが、死と議論はできません。死は究極的で絶対です。

それは肉体の死ではありませんでした。肉体の死は極めて単純で明白です。死と共に生きることは全く別の問題です。生があり、そして死がありました。それらは容赦なく結び付いていました。それは心理的な死ではなく、あらゆる思考と感情を追い出してしまう心理的なショックではありませんでした。それは、頭脳の突然の錯乱でもなければ、精神異常でもなく、疲労や絶望からくる頭脳の奇妙な判断でもありませんでした。それは無意識に死を願うことでもなく、それらのいずれでもありませんでした。それらは精神の未熟さなので、簡単にやり過ごされることでしょう。それは何か別の次元のもので、時空的描写を拒絶する何かでした。

それは現れていて、正に死の本質でした。自己の本質は死ですが、この死は生の正に本質でもありました。事実、それらは分離していなくて、生と死でした。これは、頭脳の安楽と観念的安全性のために、頭脳によって思い描かれた何かではありませんでした。正に生きることが死ぬことであり、死ぬことが生きることでした。車の中で、それらの美と色彩や、その喜悦の〝感じ〟と共に、死は愛の一部であり、あらゆるものの一部でした。死は、シンボルでも、観念でも、人が知っている何かでもありませんでした。それは、通り抜けようとする車の警笛のように、強烈に、要求厳しく、現実に、実際に、現れていました。生が、去って行くことも脇へ追いやられることも決してないように、死も、今や去って行くことも脇へ追いやられることも決してないでしょう。それは、途方もない強烈さと究極的なものと共に現れていました。

夜通し死と共に過して、それが頭脳とその通常の活動を占領していたようでした。頭脳はそれほど活動していませんでしたが、それらの活動に対する何気ない無頓着さがありました。以前にも無頓着ということはありましたが、今、それは、形を成す全ての働きを遥かに超えていました。あらゆるものがますます強烈になりました。それは生であり死でした。

目が覚めると、死が、悲しみとは無縁に、生と共に現れていました。驚くべき朝でした。山々や樹々の歓喜であるあの天恵が現れていました。

二十四日

暖かい日で、沢山の影ができていました。岩が紛れもなく輝いていました。ポプラの樹が少しの風でも揺らぐのに、黒い松の樹々は決して動こうとしませんでした。強い西風が谷の中を通り抜けていました。岩が生きているように雲を追いかけると、雲は岩にしがみつき、岩の形や曲線になり、岩の周りを流れるのでした。岩と雲を切り離すのが難しく、樹々が雲と一緒に歩いていて、谷全体が動いているようでした。森の中へ入り、森から出てくる小さな狭い道は、一旦、森に降参してから、再び生き返って、森から出てくるようでした。キラキラ輝く草原は、遠慮がちな花々の棲み処《か》になっていました。今朝の岩は谷を支配していました。岩は余りにも沢山の色彩からできていて、存在していたのは色彩だけでした。今朝は岩がとても穏やかで、岩は沢山の形と大きさからでき上がっていて、風や雨や砕石のための爆砕に無頓着でした。岩はそこに存在していて、これからも時間を全く超えてそこに存在しました。

素晴らしい朝で、日の光がそこかしこに注いでいて、どの木の葉も蠢いていました。ドライブに相応しい朝で、大地の美しさを見るのに、それほど時間を要しませんでした。死によって新しくなった朝でした。その死は腐敗や病気や事故などの死ではなく、不可思議な創造のために破壊する死でした。頭脳が自己中心性を守ろうとして作り上げた全てのものを死が一掃しなければ、不可思議な創造はありえません。死は、これまで持続性の新しい形で、持続性と結び付けられて考えられていました。死によって、新しい存在が、新しい経験が、新しい息吹が、新しい生命がやってきました。古いものが終わって、新しいものが生まれました。それが更に別の新しいものに席を譲りました。死は、新しい状態への、新しい発明への、新しい生き方への、新しい考え方への手段でした。驚くべき変化でしたが、その変化が新たな希望をもたらしました。

しかし、今、死は、何ら新しいものも、新しい地平も、新しい息吹ももたらしませんでした。それは死であり、絶対的で最終的です。そこには何もありません。過去も未来も、何もありません。何かを生み出すことはありません。絶望も追究もありません。それは時間とは無縁の完全な死です。それはそこに存在しない大いなる深みから見ることです。死が、古いものや新しいものとは無縁に現れたとき、それは、笑いや涙とは無縁の死で、何らかの現実性を覆ったり、隠したりする仮面ではありません。その現実性が死なのであり、それを隠す必要はありません。死は、あらゆるものを拭い去って、何ものも残しません。この何もないことが、あの木の葉の揺らぎであり、少年の呼ぶ声です。それは何もないことであり、何もないことがあるのでなければなりません。

持続するものは腐敗します。それは機械であり、習慣であり、野心です。腐敗は起こりますが、死の中にではありません。死は、余すことなく何もないことです。そこから生が現れ、愛が現れるためには、死がなければなりません。というのは、この何もない中に不可思議な創造があるからです。完全な死なしに不可思議な創造はありません。

我々が、何気なく何かを読んで、世界の状況について話をしていると、突然思いがけずに、部屋が、このところしばしば現れるあの天恵に満たされました。小さな部屋の扉は開いていました。我々が食事をしようとすると、それは開いた扉からやってきました。部屋へ入ってくる波のように、文字通り物理的にそれを感じました。それは〝更に〟〝更に〟強烈になりました。

この〝更に〟は、比較的な意味で使っているのではありません。それは、信じられない強さと不動感がある何かで、破砕的な力を伴っていました。言葉は、それが表現しようとするその当のものではありません。現実のものは決して言葉では言い表せません。それは見られなければなりません、聞かれなければなりません、生きられなければなりません。そうすると、それは全く違った意義を持ちます。

プロセスはここ数日強烈でした。それについて毎日書く必要はないでしょう。*

*プロセスは、恐らくそれからも続いていたと思われますが、再び記されることはありません。

二十五日

非常に朝早く、二、三時間かそれ以上経たないと、夜明けにはならないでしょう。オリオンが、曲線を描いた丘の樹林の背後の山頂から、ちょうど昇ってきました。雲は出ていませんでしたが、空気の様子から、霧が出るだろうと思われました。一時間の静寂でした。渓流もまだ静かで、月の光が薄らぎ、丘の暗い姿が、淡い空を背にはっきりしていました。風がなく、樹々は静かで、星々が輝いていました。

瞑想は探究ではありません。瞑想は、捜し求めることでもなく、探り当てることでもなく、探検することでもありません。それは爆発であり発見であって、順応するために頭脳を手懐《てなづ》けることでもなければ、内省的な自己分析でもありません。それは、含めたり、取捨選択したり、否定したりする精神集中の訓練では明らかにありません。それは、全ての肯定的な、或いは否定的な主張や成就が理解されて、それらが苦もなく脱落するときに自然にやってくる何かで、頭脳の余すことのない空虚です。重要なのはその空虚であって、空虚の中が何なのかではなく、空虚の中からのみ、見ることが起こります。社会的な倫理や、社会的な賞賛とは無縁のあらゆる徳行は、この空虚から生まれます。この空虚から愛がやってきます。そうでなければ、それは愛ではありません。正しさの基礎はこの空虚の中にあります。それは全てのものの終わりであり始まりです。

窓から外を見ると、オリオンが一層高く昇っていました。頭脳は強烈に活動的になり、感受性が高まっていました。瞑想が、何か全く違ったものになりました。それは頭脳が対処できない何かだったので、頭脳は自身の中に籠って沈黙しました。夜明け前と、その後の数時間の間のどこにも、夜明けの始まりがなかったように思われました。太陽が昇ってくると、山々と雲がその初光を浴びました。そこには荘厳な驚きがあり、一日が始まりました。不思議なことにそれでも瞑想は続いていました。

二十六日

美しい朝で、陽光と影が溢れていました。近くのホテルの庭が、あらゆる色彩に満ちていました。それらがとても輝いていて、芝生もとても青かったので、目と心が痛くなりました。その先の山々が朝露に洗われて、真新しく鋭く煌めいていました。魅惑的な朝で、至る所に美がありました。

狭い橋を渡り、渓流を越え、森へ通じる道を登ると、日の光が木の葉と戯れていました。木の葉が震えていて、その影が動いていました。それらはありふれた植物でしたが、その青さと新鮮さで、空に向かって聳え立っている全ての樹々を圧倒していました。これら全ての歓喜と、それらの豊饒さと蠢きに、ただ不思議を覚えるだけでした。あらゆる樹木と植物の静かな威厳と、長いふさふさの尾をした黒いリスたちの止むことのない喜びに驚かずにはいられませんでした。綺麗な渓流に木漏れ日が当たっていて、光っていました。森の中は湿っていて心地よいのでした。

立ち止まって、木の葉が踊っているのを見ていると、突然、他者性が現れました。それは時間とは無縁な出来事で、静寂が起こりました。それはあらゆるものがその中で動き、踊り、叫んでいる静寂で、機械が止まった時の静けさではありませんでした。機械的な静けさは、空虚の中の静寂とは別のものです。一方は反復的で習慣的で腐敗するもので、葛藤して疲れた頭脳が慰安を求める類です。しかし、他方は爆発的で、同じものは一つとしてなく、捜し求めて得られるものでは決してなく、反復しないので、いかなるシェルターも提供しません。我々が散策していると、その静寂が現れて、そこに留まりました。森が美しさを増しました。色彩が爆発して、葉と花々を浮き立たせていました。

そこにあったのはそれほど古い教会ではなく、およそ十七世紀のものでした。少なくとも、門の上のアーチにはそのように書かれていました。それは修繕されていて、明るい色の松の木が使われていて、磨かれた鉄製の釘が光っていました。勿論、十七世紀のものだとしたら、それはありえないことでした。ここに何かの音楽を聴きに来る人たちは、天井の釘を見ないのだろうとほぼ確信しました。それは正統な教会ではなく、香の臭いも、ロウソクも、偶像もありませんでした。それはそこにあって、日の光が窓から差し込んでいました。

多くの子供たちがいて、彼らは話したりふざけたりしないように言われていましたが、落ち着きがありませんでした。彼らは恐ろしく神妙な顔をしていましたが、目が今にも笑い出しそうでした。人は彼らと遊びたくて近づきましたが、更に近づく勇気がでませんでした。子供たちは夜の音楽界のための稽古に来ていて、誰もが恭しく厳粛で、興味を持っていました。外の草が鮮やかで、空が青く晴れ、影が至る所にできていました。

何故、機械のように絶えず完璧になろうとしたり、完璧に仕上げようとしたりするのでしょうか？　完璧という観念や実例やシンボルは、どこか驚異的で高尚です。しかし、本当にそうでしょうか？　勿論、完璧なことや完璧な例を模倣する試みはあります。模倣は完璧と言えるでしょうか？　完璧というものがあるのか、それとも、それは、人間を社会的に尊敬すべき存在にしておくために、説教師によって人間に与えられた単なる観念でしょうか？

完璧という観念の中には、多くの安楽と安心があります。それは、いつも、聖職者や完璧になろうとしている人にとって有益です。機械的な習慣は、何度も何度も繰り返すことによって、次第に完璧になっていきます。ただ習慣だけが完璧にされます。同じことを何度も何度も繰り返して、脇目も振らずに考えたり信じたりすれば、それは機械的な習慣になります。恐らくそれが、誰もが望んでいる完璧です。それが、どんな混乱や不快なことをも押し退けてくれる、完璧な抵抗の壁を築き上げます。しかも、完璧であることは、成功の祝福された姿です。野望は、世間から褒められるという栄誉に浴し、成功の代表者となり、ヒーローになります。

機械の中の完璧を除けば、完璧ということはありません。それは醜いものです。完璧であろうとすることは、ゴルフの場合のように、記録を破って、競争が尊ばれます。隣人や神と完璧を目指して競い合うことが、友愛や愛と言われます。どのような完璧を目指す試みも、単に、より一層の混乱と悲しみを生むだけであり、更に完璧になろうとする刺激を生むだけです。

おかしなことに、我々は、いつも完璧な何かになりたいとか、完璧に何かを成し遂げたいと思っています。その思いが完璧に成し遂げるための手段を生み、完遂する楽しみは、勿論、虚栄心です。どんな形であれ、プライドは粗暴なものであり、悲惨に繋がります。外面的であれ内面的であれ、完璧への欲求は愛を否定します。愛がないと、何をしてもいつも欲求不満と悲しみが付き纏います。愛は、完璧でもなければ完璧でないのでもありません。愛がないときにこそ、完璧であることや、完璧でないことが問題になります。愛は、何かに励むことでは決してありませんし、それ自身を完璧なものにしません。それは煙の立たない炎です。完璧になろうと励んでいるときに、より大量の煙が出るだけです。そのように、完璧というのは、励んでいるときのみにあって機械的であり、習慣の中や、模倣の中や、更に恐怖を生み出している中で、更に更に完璧になっていきます。

誰もが、競うことや成功することを教育されています。結果が全てになっていて、物事そのものへの愛がなくなっています。そうして、楽器が音色を愛するために演奏されるのではなく、演奏がもたらす名声や金銭や地位などのために使われています。

存在していることは、何かになることよりも限りなく意義があります。存在していることは、何かになることの対極にあるのではありません。もし、それが何かになることの対極であったり反対であったりしたら、存在していることになりません。何かになることを完全に死んでやり過ごすとき、存在していることになります。このように存在していることは、静止的なのではなく、受け入れることでもなく、単なる否定でもありません。何かになることは、時間と空間を内に含みます。全ての努力が止まなければなりません。そのときのみ、存在していることになります。

存在していることは、社会的な徳や倫理の領域の中にはありません。それは生の社会的規範を破砕します。このように存在していることこそが生であって、それは生のパターンではありません。生があるところに完璧なものはありません。完璧とは、観念であり、言葉です。生、或いはそのように存在していることは、思考のあらゆる定型を超えています。それは、言葉や例やパターンが破壊されているときに現れます。

それが、この天恵が、閃きの中に何時間も現れていました。日の出の何時間も前、月食が起きている早朝に目が覚めると、それが、二、三時間眠れないくらいの力強さと力で現れていました。その中に、不思議な純粋性と無垢性があります。

二十七日

その渓流は、他の幾つかの小さな渓流と合流して、谷の中を曲がりくねりながら音を立てて流れていました。そのせせらぎには同じものが一つもありませんでした。それは独特の雰囲気を持っていましたが、決して不快でも暗くもありませんでした。小さな渓流たちがより鋭い音を出していて、より沢山の玉石と岩があり、日陰になった浅いところに静かな水溜りを作って、そこで影が踊っていました。それらは、夜になると柔らかくて優しい、遠慮がちな、日中とは全く違う音を出していました。それらは異なった源流から、異なった谷を通って流れて来て、互いに遠く隔たっていて、氷河から来るもの、曲がりくねった滝から来るもの、もう一つはとても歩いて行けない源流から来ていました。それらはより大きな渓流に合流して、深く静かな音を響かせ、より威厳に満ちて、広く速く流れていました。三つの渓流の両岸には樹木が生えていて、樹々の長い連なりがあり、それらがどこから来て、どこへ行くのかが分かりました。それらが谷の主で、他のものは、樹木でさえもよそ者でした。

何時間もそれを見て、それらの絶え間ないせせらぎを聞くことができました。それらはとても賑やかで、楽しそうでした。一番大きな、ある程度は威厳を保たなければならない渓流も同じで、それは目も眩むような天空に近い山々の頂から流れて来て、とても純粋で、気高いのでした。それらは紳士気取りの俗物性ではなく、自分自身の佇まいを持っていて、それらには少し距離を置いた冷たさがありました。夜の帳《とばり》が下りると、それらは自分たちの歌を歌っていましたが、それを聞くものはほとんどいませんでした。そしてそれらは沢山の歌からできていました。

　橋を渡り、光がまだらに差している森を登っていると、瞑想は全く違ったものになりました。頭脳が何も願わず、何も探究せず、何の不平不満も漏らさないでいると、沈黙が強制されず自然に広がりました。小鳥たちが盛んにさえずり、リスたちが樹の上で追いかけっこをし、そよ風が木の葉と戯れていました。そして辺りが沈黙していました。遥か遠くから流れて来ている小さな渓流がより一層活発になりましたが、外側ではなく内側の遥か深いところに沈黙が起こりました。

　それは、精神の余すことのない全体の中の全くの静寂で、境界がありませんでした。それは囲い込まれた中や、何らかの領域の中や、思考の限られた領域の中で、静寂と認識されるような沈黙ではありませんでした。境界もなく計り知ることもできないので、その沈黙は、経験の中に保持されることがありませんでした。それは、認識されて、経験の中に仕舞い置かれることはなく、決して再び起こらないでしょう。もし起こるなら、それは全く違ったものとなるでしょう。沈黙は、それ自身を繰り返しません。頭脳だけが、記憶と回想によって、起こったことを繰り返すことができますが、それは現実ではありません。

　瞑想は、時空の中で作られた意識が、このように余すことなくなることです。思考、意識の本質である思考は、何をどうしようと、この静寂を作り出すことができません。頭脳は、そのあらゆる精妙で複雑な活動と共に、自ら進んで、何の見返りも何の安全の保障もなく、静まらなければなりません。そのときのみ、感受性が鋭くなり、生き生きとして穏やかになります。

それ自身の顕在的そして潜在的活動を理解している頭脳は、瞑想の一部です。それが瞑想の基礎であり、それなしでは瞑想はただの自己欺瞞、自己催眠であって、何の意義もありません。不可思議な創造の爆発のためには沈黙がなければなりません。

成熟は、時間と年齢から生まれるのではありません。今と成熟との間に、時間的な隔たりはありません。〝そのうちに〟ということは決してありません。成熟は、あらゆる取捨選択が止んだ、あの状態です。未熟な精神のみが、取捨選択をして、取捨選択の葛藤を知ります。成熟の中に方向性はありませんが、取捨選択的な方向性ではない方向性はあります。葛藤は、どのような次元であれ、どのような深さであれ、精神の未熟を指し示します。有機的なものが成熟する機械的な必然性を除けば、成熟するということはありません。あらゆる複雑な多様性の中にあって、葛藤を乗り越えることである理解が成熟です。どのように複雑で、微妙であっても、葛藤の深さを内的にも外的にも理解することは可能です。葛藤や欲求不満や成就は、内的にも外的にも、同じ一つの活動です。満ちた潮は引かなければなりません。潮の干満と呼ばれる活動そのものにとっては、満ちるも引くも同じ一つの活動です。あらゆる形の葛藤が、知識的にではなく、実際に理解されなければなりません。実際に、情動的に、葛藤に触れなければなりません。情動的な接触や衝撃は、もし、それが知的に、言葉で、必要なものとして受け入れられたり、感傷的に否定されたりすると、起こりえません。受け入れたり、否定したりすることでは事実は変わりませんし、理由では必要な衝撃はもたらされないでしょう。それを行うのは事実を〝見る〟ことです。もし事実を非難したり、正当化したり、事実と一体化したりすると、

〝見る〟ことができなくなります。〝見る〟ことが唯一可能なのは、頭脳が積極的に参加しないで、識別や判断や価値評価を止めて、それがただ観察しているときだけです。

欲求不満を必然的に伴う成就への強い衝動があるときは、葛藤があるはずです。微かな、冷酷な競争心を伴う野望があるときには、つねに葛藤があります。嫉妬は、何かになりたい、成就したい、成功したいという終わりのない葛藤の一部です。

理解は時間の中にはありません。理解は、明日やってくるのではありません。それは決して明日にはやってこないでしょう。それは今か、決してやってこないかのどちらかです。今だけがあるのであって、決してやってこないのではありません。〝見る〟のは瞬時です。〝見る〟ことや理解することの意義が頭脳から結局払拭されるとき、見るのが瞬時になります。〝見る〟のは爆発であり、論理的に考えられたり、計算されたりしません。しばしば、〝見る〟ことや理解することを阻むのが、恐怖です。防御と勇気をない交ぜにした恐怖が、葛藤の源です。見るのは、頭脳でだけではなく、頭脳を超えて見るのです。事実を見ることが行動を生みます。それは、観念や思考から生まれた行動とは全く異なります。観念や思考から生まれた行動は、葛藤を生みます。そのような行動は、観念や思考に近づけたものであり、規範や観念との比較です。それが葛藤をもたらします。葛藤は、大きくても小さくても、思考的な領域の中ではなくなりません。葛藤の本質は、成熟である、葛藤の非在です。

かなり朝早く目が覚めると、あの不思議な天恵は瞑想であり、瞑想があの天恵でした。穏やかな森の中を歩いているとき、それは途轍もない強烈さで現れていました。

二十八日

やや暑い晴れた日で、この高所でも暑いのです。山頂の雪が白く光っていて、ここ数日、暑くて晴れた日が続いていていました。渓流が綺麗で、空は青白かったのですが、青を背にした山が依然として強烈でした。道の両側の花々が途方もなく輝いていていて、賑やかでした。草原がひんやりとして、暗い影が沢山できていました。小さな道が、草原を抜け、起伏の続く丘を横切って曲がりくねりながら農場を通り過ぎて行きました。ミルク缶と小さな野菜かごを持った老婦人のほかに、誰もその道にはいませんでした。彼女は今までずっと、その起伏のある道を歩いて丘を登って来たのに違いなく、若い時には、その道を駆け上っていたのでしょうが、今はすっかり腰が曲がり、不自由な体になっていて、ゆっくりと辛そうに、地面から顔をほとんど上げずに登って来ていました。彼女はやがて死に、山々はそこに存在し続けるでしょう。

上の方に白い山羊が二頭いて、奇妙な目をしたそれらは、近づいて来ては撫でられていましたが、それらが逃げ出さないように張られた電気フェンスから安全な距離を保っていました。山羊を飼っている農場の、白と黒の斑の子猫が遊びたがっていました。草原のもっと高いところにもう一匹猫がいて、じっと身動きをしないで、野ネズミを捕まえようとしていました。

そこまで登って来ると、緑陰の中はひんやりとしていて、新鮮で美しく、目の前に、山や丘、谷、影が広がっていて、所々に湿地帯があり、短い金色の葦が白い花を咲かせて生い茂っていました。しかし、それだけではありません。丸一時間登ったり下ったりしていると、天恵の、あの力強さが現れました。それは途轍もない、底の知れない固体的な質を備えていました。どのような物質もその固体性を持ちえないでしょう。物質は貫通できて、砕かれ、溶解し、霧散します。思考と感情にはある重さがあり、それらは計ることや、変えることや、破壊することができて、それらからは何も残りません。

しかし、この力強さは、何ものも射抜くことも溶解することもできないこの力強さは、思考の産物ではないし、確かに物質でもありませんでした。この力強さは、幻想でもなく、密かに力を追い求める頭脳の創造でもなく、そのような力の力強さでもありませんでした。どのような頭脳の働きによっても、その不思議な強烈さと固体性を持った力強さを作り出すことはできないでしょう。それは現れていて、どのような思考を働かせても、それを発明したり、それを追い散らしたりはできないでしょう。いかなる必要性もないときに、強烈さはやってきます。衣食住は必要ですが、それらは必要性ではありません。必要性は、隠れた渇望であり、愛着を助長します。セックスの必要性、飲酒の必要性、名声の必要性、崇拝の必要性があり、それらには複雑な原因があります。野心と欲求不満を伴った自己成就の必要性があり、神や不死の必要性があります。こうした全ての必要性は、必然的に、悲しみや恐怖や孤独の苦痛をもたらすあの愛着を生みます。音楽や、書物や、絵画や、その他の方法で自己を表現しようとする必要性は、手段への死に物狂いの愛着を助長します。楽器を使って有名になりたい、一番になりたいと願う音楽家は、音楽家であることを止めていて、その人が愛しているのは音楽ではなく、音楽がもたらす利得です。我々は、お互いを、自身の必要性のために利用し合って、それを尤もらしい言葉で飾ります。そこから、絶望と終わりのない悲しみが生まれます。

我々は、神を避難場所とし、お守りとして薬のように利用するので、聖職者たちの教会や、僧侶たちの寺院が、何の重要性もないのに非常に重要になっています。我々は、機械や技術など全てのものを、心理的な必要性のために利用します。そうして、我々は物事そのものへの愛を失います。

必要性がないときにだけ愛が存在します。自己の本質は、この必要性と、必要性とされるものの絶え間ない変化であり、一つの愛着から別の愛着へ、ある寺院から別の寺院へ、ある献身事から別の献身事への果てしない追求です。観念や規範に献身的になったり、何事かに、何らかの宗派に、何らかの教条に従属したりするのは、必要性のためです。それが自己の本質であり、それはこの上なく利他的な活動の形を取ります。それは外見であり、仮面です。必要性から自由になることが成熟です。この自由と共に強烈さがやってきて、それには原因も利得もありません。

二十九日

幾つかの散在する別荘と農場を越えて、草原を通り、鉄条網を抜けていく道がありました。その道が下りになる手前までくると、雪と氷河を頂いた山々や、谷や、沢山の店が立ち並ぶ小さな村などが見渡せる、壮観な景色が広がっていました。そこから、一つの渓流の源流と、黒い松林に覆われた丘を見渡せます。夕陽を背にした丘の形は壮観で、沢山のことを語っているようでした。素敵な夕刻で、一日中雲がなく、空と影の純粋性が驚くほどで、夕陽が大きな喜びでした。

夕陽が丘の向こうに沈みかけ、他の丘と草原に大きな影を投げかけていました。道はもう一つの緑の草原を横切るとやや急坂になり、より大きくて広い道に合流してから森の中に入って行きました。道は廃道になっていて、誰もいませんでした。森の中は非常に静かで、ただ渓流だけが、夜の静寂を前に、より一層音を立てているようでした。

高い松の樹があり、香りが辺りに漂っていました。道が折れて、長い樹林のトンネルを抜けると、突然、草の生えている空地が現れ、夕陽に照らされている、切り出されたばかりの松の木々がありました。その強烈さと歓喜の中で、人はぎょっとしました。

人はそれを見ました。全ての時間と空間が消えて空地の光だけがあり、他には何も存在していませんでした。人がその光になったのでも、その光と一体化したのでもありませんでした。頭脳の鋭い活動が止んで、全存在が光と共にそこにありました。樹々や道や渓流の音が完全に消え、光とそれを見ている者との間の五百ヤード以上の距離も消えました。観察者は存在せず、夕陽に照らされている空地の強烈さは、全世界の光でした。その光は全天であり、精神でした。

ほとんどの人は表面的で他愛のないものを否定します。もっと深く否定する人もいますし、完全に否定する人もいます。教会とその神々や、権威とそれを持つ人たちの権力や、政治家とその政治などを否定するのは比較的簡単です。人は、外見上重要とされている関係性や、社会の愚かさや、批評家が唱える美の概念や、識者と自称する人たちの概念を、深く否定することができます。人は、それら全てを脇へ追いやって、独りになることができます。独りというのは、孤独や欲求不満という意味ではなくて、それら全ての意義を見てとり、それら全てから、さり気なく、何の優越感も抱かずに立ち去ってしまうことです。それらは終わったものであって、死んだものであり、それらに戻ることはありえません。

しかし、否定の正に究極にまで行くというのは別の問題です。否定の本質は、独存性の中の自由です。僅かな人しかそこまで行きません。あらゆる避難場所や、あらゆる規範や、あらゆる観念や、あらゆるシンボルを粉砕して、何も纏わず、いかなる傷も負わずに、汚れないでいるところまで行くのは、ほんの一握りの人だけです。

しかし、否定するということが、何と必要なことでしょう。それは、何も求めずに否定することであり、経験の苦さに怯むことなく否定することであり、何らかの知識を望まずに否定することです。それは、明日や未来を意識せずに否定し独存することです。否定の嵐は、丸腰での否定です。肝心なのは、どのような活動にも、行動にも、経験にも、深入りせずに独存することです。というのは、このことだけが意識を時間の呪縛から解放するからです。あらゆる形の経験が理解され否定されて、思考に時間的な活動の場を与えません。時間を否定することが、時間とは無縁なものの本質です。

知識や経験や既知を否定することは、未知のものを招くことです。否定は爆発的です。それは知的でも観念的なことでもなく、頭脳が弄《もてあそ》べるものではありません。この正に否定の中にエネルギーが起こります。それは理解するエネルギーで、従順ではなく、恐怖や便宜性によって手懐けられたりしません。否定は破壊的で、成り行きに無頓着で、反射的な反応ではないので主張の対極にあるのではありません。あるとかないとか主張することは、反射的な反応の中で継続していることで、反射的な反応は否定ではありません。否定には取捨選択がないので、それは葛藤の結果ではありません。取捨選択は葛藤であり、葛藤は未熟です。

真理を真理として、誤りを誤りとして、そして誤りの中にある真理を真理として見ることが否定の行動です。それは行動であって、観念ではありません。思考や観念や言葉の余すことのない否定が、既知からの自由をもたらします。感情や情動や感傷の余すことのない否定によって、愛が存在します。愛は思考と感情を遥かに超えています。

既知の余すことのない否定が、自由の本質です。

日の出より何時間も前に目が覚めると、瞑想は思考の反応を超えていて、それは不可知なものへ放たれた矢であり、思考はそれに付いてこられませんでした。空が明るくなって、朝日が山頂に触れるや否や、その純粋性が太陽や山々を超えている、あの際限のなさが現れました。

三十日

雲のない暑い日でした。大地も樹木も来るべき冬に備えて力を蓄えていました。秋の訪れは、すでに幾つかの木の葉を黄色に変えていて、暗緑色の中で黄色く輝いていました。皆、長い冬に備えて、羊たちのために牧草地と野原の豊かな草を刈っていました。大人も子供もだれもが働いていました。それは真剣な仕事で、誰も話したり、笑ったりしませんでした。機械が草刈り鎌に取って代わっていました。あちこちで草刈り機が牧草を刈っていました。

道が川に沿って野原を抜けていました。強い日差しの太陽は、すでに丘の向こうに沈んでいたので、辺りはひんやりとしていました。道は農場と製材所を通り過ぎました。幾千のクロッカスが、刈られたばかりの野原に独特の繊細な香りを放っていました。穏やかな晴れた夕方で、山々が以前にも増して近く感じられました。川は穏やかで、岩はそれほど多くなく、水が速く流れていました。その流れに付いて行くには走らなければなりませんでした。

刈られたばかりの草の匂いが辺りに漂い、大地は豊かで満足げでした。どの農場にも電気が通っていて、平和と豊かさがありました。

山々や雲を見る人が何と少ないのでしょう。人々は見て、何か感想を言って、去って行きます。言葉や仕草や情動が、見ることを妨げます。樹木や花は、名前を付けられ、分類されて、それで終わりです。道にかかるアーチや窓から風景を見て、もし、画家か絵画に詳しいなら、間髪入れずにそれは中世の絵のようだと言ったり、誰か最近の画家の名前を言ったりするでしょう。或いは物書きなら、それをどのように表現したら良いのかと、そんなふうに見るのです。もし音楽家なら、恐らく、丘の曲線や花々を実際に足を運んで見ることはないでしょう。人は、日常生活のあれこれに手一杯であるか、さもなければ野心にどっぷりと浸《つ》かっているのです。もし何らかの職業的なプロなら、恐らく、決して見ることはないのです。

見るためには、本質が無垢性である、謙虚さがなければなりません。夕陽に照らされたあの山があります。それはその山を初めて見ることです。それは、今までにそれが決して見られたことがないようにそれを見ることです。それは無垢な目で見ることで、空虚の中に浴している、知識で汚されていない目で見ることです。見ることは、そのように途方もない経験です。〝経験〟という言葉は醜くて、情動、知識、認識、継続を伴います。それはそれらのいずれでもなく、全く新しい何かです。

新しさを見るためには謙虚でなくてはなりません。プライドや虚栄心で汚染されていない、あの謙虚です。

このことが確かに起こって――その朝、そのように見ることが、山の頂きや夕陽を見るときのように起こりました。全存在が余すことなく現れていて、必要性や葛藤や取捨選択の状態ではありませんでした。存在が余すことなく受動的で、その受動性は活動的でした。気をつけていることに二種類あります。一つは活動的で、もう一つには活動がありません。起こっていたことは実際に新しくて、これまでに全く起こったことのないものでした。それが起こっているのを〝見る〟ことは、謙虚の不思議な働きでした。頭脳は、完全に静かで、十分に覚めているにもかかわらず、何の反応もしませんでした。

夕陽に照らされて荘厳に輝くあの山の頂きを、今まで数限りなくそれを見ているにもかかわらず、知識のかけらも持たない目で見ることは、新しさの誕生を見ることでした。それは、残酷さと移り気な気分が付き纏う、愚かなロマンチシズムや感傷主義ではないし、熱狂と落胆の波を伴う情動でもありません。それが全く新しい何かのために、この余すことなく気をつけている中に沈黙が生まれます。この空虚から新しいものが誕生します。

謙虚は徳ではありません。それは育まれるものではなく、社会的に称賛されている人たちの倫理の中にはありません。聖者たちはそれを知りません。彼らがその聖性ゆえに公に認められるからです。崇拝者はそれを知りません。彼らは請い求めているからです。帰依者や追随者も謙虚を知りません。彼らは従っているからです。収集蓄積は、それが財産であれ、経験であれ、能力であれ、謙虚を否定します。学ぶことは加算的なプロセスではありません。知識は加算的で、機械的です。学ぶことは、決して機械的なものではありません。もっと沢山の知識ということはありえますが、学ぶときに、もっと沢山ということは決してありません。比較すると、学ぶことを止めてしまいます。学ぶことは時間の中ではなく、瞬時に見ることです。全ての収集蓄積と知識は計られますが、謙虚は較べられません。謙虚に多寡はなく、それは育成できません。倫理や技術は育成され、多寡が生じます。謙虚は、愛と同じように、頭脳の能力の中にはありません。

謙虚は正に死の働きです。

夜明けまでまだ何時間もある非常に早い時間に目が覚めると、力強さのあの刺すような強烈さが、厳格性を帯びて現れていました。その厳格性の中に至福があり、それは次第に強度を増しながら、時計時間で四十五分〝続き〟ました。渓流と静かな夜が、輝く星たちと共にその中に存在していました。

三十一日

決まった方式や理由と動機や終わりと目的のない瞑想は信じがたい現象です。それは、浄化する大いなる爆発というだけではなく、明日のない死でもあります。その純粋性は破壊して、思考がそれ自身の暗い影の中を徘徊できるどのような隠れた場所も残しません。その純粋性は脆いのです。それは抵抗によって生み出された徳行ではありません。

それは、愛と同じように、抵抗とは無縁なので純粋です。瞑想の中に明日はありません。瞑想は死と議論しません。昨日と明日の死は、取るに足らない時間的な現在を残しません。時間はいつも取るに足らなくて、破壊こそが新しいものです。瞑想とはこのことであって、それは安全性を追い求める頭脳の愚かな計算ではありません。

瞑想は、安全性にとっては破壊です。瞑想の中には大いなる美があり、それは、人や自然によって作り出されたものの美ではなく、沈黙の美です。この沈黙は、その中にあらゆるものが存在し、そこから、あらゆるものが流れる空虚です。それは知ることのできないものであり、知力も感情もそこへ入って行けず、そこへ至る道はなく、そのためのメソッドは貪欲な頭脳の発明品です。計算高い自己の方法と手段が全て破壊されなければならず、右往左往する全ての時間的な在り方が、明日とは無縁に、止まなければなりません。瞑想は破壊です。それは、表面的な生や空想的そして神話的な生を送りたいと願っている人たちにとっては危険なものです。

星々がキラキラと輝いている早朝でした。夜明けはまだ遠い先で、驚くほど穏やかでした。騒々しい渓流も穏やかで、丘も沈黙していました。頭脳は眠っているのではなく、覚めていて、鋭敏で、ただ見つめていました。そのような状態が丸一時間続きました。このような状態のとき、精神は、指示する者がいないので、方向性を脱落させて余すことなくそれ自身を超えることができます。瞑想は嵐であり、破壊して洗い清めます。

遥か遠くで夜明けが始まりました。東の空に、初々しくて淡い光が、とても穏やかに、恐る恐る広がりました。それは遠くの丘から昇ってきて、聳え立つ山頂から、峰々へと触れてゆきました。密集した樹々や孤立した樹木が静かに佇んでいて、ポプラの樹が蠢き始め、渓流が歓喜の声を上げました。農場の西向きの白い壁が、非常に白くなりました。夜明けがゆっくりと、穏やかに、ほとんど許しを請うようにやってきて、大地を満たしました。そして、山頂の雪がバラ色に染まり始め、早朝のざわめきが始まりました。三羽のカラスが、静かに、同じ方向に空を横切り、牛の鈴の音が遠くから聞こえてきました。辺りはまだ穏やかでした。

車が丘を駆け上ってきて、一日が始まりました。

森の中の道に、黄色い木の葉が一枚落ちていました。幾つかの樹々に秋が迫っていたのでした。その木の葉は、傷も斑点もなく綺麗で、秋の黄色でした。それは、死の中でも依然として愛らしく、それには何の病気の兆候もありませんでした。木の葉には、まだ春と夏が詰まっていました。樹の残りの葉はまだ全て緑色で、それは至福の中の死でした。死がありました。それは、その黄色い葉の中にではなく、実際にそこに存在していて、それは避けがたい伝統化された死ではなく、いつも存在しているあの死でした。それは空想ではなく、覆い隠せない一つの現実でした。それは、どの街角にも、どの家庭の中にも、あらゆる神と一緒に存在していま す。それは、大いなる力強さと美と共に存在していました。

人は死を避けられません。人は、それを忘れたり、合理化したり、或いは生まれ変わりや復活を信じたりするかもしれません。寺院へ行こうと、本を紐解こうと、何をしようと、それはいつも、祝祭の時にも、健康な時にも存在しています。人はそれを知るためには、それと共に生きなければなりません。もしそれに怯えていると、それを知ることができません。恐れはそれを暗くするだけです。それを知るためには、それを愛さなければなりません。それと共に生きるためには、それを愛さなければなりません。

知識はその消滅ではありません。それは知識の消滅であって、死の消滅ではありません。それを愛することは、それと親しくなることではありません。人は破壊と親しくなれません。人は知らないものを愛せませんが、人は何も知りません。人は、妻や上司でさえ、ましてや全く知らない人なら尚更知りません。しかし、それでも人は、死を、見知らぬ人を、未知のものを愛さなければなりません。人は確かなものしか、慰安や安心を与えてくれるものしか愛そうとしません。人は不確かなものや、未知のものを愛しません。人は、危険を愛したり、他の人のために命を捧げたり、国のために人を殺したりするかもしれません。しかし、それは愛ではありません。それらには見返りと利得があります。しかし、人はたとえ苦痛を伴っても、利得と成功を愛します。

死を知ることには何の利得もありませんが、不思議なことに死と愛はいつも表裏一体であり、それらは決して分離しません。人は死なしに愛することができません。死がそこになければ抱擁できません。愛があるところに死もあり、それらは分離できません。

しかし、我々は愛が何であるか知っているでしょうか？　人は感覚や情動や欲望や感情や思考のメカニズムを知っていますが、それらは愛ではありません。人は夫を愛し、子供を愛します。人は戦争を憎みますが、戦争をします。人の愛は、憎悪や嫉妬や野心や恐怖を知っています。それらから出る煙は愛ではありません。権力と名声を人は愛しますが、権力と名声は邪悪であり、腐敗しています。我々は愛が何であるか知っているでしょうか？　それを全く知らないことがその不思議であり、その美です。

全く知らないこと、それは疑っていることを意味するのでも、絶望を意味するのでもありません。それは昨日の死であり、従って明日の完全な不確実性です。愛に継続性はありませんし、死にもありません。記憶や額縁の中の写真にだけ継続性があります。しかし、それらは機械的です。そして機械でさえも摩耗して新しい写真や新しい記憶に席を譲ります。継続性のあるものは必ず朽ちて行き、朽ちるものは死ではありません。愛と死は分離不可能であり、愛と死があるところにはいつも破壊があります。

九月一日

晴れた暑い日が何日も続いていたので、山の雪が速い勢いで溶けていました。渓流は泥で濁って水かさが増していて、一層音をたてながら、猛烈な勢いになっていました。小さな木の橋を渡って上流を見上げると、山が招き寄せる力強さを伴って、驚くほど優美で超然としていました。夕陽に照らされて光っている山の雪が、流れの速い渓流の両岸の樹々に挟まれて美しいのでした。それは驚くほど際限なく空に聳え立っていて、空中に浮かんでいました。美しいのは山だけではなく、夕陽、丘、草原、樹々も渓流も美しいのでした。

突然、影と平和の全大地が強烈になり、とても生き生きとして、人を夢中にさせました。それは思考の鈍感さを焼き尽くす炎として、頭脳の中に押し入ってきました。空も、大地も、それらを見ている観察者も全て、その強烈さの中に取り込まれて、ただその炎があるだけで、その他には何もありませんでした。

多くの草原の中を、穏やかに曲がりくねって流れている川に沿って歩いていたときに起こった瞑想は、沈黙のせいでもなく、夕方の美があらゆる思考を呑み込んだせいでもありませんでした。それは、会話を交わしているにもかかわらず続いていて、何もそれを妨げることはできませんでした。瞑想は、頭脳と記憶の奥深いどこかで無意識に続いているのではなく、樹々の間から差し込む夕陽のように起こっていました。瞑想は、気の逸脱や葛藤を生む目的意識的な追究でもなく、子供が玩具に夢中になるような全ての思考を呑み込む玩具の発見でもなく、精神を鎮めるための言葉の繰り返しでもありません。それは、自分を知ることから始まって、知ることを超えることです。

歩いていると、それは深いところで蠢いていて、どこへ行くともなく進行していました。瞑想は、意識的であろうと潜在意識的であろうと思考を超えていて、思考の能力を超えて見ることでした。

山の向こうを見るとき、その視界の中には、近くの家々、草原、形の良い丘、山々そのものが入っています。車を運転するときには、三百ヤードかそれ以上先を見ています。視界の中には、脇の道、駐車している車、道を横切っている子供、近づいて来るトラックが入っています。しかし、単に目の前の車だけを見ていたら、人は事故を起こすでしょう。そのように、遠くを見ることは近くを含みますが、近くを見ることは遠くを含みません。我々の生は、目先の物や表面的なものに費やされています。全体性の中の生は断片に気をつけていますが、断片は全体性を決して理解できません。このことは我々がいつも行おうとしていることで、小さなものにしがみつきながら、それでも全体を捉えようとします。既知は、いつも小さなものであり、断片であって、その小さなもので、我々は未知を追い求めます。我々は、小さなものを決して手放そうとしません。その小さなものが、我々には確かなものであり、その中で我々は安全だからです。少なくとも、我々は安全であると考えているからです。

しかし、実際には、我々は何ものについても、決して確かではありません。恐らく、表面的で機械的なものが例外でしょうが、それらでさえも我々の期待を裏切ります。多少とも、我々は電車のような外側の物に頼り、それらを機能させて信頼します。心理的にも、内面的にも、我々がいくら渇望したとしても、確実なものや、永遠なものは存在しません。我々の関係性の中にも、信仰の中にも、頭脳が作り出した神々の中にも、確実なものや、永遠なものは存在しません。確実性や、ある種の永遠なものへの強烈な渇望と、永遠なものは全く存在しないという事実が、葛藤と幻想と現実に存在することの本質です。幻想を生み出す力を理解することの方が、現実に存在することを理解することよりも遥かに重要です。幻想を生み出す力が、現実性を得るためにではなく、完全に止まなければなりません。事実と取引はできません。現実性は見返りではありません。真実を得るためにではなく、それが誤りであるという理由で、誤りを手放さなければなりません。

放棄するのでもありません。

二日

谷の中の美しい夕刻で、川に沿って草原の牧草が豊かに茂っていました。清潔な農家の家屋があり、色彩に溢れた、澄んだ魅惑的な雲が浮かんでいました。山の上にかかった雲が特に輝いていて、太陽のお気に入りのようでした。谷は涼しくて心地よく、とても生き生きとしていて、辺りには穏やかさと平安が漂っていました。近代的な農業用機械がそこにありましたが、彼らは手鎌を使っていました。彼らはまだ文明の圧力と冷酷さの洗礼を受けていませんでした。鉄塔に支えられた高圧電線が谷を通っていましたが、それらも近代の洗練を浴びていないように思えました。我々が野原の中の草の生えた狭い道を歩いていると、雪を頂いた山々が、その色彩と共に近くに迫ってきました。それらは優美で、現実離れしていました。山羊たちが鳴いていて、搾乳されていました。これらの過剰な美と色彩と丘と豊かな大地と強烈な谷が、全て人の中にありました。それは、ただ人の中にあるのではなく、頭脳と心が完全に開いて、時空的な境界がなくなり、思考と感情が消えてしまっていたので、ただこの美だけが、音や形もなく存在しているのでした。それが現れて、他のあらゆるものが存在しませんでした。この愛の際限のなさが美と死と共に現れていて、谷と、その谷である人の全存在を満たしました。途方もない夕刻でした。

放棄しているのではありません。諦めたものは依然としてそこにあります。放棄や諦めや犠牲は、理解しているときには存在しません。理解することは、葛藤の非在の正に本質です。放棄は葛藤です。諦めることは意志の働きであり、取捨選択と葛藤から生まれます。諦めることは交換することで、交換の中には自由がなく、ただより一層の混乱と悲惨があるだけです。

Paris

四日

谷や高い山々から騒々しい汚れた大都会へ来ると、体に影響します*。深い谷や滝や深い森を抜けて、青い湖と広い道へ出た時は素晴らしかった。それは平和な人里離れた所から、昼も夜も騒々しい都会や、暑くてじっとりとする空気への激烈な変化でした。午後、静かに座って、屋根越しに、いろいろな屋根の形やら煙突やらを見ていると、思いがけずに、あの天恵が、あの力強さが、あの他者性が、優しくはっきりと現れました。それは部屋を満たして留まっていました。これを書いているときも、それはここに現れています。

*彼は空路でパリに来て、ブルネド大通りのアパートの八階に、友人たちと一緒に滞在しました。

五日*

八階の窓から眺めると、大通りの、長い並木の緑豊かな樹々が、黄色とあずき色と赤色でした。この高さから見ると、樹々の上の方の色彩が輝いていました。通りの喧騒は、それらの中を通ってここまで上ってくるまでに、幾分騒音を和らげていました。ただ色彩だけがあって、異なる色彩があるのではありません。ただ愛だけがあるのであり、その異なる表現があるのではありません。異なる愛のカテゴリーは、愛ではありません。愛が、神聖な愛や肉欲的な愛として断片化されると、それは愛ではなくなってしまいます。嫉妬はその炎を消してしまう煙です。熱気は厳格性を失うと馬鹿げたものになります。自己が脱落しなければ、余すことのない単純性の中で謙虚でいなければ、厳格性はありえません。

色とりどりの大量の色彩を見下ろしていると、色彩がどんなに分かれていても、純粋性だけがあるに過ぎません。不純なものは、それがどんなに変えられても、覆い隠されても、阻止されても、暴力と同じでいつも不純なままでしょう。純粋性は不純なものと争いません。不純なものが決して純粋になりえないのは、暴力が非暴力になりえないのと同じです。暴力は単純に止まなければなりません。

二羽の鳩が、中庭越しのスレート屋根の下に巣をつくっていました。雌の鳩が先に入ってから、雄の鳩がゆっくりと、威厳を振りまいて入って行きました。彼らは一晩中そこにいました。早朝、雄が最初に出て来て、後から雌が出て来ました。彼らは羽を広げ、身づくろいをし、冷たい屋根の上に平たく伏せました。すぐに、どこからともなく、十数羽の鳩がやって来ました。彼らは、二羽の周りで身づくろいをしたり、鳴いたり、親しげに互いを追いかけ回したりしていました。そして、突然、彼らは飛び去って行き、最初の二羽が残りました。空が曇ってきて、雲が厚くなりました。地平線は明るくて、一筋の長い青空が見えていました。

瞑想には始まりもなければ終わりもなく、その中には、成就や失敗、収集や放棄はありません。それは終わりのない活動で、時空を超えています。しかし、それを経験することは、それを否定することです。経験者が時間と空間、記憶と認識に縛られているからです。本当の瞑想の基礎は、権威、野心、嫉妬、恐怖から余すことなく自由な、あの受け身の気づきです。自由がなければ、自分を知ることがなければ、瞑想には何の意味も意義もありません。取捨選択をしている限り、自分を知ることはできません。取捨選択は、現実の理解を妨げる葛藤を意味します。空想やロマンチックな信念の世界に入ってさまようのは瞑想ではありません。頭脳は、あらゆる神話や幻想や安全性を自ら取り除いて、それらの虚偽の現実と向き合わなければなりません。気の逸脱はなく、あらゆるものが瞑想の活動の中にあります。花は、形であり、香りであり、色彩であり、全体の美です。花を、実際にバラバラにしてしまうと、或いは言葉で表現してバラバラにしてしまうと、花は存在しなくなり、存在していたものの思い出に過ぎなくなります。それは決して花ではありません。瞑想は、萎れていようと生きていようと、美の中の花全体です。

＊彼は、この日、パリでの九つのうちの最初のトークを行いました。トークは九月二十四日まで続きました。

六日

太陽がちょうど雲間から現れてきている早朝で、いつもの雑踏はまだ始まっていませんでした。雨が降っていて、どんよりした曇り空でした。小さなテラスに雨が吹き付けていて、そよ風が新鮮でした。軒下に立って、川面や秋の紅葉を見ていると、あの他者性が閃光のごとく現れました。それは、しばらく留まってから、再び去って行きました。それが非常に強烈で現実的なのがかえって不思議でした。それは、何百もの煙突が突き出ている屋根と同様にリアルでした。その中に、不思議な、駆り立てる力強さがあります。それは、その純粋性のために、強力で腐敗を知らない無垢の力強さでした。それは天恵でした。

知識は発見にとって破壊的です。知識は、いつも時間や過去の中のもので、決して自由をもたらすことができません。しかし、知識は行動したり考えたりするために必要です。行動なしに存在はありえません。しかし、いかに賢くて、正しくて、気高くても、行動が真理の扉を開けることはないでしょう。真理へ通じる道はありません。どのような行動によっても、どんなに洗練された思考によっても、真理を手にすることはできません。

秩序の乱れた世界では、徳行だけが唯一の秩序です。葛藤とは無縁の活動である徳行がなければなりません。しかし、それらが、あの際限のなさの扉を開けることはないでしょう。そのためには、意識が余すことなく、その全ての知識や行動や徳行を脱落させて、自らを空虚にしなければならないからです。しかし、それは何らかの目的のために、何かを獲得するために、何かを実現するために、何かになるために、自らを空虚にするのではありません。意識は、日常の思考と行動の世界では機能していても、空虚のままでいなくてはなりません。この空虚から、思考と行動が起こるのでなければなりません。しかし、この空虚も際限のなさの扉を開けることはないでしょう。その扉はあるはずがなく、そこに辿りつくどのような試みもありえるはずがないのです。

この空虚の中に、中心があるはずはありません。というのは、この空虚を計る手立てがないからです。中心こそが、計ったり、比較考量したり、計算したりします。この空虚は時空を超えています、それは思考と感情を超えています。

それは、愛と同じように、穏やかに控えめにやってきます。それには始まりも終わりもありません。それは変わることなく、計り知れなく現れています。

七日

一か所に長い期間いることが何と大切なことでしょう。このように絶えず旅行をしていて気候や住居が変わると、体に影響します。体は順応しなければなりません。体を新しい環境に順応させている間は、何も〝真剣な〟ことが起こりません。そして、また出発しなければなりません。これらは体には試練です。しかし、今朝、夜は明けていても、太陽がまだ昇っていない時に目を覚ますと、体はそんな状態でしたが、あの強烈な力強さがありました。面白いのは、体がそれに反射的に反応することです。疲れていても、それは決して怠惰ではありませんでした。今朝はひんやりしていたのにもかかわらず、体が活発になっていました。むしろ体は活発になりたがっていました。眠気や鈍さがなく、頭脳が穏やかで鋭敏で気を抜かずに警戒しているときだけ、〝他者性〟は現れることができます。体が新しい環境にまだ順応しようとしていたので、今朝は全く予想外のことでした。

太陽が晴れた空に昇ってきましたが、沢山の煙突が邪魔になって見えませんでした。陽光が空を照らしていて、小さなテラスの花々が生き返ったようで、より一層鮮やかに、強烈になりました。光に溢れた美しい朝で、空が驚くほど青くなりました。瞑想はそれら空の青や花々を含んでいて、それらは瞑想の一部となり、瞑想の中に入り込んでいました。それらは、気の逸脱ではありませんでした。気の逸脱は実際にありません。瞑想は精神集中ではないからです。精神集中は排除であり、切り離しであり、抵抗ですので葛藤です。瞑想的精神は、排除や抵抗をすることなく精神集中できますが、精神集中的精神は、瞑想できません。瞑想がとても大切になっているのは興味深いことです。それには終わりも始まりもありません。それは雨のしずくのようなものです。そのしずくの中に、全ての川があり、大河があり、海があり、滝があります。そのしずくが大地と人間を養います。それがないと地球は砂漠と化すでしょう。

瞑想しないと、心は砂漠になり、荒地になります。瞑想には瞑想自身の活動があります。人はそれを指示できません。人はそれを形作ることも、強制することもできません。もし、人がそうしようとすれば、それは瞑想ではなくなります。もし、人が単に観察者や経験者にすぎないなら、この活動は止んでしまいます。瞑想は、観察者や経験者を破壊する活動です。それは、あらゆるシンボル、思考、感情を超えた活動で、その俊敏さは計り知れません。

雲が空を覆っていました。雲と風との間の争いが続いていて、風が征服していました。青色の広がりがあり、それがとても青いので雲がけばけばしく見え、光と影に溢れていました。北の雲は時間を忘れてしまっているようでしたが、空間はそれらのものでした。公園［シャン・ドゥ・マルス公園］の中は枯れ葉で覆われ、舗道もそれらで敷き詰められていました。明るい生気に溢れた朝で、花々が夏の色彩を保っていて、鮮やかでした。一番の見世物である、高くて巨大な塔［エッフェル塔］を、棺と花々で飾られ、沢山の車が後に続いている霊柩車の葬列が通り過ぎて行きました。

死に際しても、我々は己を偉く見せようとします。我々の虚栄と見せかけにはきりがありません。誰もがひとかどの人間でありたいと思い、或いは、ひとかどの人間――大きかろうと小さかろうと、力を獲得した人間や成功を収めた人間――と近づきになって認められたいと思っています。多くの人によって認められるか、支配している人によって認められるか、いずれにしても世間から認められなくては、存在は意味をなさないと思っています。力はいつも敬われ、敬意を表されます。力はいつも邪悪です。政治家が、聖者が、夫に対して妻が、その力を振るいます。どんなにそれが邪悪なものであろうと、誰もがそれを渇望し、すでに手にしている者は更にそれを求めます。

日の光を浴びて、明るい花々に包まれた霊柩車が遥か遠くに去って行きます。死さえも力を葬りません。それが姿を変えて継続するからです。世代から世代へと継続するのは邪悪の火種です。僅かの人しか後を顧みることなく、それを広く自由に脇へ追いやれません。その人たちには見返りは何もありません。見返りは成功であり、認められたという栄誉です。認められることなく、犯した過ちが長いこと忘れ去られ、あらゆる奮闘と葛藤が止んで、誰でもなくなったとき、教会のものでもなく、人の手になる神々のものでもない祝福がやってきます。

子供たちは、叫んだり、遊んだりしていて、霊柩車が通り過ぎても車には目もくれず、遊びに夢中になって笑い声を上げていました。

八日

この明るい街にいても星は見えました。通りの喧騒以外にも音が聞こえます——鳩と雀の鳴き声です。一酸化ガス以外にも臭いがします——紅葉した木の葉と花々の香りです。幾つかの星とふかふかした雲が見えている早朝でした。それらと共に、あの未知の深みへ強烈に入っていく活動がありました。頭脳は静かでした。余りにも静かなので、微かな音でも聞くことができました。頭脳が静かで干渉できないので、どこからともなく始まった活動があり、それが頭脳を通って、言葉がその意味を失う、未知の深みへ入って行きました。それは頭脳を席捲して、時空を超えて行きました。空想や夢や幻想を記しているのではありません。それは実際に起こったことです。

起こったことは、それを伝えようとする言葉や表現とは違います。燃えるエネルギーがありました。それは爆発的で瞬発的な生命力でした。それと共に、浸透力のある活動がやってきました。それは途轍もない風のようで、力強さと恐ろしさを増しながら、突き進んでは破壊し浄化して、その後に巨大な空虚を残して行きました。あらゆるものに完全に気づいていました。大いなる力強さと美がありました。その力強さと美は作られたものではなくて、完全に純粋で、腐敗しない何かの力強さと美でした。それは時間にして十分間でしたが、計り知れない何かでした。

太陽が輝く雲の中から昇ってきて、幻想的で深い色合いを見せていました。街の喧騒はまだ始まっていなくて、鳩と雀が出て来ていました。頭脳は何と奇妙に浅薄なのでしょう。思考は、いかに繊細で深くても、浅薄なものから生まれています。思考は時間に縛られています。時間は取るに足らないものです。時間のこの取るに足らなさこそが〝見る〟ことを歪めます。見ることは、理解することと同じように、いつも瞬間的です。それを、時間によって作られた頭脳が妨害します。時間は、いつも見ることを歪めます。

時間と思考は分離不可能です。どちらか一方が葬られると、もう一方も葬られます。思考は、意志によって破壊されません。意志が行動の中の思考だからです。思考は、それが生じてくる中心とは別のものです。思考は言葉であり、言葉は記憶の収集蓄積であり、経験の収集蓄積です。言葉なしに思考が存在するでしょうか？

言葉ではない活動があります。それは思考から生まれているのではありません。この活動は、思考で表現できますが、思考から生まれているのではありません。この活動は、頭脳が静かで活動的なときに生まれます。思考は、この活動を決して探し出すことができません。

思考は記憶です。記憶は収集蓄積された反応ですから、思考がどんなに自身を自由だと想像しても、それはいつでも条件づけられています。思考は機械的で、それ自身の知識の中心に繋がれています。思考の活動範囲は知識に依存します。知識は、いつも過去の残滓であり、過ぎ去った活動の残滓です。思考は、自身を未来に投影できますが、過去に繋げられています。思考はそれ自身の牢獄を作り、その牢獄が未来的であろうと、過去のものであろうと、飾り立てられたものであろうと、質素なものであろうと、その中に住みます。思考は決して静まりません。それは、本性上、休むことなく、いつも右往左往しています。思考装置は、騒々しくても、穏やかでも、表面上でも、表面下でも、絶えず活動しています。それは、自身をすり減らすことができません。思考は、それ自身を洗練させることができます。それは、その彷徨をコントロールすることができます。それは、それ自身の方向を取捨選択したり、環境に順応したりできます。

思考は、自身を超えることができません。それは、狭い領域や広い領域で機能するかもしれませんが、いつも記憶の範囲内でしょう。記憶には限りがあります。記憶は、心理的、内面的に死ななければなりませんが、外面的にだけは機能しなければなりません。内面的には死がなければなりませんが、外面的には、あらゆる挑戦と反応に鋭敏でなくてはなりません。思考の内面的な関与が行動を妨げます。

九日

このような美しい日に街の中にいるとは何とむだなことでしょう。空には雲がなくて、日の光は暖かく、鳩が屋根の上で日向ぼっこをしています。街の喧騒は容赦なく始まっています。秋の気配を感じた樹木の葉が、ゆっくりと物憂げに、無頓着に色を変えていました。通りに人が沢山いました。彼らは絶えず店の中を覗いていますが、空を見上げる人はほとんどいません。彼らはすれ違うとお互いを見ますが、関心があるのは自分がどのように見えているかであり、自分がどのような印象を与えているかです。彼らは、その化粧と洗練された外見にもかかわらず、絶えず妬みと恐れを抱いています。労働者たちはとても疲れていて、体が重そうで不平を言っています。美術館の壁際の密集した樹々が、ひどく混み合っています。セメントと石で両岸を固められた河は、全く無頓着でした。鳩が沢山いて、取り澄ました威厳を見せていました。そうして、一日が、通りやオフィスの中で過ぎて行きました。それは単調と絶望の世界で、時折起こる笑い声もすぐに消えてしまいました。夕方になると、記念碑や街灯に明かりが灯りますが、大きな空虚と耐えがたい痛みがあります。

歩道に今落ちたばかりの黄色い木の葉があり、それは今も夏を含んでいます。それは死んでもまだとても綺麗です。どの部分も萎れていなくて、まだ春の形と優雅さを湛えています。しかし、その黄色い木の葉は、夕方までに枯れ果ててしまうでしょう。

早朝、太陽が晴れた空に昇ったばかりの時に、その天恵と共に、他者性の閃きが起こりました。そして、その美が留まっています。思考がその天恵を捉えて保持しているのではなくて、天恵がその痕跡を意識に残しているのです。思考はいつも断片的です。それが保持するものは、いつも部分的で、記憶として保持しています。それは全体を観察することができません。部分は全体を見ることができません。天恵の痕跡は非言語的で、言葉やどのようなシンボルでも伝えられません。時空を超えたものを発見しようとしたり、経験しようとしたりする思考の試みは、いつも失敗するでしょう。

頭脳、思考装置は穏やかになりえます。非常に活動的な頭脳は穏やかになりえます。その装置は非常にゆっくり機能しえます。非常に鋭敏な状態で頭脳が穏やかになっていることが重要です。そのときのみ、思考は自身の縺《もつ》れを解いて止むことができます。思考の消滅は死ではありません。思考が消滅するときのみ、思考に対して、無垢性や新鮮さや新しい質がありえます。この質こそが、悲しみと絶望に終止符を打ちます。

十日

雲のない朝で、太陽が雲を視界から追い出したようでした。日曜日にもかかわらず通りに喧騒がありますが、それを除けば平和です。鳩たちがトタン屋根の上で日向ぼっこをしていて、屋根の色とほとんど同じ色です。涼しくて爽やかであるにもかかわらず、風一つありません。

思考と感情を超えた平和があります。それは政治家や聖職者や平和を追い求める人の平和ではありません。それは追い求められるものではありません。追い求められるものは、既に知られているものです。知られているものは、決して真実ではありません。平和は、信仰者のものでも、理論に精通する哲学者のものでもありません。それは反射的な反応ではなく、暴力に対する反発ではありません。それには対極がありません。

あらゆる対極がなくならなければなりません。それらは二重性の葛藤です。光と影、男と女などの二重性はあります。しかし、対極間の葛藤は決して必要なものではありません。対極間の葛藤は、必要性があるときのみ、成就しようとする衝動や、性の必要性や、安全への心理的な要求があるときにのみ起こります。そのときにのみ、対極間の争いが起こります。対極関係から、愛着と無関心から逃げることは、教会や法律を通じての平和の追求です。法律は、表面的な秩序を与えることができますし、実際に表面的な秩序を与えます。教会や寺院が提供する平和は、混乱した精神が逃げ込むことのできる空想や神話です。しかし、これは平和ではありません。

シンボルや言葉は破壊されなければなりません。平和を獲得するためにそれらが破壊されるのではなく、シンボルや言葉が理解の障害になるので、それらが粉砕されなければならないのです。平和は売り物ではないし、売買される商品ではありません。あらゆる形の葛藤が止まなければなりません。そうすると、恐らく、平和が訪れます。余すことのない否定がなければなりません。要求と必要性をやり過ごさなければなりません。そのときにのみ葛藤が止みます。空虚の中に誕生があります。抵抗と安全性の心理的な構造が、全て潰えなければなりません。そのときにのみ、空虚があります。この空虚の中にだけ、価値や利得とは無縁である徳行の平和があります。

それは早朝に現れました。それは、太陽が半透明な晴れた空にあるときにやってきました。それは美に溢れた驚くべきもので、犠牲も弟子も徳も真夜中の祈りも何ものも求めない天恵でした。豊かさに溢れていて、豊かな心と精神だけがそれを感受でき、それは計り知れませんでした。

十一日

公園は混んでいて、至る所に人がいました。子供や看護婦や様々な人種の人たちがいて、話をしたり叫んだり、遊んだりしていました。噴水から水が噴き出していました。庭師の棟梁が良いセンスをしているのに違いありません。沢山の花々と沢山の色彩が上手に織り交ぜられています。それは目を見張るもので、楽しそうな祝祭の雰囲気がありました。心地よい午後で、誰もが外に出て来ていて、皆が精一杯着飾っていました。公園を抜けて大通りを横切ると、樹々とよく手入れされた古い家が並んでいる静かな通りに出ました。太陽は沈んだばかりで、雲と川面を赤々と燃やしていました。その光景は明日もまた晴れることを約束していました。

今朝は、朝日が幾つかの雲を明るいピンク色とバラ色に染めていました。それは穏やかに瞑想するのに適した時間でした。無気力と穏やかさとは相容れません。穏やかになるためには強烈さと瞑想がなくてはなりません。それは当てもなく漂うのではなく、非常に活動的で力強いのです。瞑想は思考や観念の追求ではありません。それは、あらゆる思考の本質であり、あらゆる思考と感情を超えています。それは未知への活動です。

叡智は、単なるデザインや記憶やコミュニケーションの能力ではありません。それはそれら以上です。人は、存在の一つの局面では非常に知識豊かで賢いのですが、他の局面では極めて鈍感です。

単なる知識は、いかに深くて幅広くても、必ずしも叡智を指し示しません。能力は叡智ではありません。叡智は、生の余すことのない全体に鋭敏に気づくことです。矛盾や悲惨や喜びなどの問題に鋭敏に気づくことです。これら全てに気づくことが叡智です。取捨選択せず、個別の問題に囚われずに、生の全体と共に流れるのが叡智です。叡智は、影響や環境の結果ではありません。それはそれらいずれの囚人でもないのでそれらを理解できて、それらから自由でいられます。意識は、顕在的であろうと潜在的であろうと限界があります。その活動は、いかに気を抜かずに警戒していても、時間的領域に閉じ込められています。しかし、叡智はそうではありません。

生の余すことのない全体に、鋭敏に、取捨選択することなく気づいているのが叡智です。叡智が、個人的であろうと集団的であろうと、取得や利得のために使われることはありえません。叡智は破壊ですので、その形には意味がありません。改革は、そうすると退行になります。破壊なしには全ての変化は修正された継続に過ぎません。単なる外側の変化ではなく、それまであったもの全ての心理的な破壊こそが、叡智の本質です。叡智なしには、全ての行動が悲惨と混乱に至ります。悲しみは叡智の否定です。

無知は、知識の欠如ではなく、自己を知ることの欠如です。自己を知ることなしに叡智はありません。自己を知ることは、知識のように収集蓄積的ではありません。学ぶことは一瞬一瞬のことです。それは付加的な過程ではありません。収集したり付け加えたりする過程の中に中心が形成されます。それは知識の中心であり、経験の中心です。この過程の中には、肯定的であろうと否定的であろうと、理解はありえません。というのは、収集したり抵抗したりする意志がある限り、思考と感情の活動は理解されないし、自己を知ることができないからです。自己を知ることなしに叡智はありえません。自己を知ることは、活動している今のことであり、判断ではありません。全ての自己判断は収集蓄積を意味し、経験や知識の中心からの価値判断を意味します。この過去こそが、活動している今の理解を妨げます。自己を知る追究の中に、叡智があります。

十二日

都市は、それがどんなに綺麗でも、ここがたとえそうであっても、心地よいところではありません。綺麗な河、広い空間、花々、騒音、汚れ、人目を引く塔、鳩、人々、これら全てと空が快適な街に寄与しますが、それは野原や森や新鮮な空気の田舎とは違います。田舎はいつも美しくて、あらゆる煙や通りの喧騒から遠く離れています。遠く離れているので、田舎には沢山のものが溢れている豊かな大地があります。

河に沿って、途切れることのない通りの喧騒と共に歩いていると、河は大地の全てを含んでいるようでした。両岸は岩とセメントで固められていましたが、壮大でした。河の水は、山々から平原に至る、あらゆる河川の水でした。それが夕陽に染まり、今までに目にしたあらゆる色彩を含んでいて、鮮やかで、儚いのでした。夕方のそよ風があらゆるものと戯れていて、秋の気配が全ての木の葉に感じられました。空がとても近くにあり、大地を抱いていました。辺りに信じられない平和がありました。そして夜がゆっくりとやってきました。

今朝早く目が覚めると、太陽は地平線の下にありましたが、夜明けが始まっていました。瞑想は、透明感と力強さである天恵の他者性に席を譲っていました。それは、昨夜寝床へ入る時に、全く思いがけずに、はっきりと現れていました。ここ数日間は、それと一緒にいませんでした。体が街の生活に順応しようとしていました。従って、それが現れた時には、大いなる強烈さと美しさがあり、あらゆるものが静まりました。それは部屋を満たし、部屋を遥かに超えていました。体にある種の硬さ、否、不動性がありましたが、緊張はしていませんでした。それは一晩中続いていたはずでした。朝起きるとそれがすでに活動していて、部屋を満たし、部屋を超えていたからです。言葉は、その際限のなさと美を決して伝えられないので、このことをどのように記述しても意味がありません。それが現れると、全てのものが止んでしまいます。不思議なことに、頭脳が何の反応も起こさず、何の記憶も残さず、起こっていることの何ものも記録せずに、その全ての反応と活動と共に、突然、自ら進んで穏やかになっているのが分かります。それは非常に活動的ですが、全く穏やかです。それはどのように想像しても際限がなさすぎます。想像はむしろ未熟であり、いずれにしても馬鹿げています。実際の現実がとても重要で意義深いのですから、全ての想像と幻想が意味を失いました。

必要性を理解することはとても意義があります。外的な必要性があり、それは必要で重要です。衣食住です。しかし、それらを超えて何か他の必要性があるのでしょうか？　誰もが内的な必要性が引き起こす大混乱に囚われていますが、それは欠くことができないものでしょうか？セックスの必要性、成就の必要性、野心や嫉妬や貪欲の脅迫的な衝動。それらは生の在り方でしょうか？

誰もが何千年にもわたって、それらを生の在り方としてきました。社会や教会が、大いにそれらを敬い称えてきました。誰もがそのような生の在り方を受け入れてきました。或いは、誰もがそのような生活を条件づけられているため、それと折り合ったり、その流れに弱々しく立ち向かっては意気を挫かれ、逃げ場所を探したりします。そして、逃げ場所が現実性よりも意義があるようになります。心理的な必要性は、遥かに意義がある現実的であるものに対する防御的なメカニズムです。成就の必要性や重要であることの必要性は、そこにあって経験されもしない、知られもしない何かに対する恐れから生まれます。国や党の名のもとでの、或いは充足的な信念ゆえの成就と尊大な態度は、自分自身の無内容や、虚しさや、孤独や、自分自身の自閉的な活動という事実からの逃亡です。きりがないように思われる内的な必要性は、増幅し、変化し、継続します。これが、矛盾と煮えたぎる欲望の源泉です。

欲望はいつもそこにあります。欲望の対象は、変化したり、減ったり、増大したりしますが、欲望はいつもそこにあります。コントロールされたり、拷問を受けたり、否定されたり、受け入れられたり、抑圧されたり、自由に振舞うことを許されたり、打ち切られたりしても、それはいつも、強くも弱くもそこにあります。

欲望のどこが悪いのでしょう？　欲望に対する止むことのない戦いは何なのでしょうか？

欲望は、心をかき乱し、痛々しく、混乱と悲しみに行き着きますが、それでも、弱々しくとも、旺盛であっても、いつもそこにあります。

　抑圧することでもなく、あらゆる知識を総動員して律することでもなく、欲望を完全に理解することは、必要性を理解することです。必要性と欲望は、成就と欲求不満のように表裏一体です。気高い欲望も下品な欲望もなくて、ただ欲望があるだけであり、それは、絶えずそれ自身の中で葛藤していて、遁世者も党派の大物も欲望を燃えたぎらせていて、異なった名で何と呼ぼうとそれはそこにあって、物事の芯まで食い尽くします。

　内面的であろうと外面的であろうと、必要性を余すことなく理解するとき、欲望は拷問ではなくなります。そうすると、それは違った意味を持ちます。そこには思考の内容を遥かに超えた意義があります。それは、情動や神話や幻想と共に、感情を超えて行きます。単に、その量や質ではなく、必要性を余すことなく理解すると、欲望は炎であり、拷問ではありません。この炎がないと、生そのものが失われてしまいます。この炎こそが、欲望の対象の取るに足らなさや、その境界や、欲望がそれ自身に課した壁を焼き尽くします。この炎の名を、愛、死、美と、好きなように呼んで良いのです。それは尽きることなく現れます。

十三日

　昨日は不思議な一日でした。あの他者性*が一日中現れていて、ちょっとした散歩のときも、休んでいるときも、そしてトークのときは、それが非常に強くなりました。ほとんど一晩中執拗に現れていて、少しの睡眠の後、今朝早く起きてもそれは続いていました。体がとても疲れていて、休息が必要です。不思議なことに体は非常に穏やかで、非常に静かになっていて、動きがありませんが、体の隅々が非常に生き生きしていて、敏感になっています。

見渡す限り、小さな短い煙突が見えていますが、気温が非常に高いためか、煙突から煙が出ていません。遥か遠くに、一直線ではない雑然とした地平線があります。街が遥か遠くまで果てしなく広がっているようです。通りに沿って立ち並んでいる樹々が、冬に備えています。秋が既にゆっくりと忍び寄ってきているからです。空が明るく銀色に光っていて、そよ風が水面に波紋を作っていました。鳩が朝早く起きだしていて、太陽がトタン屋根を温かくすると、その上で日向ぼっこをしていました。

精神は、その中に、頭脳、思考、感情、あらゆる微妙な情動、空想、想像力を含んでいて、途方もないものです。その内容が精神を作り上げるのではありませんが、それらなしに精神はありません。精神は、それが含む以上のものです。精神なしに、その内容は存在しないでしょう。それがあるので、それらは存在します。精神の余すことのない空虚の中に、知力や思考や感情などの全ての意識が存在します。樹木は、言葉でも葉でも枝でも根でもありません。それら全体が樹木です。それでも、樹木はそれらのいずれでもありません。精神はその様々な要素がその中に存在する空虚ですが、それらの要素は精神そのものではありません。この空虚の故に、時間と空間が生まれます。しかし、頭脳と、その産物が存在の全領域を覆います。それは多種多様な問題に占領されていて、断片化の中でしか機能しません。断片をいくら寄せ集めても全体にはならないので、精神の本性を捉えることができません。それでも頭脳は矛盾する断片を寄せ集めて、全体をつくることにかかりきりです。全体は、決して収集されて作り上げられるものではありません。

記憶の活動、活動している知識、相争う欲望間の葛藤、自由の追求は、依然として頭脳の境界の中です。頭脳は、洗練することや、拡大することや、欲望を蓄積することができますが、悲しみは続くでしょう。思考が単に記憶や経験の応答である限り、悲しみが消えることはありません。精神の余すことのない空虚から生まれる〝思考〟があります。その空虚には中心がないので、それは無限に活動することができます。不可思議な創造はこの空虚から生まれますが、それは物を作り出す人間の創造ではありません。空虚の不可思議な創造が愛であり死です。

再び、不思議な一日でした。あの他者性は、人がどこにいても、何をしていても、現れています。まるで、頭脳がその中に住んでいるかのようです。頭脳は寝ていないのにもかかわらず、非常に穏やかで、敏感で、気を抜かずに警戒しています。無限の深みから見ている感覚がありま す。体は疲れていますが、奇妙な、気を抜くことのない警戒心があります。それはいつも燃えている炎です。

＊これは三回目のトークで、主に葛藤と意識についてでした。

十四日

一晩中雨が降っていました。何週間もの晴天と、その埃の後の雨でしたから快適です。大地が乾いて焼かれ、ひび割れができていました。厚い埃が木の葉の上に溜まっていました。芝生に水が撒かれました。

混み合っている汚れた都会では、何日も続く太陽は不快でした。空気がむっとしていました。今、雨が何時間も降っています。鳩だけは雨が嫌いで、雨が避けられるところに避難して塞ぎこみ、鳴くのを止めていました。雀たちは、水があれば以前はどこでも水浴びをしていましたが、今は鳩たちと一緒にどこかに隠れています。雀たちは、以前はテラスに来ていて、注意深く熱心に動き回っていましたが、降りつける雨が雀たちに取って代わり、大地が濡れています。

再び、ほとんど夜通し、あの天恵が、あの他者性が現れていました。眠っていてもそれは現れていました。目が覚めると、それを感じました。それは強く執拗で差し迫っていて、一晩中続いていたかのように現れていました。それと共に、いつも大いなる美があります。それは、イメージや感情や思考から生まれているのではありません。美は思考でも感情でもありません。それは情動や感傷とは何の関係もありません。

恐怖があります。恐怖は決して現実のものではありません。それは、活動している今の前か後です。活動している今の中に恐怖があるとき、それは恐怖でしょうか？　そこに恐怖があると、それから逃げられませんし、避けることはできません。その現実の瞬間には、物理的であろうと心理的であろうと、その危険な瞬間に余すことなく気をつけています。完全に気をつけているときには、恐怖が存在しません。しかし、気をつけていないという事実が、恐怖をもたらします。事実を避けたり、事実から逃げたりするときに、恐怖が起こります。そのように逃げること自体が正に恐怖です。

恐怖と、罪悪感、不安、希望、絶望などの多くの恐怖の形は、関係性のあらゆる活動の中に存在します。それはあらゆる安全性の追求の中に存在します。それはいわゆる愛と崇拝の中に存在します。野心と成功の中にも存在します。生と死の中にも存在します。物理的な物と心理的な要素の中にも存在します。恐怖は多くの形で、我々の意識のあらゆる次元の中に存在します。防御や抵抗や否定は恐怖から生まれます。闇の恐怖と光の恐怖、行く恐怖と帰って来る恐怖があります。恐怖は安全願望と共に始まって終わります。それは、確実でありたい、永遠でありたいと願う欲望と共にある内的及び外的な安全性です。永遠に続くことが、徳、関係性、行動、経験、知識、内的及び外的な物事の中など、あらゆる方向に追い求められます。安全を見つけて安心することが、永遠の叫びです。この執拗な要求こそが恐怖を生み出します。

外的にも内的にも永遠というものがあるのでしょうか？　恐らく、ある程度は外的にあるかも知れません。しかし、それさえも危ういものです。戦争、革命、進歩、事故、地震があるからです。衣食住はなければなりません。それらは誰にとっても必須です。盲目的に、或いは、何らかの理由で追求されますが、果たして内的な確実性、内的な継続性、永遠はあるのでしょうか？　ありません。この現実からの逃避が恐怖です。この現実と向き合えないことが、あらゆる形の希望と絶望を生みます。

思考自身が恐怖の源泉です。思考は時間です。明日を思うと楽しかったり辛かったりします。もし楽しければ、思考は結末を恐れながらそれを追いかけるでしょう。もし辛ければ、それを避けようとすることが正に恐怖です。楽しいことも辛いことも共に恐怖の原因です。思考としての時間と感情としての時間が恐怖を生みます。思考を理解することこそが、記憶と経験のメカニズムを理解することこそが、恐怖の消滅です。思考は、顕在的であろうと潜在的であろうと、意識の全過程です。思考は、単に思考されたものだけではなく、思考自身の源泉もまた思考です。思考は、単に、信念、教条、観念、理由だけではなく、それらが生まれてくる中心もまた思考です。この中心が全ての恐怖の源泉です。

しかし、恐怖を経験するということがあるのでしょうか、それとも思考が逃げ出している恐怖の原因に気づくということが起こるのでしょうか？　物理的な意味での自己防御は当然であり、健全であり、健康です。しかし、その他の内面的なあらゆる自己防御は抵抗です。それは恐怖を勢いづかせて恐怖を強固にしてしまいます。この内面的な恐怖が、外的な安全性を階級や特権や権力の問題にすり替えてしまいます。そうして、競争意識の冷酷さが生まれます。

思考と時間と恐怖の全過程が、観念や知的な定型としてではなく観察されたとき、顕在的にも潜在的にも、恐怖が余すことなく止みます。自己を理解することが、恐怖に目覚めることであり、恐怖が止むことです。

恐怖が止むと、幻想や神話や幻影を生み出す力も、それらの希望や絶望と共に止みます。そして、思考と感情である意識を超えていく活動が始まります。それは意識の最深部を空虚にすることであり、意識の深く隠れた願望と欲望を取り除くことです。この余すことのない空虚があるとき、いかなる影響も価値も境界も言葉も存在しない、文字通り完全に何もないとき、時空の完全な静寂の中に、あの名づけようのないものが存在します。

十五日

素晴らしい夕刻でした。空は晴れていて、都会の明かりにもかかわらず、星が輝いていました。塔が四方から照明を受けていましたが、遠くの地平線は見えました。その下の川面に光が所々反射していました。大通りの喧騒がひっきりなしに聞こえていましたが、平和な夕刻でした。

瞑想が、砂にかかる波のように忍び寄ってきました。それは、頭脳の記憶の網にかかる瞑想ではなく、全頭脳が何の抵抗もしないで、それに席を譲る何かでした。どんな方式やメソッドをも超えた瞑想でした。方法やメソッドや繰り返しは瞑想を破壊します。瞑想は、その中に、星や騒音や静けさや川の広がりなど、全てを取り込みました。しかし、瞑想する当人はいませんでした。瞑想者や観察者は、瞑想が起こるためには脱落しなければなりません。瞑想者の解体もまた瞑想です。瞑想者が脱落すると、瞑想は全く違ったものになります。

非常に朝早い時間、オリオンが地平線から昇ってきました。スバルがほとんど頭上にありました。都会の喧騒は止んでいました。その時間には窓の明かりは消えていて、そよ風が心地よく、ひんやりとしていました。完全に気をつけているときには経験が起こりません。気をつけていないときに経験が起こります。気をつけていないことこそが、経験を集めたり、記憶を増やしたり、抵抗の壁を築いたりします。気をつけていないことこそが、自己中心的な活動を築き上げます。気をつけていないことは、精神集中です。それは排除であり、切り離しです。精神集中には、気の逸脱やコントロールと規律のきりのない葛藤があります。気をつけていない状態の中では、どのような挑戦に対しても対応が適切さを欠きます。この不適切性が経験です。経験は鈍感さを助長します。それは思考のメカニズムを鈍くし、記憶の壁を厚くします。習慣や決まり事が規範になります。経験や気をつけていないことは、開放的ではありません。気をつけていないと、ゆっくり腐敗していきます。

完全に気をつけているときには、経験することがなく、経験する中心も、その中で経験が起こりえる周辺領域も存在しません。気をつけていることは、狭くしたり制限したりする精神集中ではありません。余すことなく気をつけていると包含し、決して排除しません。表面的に気をつけているのは、気をつけていることではありません。余すことなく気をつけていることは、表面的なものや、隠れているもの、過去とその現在に及ぼす影響や未来に及ぼす影響を包含します。全ての意識は部分的で限られています。余すことなく気をつけていることは、意識をその限界と共に包含するので、意識の境界や限界を打ち壊すことができます。全ての思考は条件づけられています。思考は、その条件づけを自ら解くことができません。思考は時間と経験です。それは、本質的に、気をつけていることを欠いた結果です。

何が、余すことなく気をつけていることをもたらすのでしょうか？　いかなる方法もいかなるシステムもありません。方法やシステムは、それらによって約束された結果をもたらします。しかし、余すことなく気をつけていることは、愛と同じように、何かの結果ではありません。それは、何らかの行動によって導き出されたり、生み出されたりできません。余すことなく気をつけていることは、気をつけていなかった結果の否定です。その否定は、気をつけていることを知っていて行うのではありません。誤りは、既に真実を知っているからということとは関係なく、否定されなければなりません。もし真実を知っているのなら、誤りはしないでしょう。真実は誤りの対極にあるのではありません。愛は憎しみの対極にあるのではありません。憎しみを知っているので愛を知らないのです。誤りを否定することや、気をつけていないものを否定することは、余すことなく気をつけていようと願った結果ではありません。誤りを誤りとして、真実を真実として、誤りの中にある真実を真実として見ることは、比較の結果ではありません。誤りを誤りとして見ることが、気をつけていることです。気をつけていることを欠いた結果である、意見、判断、価値評価、愛着などがあると、誤りを誤りとして見ることができません。気をつけていることを欠いた全ての構造を見ることが、余すことなく気をつけていることです。気をつけている精神は空虚の精神です。

他者性の純粋性は、際限のない、底の知れない力強さです。それが今朝は途轍もない静けさと共に現れていました。

十六日

晴れた明るい夕方で、雲一つありませんでした。とても素晴らしくて、都会の中にこのような夕刻があるのが驚きでした。月が塔の下のアーチの中に出ていて、全ての光景がとても人工的で現実離れしていました。空気がとても柔らかで心地よく、夏の夕べを思わせました。バルコニーの上は非常に静かで、あらゆる思考が静まり、瞑想は何かさり気ないもののようで、何ら方向性を持っていませんでした。しかし、それでも瞑想でした。それは、どこからともなく始まって、全てのものの本質がある、壮大で計り知れない空虚の中へ入って行きました。この空虚の中に、その正に爆発が不可思議な創造と破壊である、拡大して爆発する活動があります。愛はこの破壊の本質です。

我々は、恐怖を通じて探究するか、恐怖から解放されて、一切の動機を持たずに探究するかのいずれかです。後者の探究は、不満から生まれるのではありません。あらゆる形の思考と感情に満足しないで、それらの意味を見てとるのは、不満ではありません。不満は、思考と感情が何らかの形の避難場所、成功、満足のいく地位、信仰などを見つければ、いとも簡単に解消されてしまいます。それは避難場所が攻撃されたり、衝撃を受けたり、破壊されたりすると、再び掻き立てられるだけです。我々の多くは、この繰り返しを希望と絶望としてよく知っています。

不満が動機の探究は、集団的な幻想であろうと個人的な幻想であろうと、沢山の誘惑がある牢獄としての何らかの形の幻想に行き着くだけです。一切の動機を持たない探究があります。

それは探究でしょうか？　探究とは、既に知られていたり、感じられていたり、形にされていたりする目標や目的を意味するのではないでしょうか？　もしそれが形にされているなら、それは思考の計算であり、それが知っているか経験している全ての物を作り出しているのです。それは、メソッドやシステムを開発した後から、探究しているものを見つけようとすることです。それは決して探究ではありません。それは、満足する結果を得ようとする単なる欲望か、理論や信念が作り出す空想や約束に、単に逃げ込もうとすることです。それは探究ではありません。恐怖や満足や逃亡に意味がなくなったとき、果たして探究ということがあるのでしょうか？

もし、全ての探究の動機が朽ち果ててしまうなら、不満や成功しようとする衝動がなくなります。そのときには、探究があるのでしょうか？　探究しなくなると、意識は朽ちて活気をなくすのでしょうか？

その逆です。一つの献身的な活動から別の献身的な活動へ、或いは、ある教会から他の教会へという探究こそが、現実を理解するための本質的なエネルギーを弱めてしまいます。〝現実〟はいつも新しいのです。それはこれまでに全くなかったのであり、これから先も決してないでしょう。あらゆる形の探究が止んだときのみ、このエネルギーが湧き出してきます。

雲のない早朝で、時間が止まったようでした。四時三十分でしたが、時間はその意味を全く失ったかのように思われました。それはまるで、昨日も明日も次の瞬間もないかのようでした。時間が止まりました。影を伴わない生が、思考と感情を脱落した生が活動していました。体はテラスの上にありました。高い塔が警告灯を点滅させていました。数え切れない煙突がありました。頭脳はそれら全てを見ているのですが、それ以上ではありませんでした。計る時間と、思考と感情としての時間が止まっていました。時間が存在していませんでした。あらゆる活動が止んでいましたが、何も静止してはいませんでした。反対に、途轍もない緊張感と感受性がありました。それは熱と色のない燃え盛る炎でした。

頭上にスバルが、東の下方にオリオンが、屋根の上に明星が煌めいていました。その炎には喜びと至福がありました。人が喜んでいるのではなく、喜悦が存在していました。人がその炎と一体化しているのではありませんでした。時間が止まっているので、それはありえないことでした。その炎は、何ものとも一体化することも関係することもできませんでした。それは、時間が止まっていたので現れました。夜明けがやってきました。オリオンとスバルが消えて行き、やがて明星も去って行きました。

十七日

暑くてむっとする一日で、鳩さえも姿を見せず、空気が暑くて、街の中にいると気持ちの良いものではありませんでした。夜になると涼しくなって、幾つかの星が見え、都会の明かりもそれらを消すことはできませんでした。星の光が驚くほど強烈でした。

他者性の一日でした。それが一日中穏やかに続いていました。それは、時折燃え上って、非常に強烈になりました、そして再び穏やかになって、穏やかに続いていました。*

それは相当な強烈さで現れていたので、全ての活動が不可能で、座ることを余儀なくされました。夜中に目を覚ますと、それは大きな力とエネルギーを持って現れていました。

テラスの上にいると、街の喧騒はそれほど執拗ではなくて、あらゆる形の瞑想が不適切で不必要になりました。他者性が全開になって現れていたからです。それは天恵です。あらゆるものが、やや馬鹿げていて、子供じみているように思えます。このような場合、頭脳はいつも非常に静かですが、決して眠っているのではありません。体全体が動かなくなります。それは不思議なことです。

人は何と僅かしか変わらないのでしょう。人は、内的そして外的な、ある種の強制や圧力で変わりますが、それは実際には適応です。何らかの影響や言葉や態度が、人の習慣的なパターンを変えますが、それは大した変化ではありません。プロパガンダや新聞や事件が、ある程度、人の生き方の方向を変えます。恐怖と見返りが思考的な習慣を破りますが、それは他のパターンに形を変えるだけです。新しい発明や、新しい野望、新しい信仰が、ある種の変化を生みます。しかし、それらは水面上の強い風のように全て表面上だけであって、根本的でもなければ、深くもなく、破壊的でもありません。動機に基づいて起こる全ての変化は、決して変化ではありません。経済的社会的革命は反射的な反応です。反射的な反応によって生み出される全ての変化は、根本的な変化ではありません。それはパターンの中の変化にしか過ぎません。そのような変化は単に適応であり、安楽や安全を願う機械的な行動であり、物理的な生き残りです。

それでは、根本的な変質をもたらすものは何でしょうか？　意識は、顕在的であれ潜在的であれ、思考や感情や経験の全体的な装置である意識は、時間と空間の境界の中にあります。それは分断できない全体です。それらの分断は、顕在意識的であれ潜在意識的であれ、コミュニケーションのために便宜上そうなっているのに過ぎません。しかし、その分断は事実ではありません。意識の表層部は、それ自身を修正したり、適応させたり、変えたり、改革したり、新しい知識や技術を獲得したりできますし、そうします。それは、それ自身を新しい社会的、経済的パターンに順応するように変えることができますが、そのような変化は表面的で脆いのです。

潜在意識や隠れた意識は、夢を通じて、脅迫観念や欲求や鬱積した欲望を仄めかしたり、暗示したりできますし、そうします。夢は夢の解読が必要ですが、解読者はいつも条件づけられています。もし、起きて活動しているときに、あらゆる移ろい行く思考と感情が理解されている、取捨選択とは無縁な気づきがあるなら、夢は必要ありません。そうすると、睡眠は全く違った意味を持ちます。隠れている意識の分析は、観察者と観察されているものや、批評者と批評されているものを意味します。その中には葛藤があるだけでなく、観察者自身が条件づけを受けています。観察者の価値評価や解読は決して真実ではありえません。それはいびつで、歪んでいるでしょう。ですから、自己分析や、どんなに専門的であろうと、他の人による分析が、ある種の表面的な変化や関係性の中の適応などをもたらすことはあっても、分析が意識の根本的な変質をもたらすことはないでしょう。分析は意識を変質させません。

＊彼はこの日、五回目のトークを行いました。

十八日

午後の日差しが、川面と、長く続く街路樹の、あずき色に染まった秋の葉の間に差していました。それらの色彩が強烈に燃えていて、様々な色合いを見せていました。狭い川が燃えていました。ボート遊びをする人たちの長い列が埠頭に沿ってできていて、車のひどい騒音が聞こえてきました。暑い日の大都会はほとんど耐えがたいほどでした。空は晴れていて、日差しが容赦なく降り注いでいました。

非常に朝早く、オリオンが頭上にありました。一、二台の車しか川沿いを通りません。テラスの上に静寂があり、心と精神が完全に開いて、死に触れんばかりの瞑想が起こっていました。完全に開いていることや、この上なく脆いことは死です。死が避難すべき場所はどこにもありません。ただ影の中や、思考と欲望の秘かな奥底の中に死はあります。死は、恐怖と希望の中で萎えた心にいつも忍び寄ります。死は、思考が待ち構えて見つめているところにはいつもあります。

公園で梟が鳴いていました。心地よい鳴き声で、とてもはっきりしていて、とても早い時間に、いろいろな間隔でやって来ては去って行きました。それが鳴いても応答がないので、どうやら自分の声を楽しんでいるようでした。

瞑想は、意識の境界を打ち壊します。それは思考のメカニズムと、思考が引き起こす感情を打ち壊します。メソッドや、見返りや、約束を謳うシステムに囚われた瞑想は、エネルギーを台無しにして骨抜きにします。瞑想は豊饒なエネルギーの解放です。コントロールや規律や抑圧は、エネルギーの純粋性を台無しにします。瞑想は、強烈に燃えて、灰を残さない炎です。言葉や感情や思考は、いつも灰を残します。その灰を糧とするのが世の習いです。瞑想は、全てを破壊し、何ものも、ほんの僅かの欲望さえも残さないので危険です。この壮大で計り知れない空虚の中に、不可思議な創造と愛があります。

継続すること——分析は、個人的であろうと専門的であろうと、意識の変質をもたらしません。どんなに努力をしても、努力は意識の変質をもたらすことができません。努力は葛藤です。葛藤は意識の壁をただ厚くするだけです。理由がどんなに論理的で健全であっても、理由は意識を開放することができません。というのは、理由が影響や経験や知識によって作り上げられた観念だからであり、それら全てが意識の申し子だからです。こうしたこと全ては誤りであり、変質をもたらす取り組み方としては誤りであると見てとられたとき、その誤りの否定が意識を空虚にします。

真理にも愛にも対極はありません。対極を探究しても真理には至りません。ただ対極の否定しかありません。もし、それが希望や到達の結果なら、それは否定ではありません。何の見返りも取引もないときにだけ否定になります。放棄する行為の中に何の見返りもないときにだけ、放棄になります。誤りの否定は、肯定的なものからの自由です。それは、対極を伴う肯定的なものからの自由です。肯定的なものは、受け入れることや順応や模倣を伴った権威であり、その知識を伴った経験です。

否定することは、独存していることです。それは、依存や愛着を伴う、全ての影響や伝統や必要性から独存していることです。独存していることは、条件づけや背景を否定することです。意識がその中に存在し存立している枠組みが、意識の条件づけです。この条件づけに取捨選択することなく気づいて、それを余すことなく否定することが独存していることです。この独存性は、孤立や孤独や自閉的な埋没ではありません。独存性は生からの引き籠りではありません。むしろその反対で、葛藤と悲しみからの、恐怖と死からの余すことのない自由です。この独存性は意識の変質であり、それまでにあったことの完全な変質です。この独存性は空虚です。それは、存在の肯定的な状態でもなければ、存在の否定的な状態でもありません。それは空虚です。この空虚の炎の中で、精神は若々しく、生気にあふれ、無垢になります。無垢のみが、時間とは無縁なものや、絶えず自身を破壊している新しさを感受できます。破壊は不可思議な創造です。愛なしに破壊はありません。

途轍もなく広がっている街の向こうに、野原と森と丘がありました。

十九日
未来は存在するでしょうか？　明日はあり、それはすでに計画されています。どうしても行われなければならないことがあります。行われることになっている事柄と共に明後日もあるでしょう。そして来週もあり、来年もあります。それらは変えられなかったり、ことによると修正されたり、まったく変えられたりしますが、多くの明日があります。それらは否定できません。そして、ここからあそこへとか、近くから遠くへという空間があります。何キロという距離、実体間の空間があります。思考が一瞬の内に捉える距離があります。川の向こう岸や月への距離があります。空間や距離を行く時間があり、川を渡る時間があります。ここからあそこまでの空間を行くためには時間が必要です。それは一分かも知れませんし、一日かも知れませんし、一年かも知れません。この時間は、太陽や時計によって計られる時間であり、どこかに到達するための手段です。このことは極めて単純で明快です。この機械的な、時計的な時間を除いて、未来というものがあるのでしょうか？　時間を必要とする達成や目的というものがあるのでしょうか？

かなり早朝に、鳩たちが屋根の上にいて、鳴いたり身づくろいをしたり、互いに追いかけ合ったりしていました。太陽はまだ昇ってきていなくて、僅かに霞んだ雲が空に散らばっていました。それらにはまだ色が付いていませんでした。通りの喧騒はまだ始まっていませんでした。いつもの騒音が聞こえてくるまでにはまだかなりの時間がありました。それらの壁の向こうに庭がありました。

昨日の夕方、鳩と雀以外には誰も立ち入ることを許されていない庭の草が、非常に青く、驚くほど青くなっていて、花々が非常に輝いていました。そこ以外にはどこにも人がいて、それぞれの仕事に休みなく従事していました。細心の注意を払って、強固に建てられた塔がありました。その塔は間もなくすると輝いた照明に包まれるでしょう。草がとても儚く見えました。

花々が萎れていくのだろうと思われました。というのは、秋が至る所に現れていたからでした。嶋が屋根に現れる遥か前から、テラスの上での瞑想は喜びでした。この喜悦に理由はありませんでした——喜びに理由があると、それはもはや喜びではありません——それはただ現れていました。思考は、それを捉えることも、記憶に残すこともできませんでした。思考がそれを相手にするには、それは余りにも強烈で活気がありました。思考と感情は、非常に穏やかになって、静まっていました。それは、繰り返し打ち寄せる波のようにやってきました。それは何をもってしても封じ込められない生き物でした。この喜びと共に天恵がありました。それは余すことなく全ての思考と要求を超えていました。

達成するということがあるのでしょうか？　達成するということは、悲しみの中にいることであり、恐怖の影の中にいることです。内面的に達成するということがあるのでしょうか。内面的に到達されるべき目標とか、獲得されるべき目的というものがあるのでしょうか？

思考は、神や至福、成功、徳などの目的を設定します。しかし、思考は反射的な反応であり、記憶の応答です。思考は、現実と、あるべき様との間の空間を埋めるために時間を編み出します。あるべき様や理想は、言語的であり、理論的です。それには現実性がありません。実際の現実には時間がありません。それには、成就すべき目的も、赴くべき距離もありません。事実が存在していて、その他のものは存在していません。理想や成就や目的を死んでやり過ごさなければ、事実は存在しません。理想や目標は事実からの逃亡です。事実には時間や空間がありません。

そうすると、死というものがあるのでしょうか？　衰えるということはあります。装置としての有機体は劣化して消耗します。それは死です。それは、この鉛筆の芯がすり減るのと同じように避けられません。それが恐怖の原因になるのでしょうか？　それとも、何かになるとか、何かを得るとか、何かを成し遂げるという世界が消えてなくなることが、恐怖の原因でしょうか？　そのような世界には何の根拠もありません。それは見せかけや逃げの世界です。事実や現実と、あるべき様は二つの全く違うものです。あるべき様は、時間と距離や、悲しみと恐怖を含みます。それらの死によって、事実や現実が残るだけです。現にあるものには未来がありません。思考、時間を生みだす思考は、事実に働きかけることができません。思考は、事実を変えることができず、ただそれから逃げるだけです。逃げようとする全ての衝動が消えてなくなると、事実が途轍もない変質を遂げます。時間である思考を死んでやり過ごさなければなりません。

思考としての時間が存在しないときに、事実や現実が存在するのでしょうか？　思考としての時間が破壊されているとき、どの方向にも活動は起こりませんし、行くべき空間もありません。ただ空虚の静寂があるだけです。これは、昨日、今日、明日としての時間や、継続的な記憶としての時間、何かになることの記憶としての時間の余すことのない破壊です。

そうすると、存在することは時間とは無縁です。活動している今があるだけです。しかし、その今は時間から生まれているのではありません。それは、思考の境界領域や、感情の境界線を超えて、気をつけていることです。言葉は意志疎通のために使われます。言葉やシンボル自体には何の意義もありません。生は、いつも活動している今であり、時間はいつも過去に属し、従って未来に属しています。時間を死んでやり過ごすことが、今の中の生です。この生こそが不死であり、それは意識の中の生ではありません。時間は意識の中の思考であり、意識はその枠組みの中に保持されます。思考と感情とで織りなされた世界の中には、いつも恐怖と悲しみがあります。悲しみの消滅は、時間の消滅です。

二十日

非常に暑い日でした。大勢の人が暑いホールに入っていると、息が詰まりました*。

しかし、そのことと体の疲れにもかかわらず、夜中に目が覚めると、あの他者性が部屋の中に現れていました。それは非常に強烈で、部屋と部屋の外を満たしていました。それは頭脳の奥深くにも現れていて、それがあまりにも深いので、それはあらゆる思考、或いは時空を貫いて、それらを超えて行くようでした。それは信じられないほど強烈でした。そのエネルギーのために、寝床にいられませんでした。テラスにいても、その強烈さは、新鮮な涼しい風が吹いている中で続いていました。もの凄い力と迫力が一時間近く続きました。それは午前中ずっと現れていました。それは空想ではありません。それは、そのような形の感覚や興奮として現れている欲望でもありません。思考が、過去の出来事から、それを作り出しているのでもありません。どのような想像力も、そのような他者性を思い描くことはできません。不思議なことに、このことが起こると、それはいつも全く新しい何かであり、それは予想していないときに突然現れます。試してみて分かったことは、起こったことを思考が後から思い出せないことであり、今朝起こったことの記憶を呼び起こせないことでした。それは、あらゆる思考と欲望と想像力を超えています。思考や欲望がそれを呼び起こすには、それはあまりにも壮大すぎます。それは頭脳が生み出すには、あまりにも際限がありません。それは幻想ではありません。

これら全てについて奇妙なことと言えば、これらのこと全てを気にも留めていないことです。それが現れれば、それが現れたということであって、それを招いたわけではありません。現れなければ、それはそれで気にしません。その美と力強さは、戯れるべき対象ではありません。それを招きもしなければ、否定もしません。それが現れるのも去っていくのも、その赴くままです。

日の出前の早朝でした。その中で、あらゆる努力が遥か以前に止んでいる瞑想が、沈黙になりました。中心がないので、周辺領域もない沈黙でした。それは正しく沈黙でした。そこには、いかなる質も活動も深さも高さもありませんでした。完全な静寂でした。この静寂こそが、果てしなく広がっていく活動です。それを計るものは、時空の中に存在しません。この静寂は爆発し広がっていました。しかし、それには中心がありませんでした。もし中心があれば、それは静寂ではなくて、淀んだ腐敗でしょう。それは、頭脳の複雑な活動とは何の関係もありませんでした。頭脳が作り出せる静寂の質は、今朝起こった静寂とは、あらゆる点で全く違います。それは、いかなるものもそれをかき乱すことができない静寂です。というのは、それが抵抗とは無縁だからです。全てのものがその中にありました。それは全てのものを超えていました。

都会へ食べ物や他の何かを運んでいる早朝のトラックも、高い塔から円を描いて移動している光線も、その静寂を決して乱すことはありませんでした。それは現れていて、時間とは無縁でした。

朝日が昇ると、その光を受けて、壮大な雲が青い光線を空に放ちました。その光線は闇と戯れていました。それは、幻想的な雲が夥しい煙突の後ろに隠れるまで続きました。頭脳というのは、どんなに知的に教育されようと、どんなに博識であろうと、奇妙なことに何と取るに足らないのでしょう。何をどうしようと、頭脳はいつも取るに足らないままでしょう。それは、月や、更に月をも越えて行くことができますし、地球の最深部へ降りて行くこともできます。もっとも複雑な機械であるコンピューターを発明し、組み立てることもできます。そのコンピューターは、更に新しいコンピューターを発明するでしょう。頭脳自身を破壊して、再生することもできます。しかし、何をどうしようと、それは取るに足らないままでしょう。というのは、それがただ時空の中でだけ機能するからです。その哲学は、それ自身の条件づけに縛られています。その理論や思索は、それ自身の狡猾さから紡ぎ出されます。何をどうしようと、頭脳はそれ自身から逃げだすことができません。神々や、救済者たち、聖者たち、指導者たちは、頭脳と同じように小さくて取るに足りません。もしそれが愚かなら、それは賢くなろうと努めます。その賢さは、成功という観点から計られます。それはいつも追い求めたり、追いかけられたりしています。その影は、それ自身の悲しみです。それが何をどうしようと、それは相変わらず取るに足らないままでしょう。

その行動は、自身を追い求める、行動とはいえない行動です。その改革は、絶えず更なる改革を必要とする行動です。それは、自身の行動と行動とはいえない行動によって保持されています。それは決して眠りません。その夢は思考の目覚めです。それがいかに活動的でも、それがいかに気高くても、或いは卑しくても、それは取るに足りません。その取るに足りないことにはきりがありません。頭脳は、それ自身から逃げられません。その徳は卑しいし、その倫理は卑しいのです。一つだけ、それにできることがあります——それが余すことなく完全に穏やかになることです。その穏やかさは、眠ることでもなく、怠惰になることでもありません。頭脳は鋭敏です。鋭敏でいるために、それができる唯一のことは、よく知られているその自衛的な反応を止め、習慣的な判断や、批難や、是認を止めて、余すことなく穏やかになることです。それは否定の状態でいることであり、それ自身とその活動の完全な否定です。否定の状態でいるとき、それはもはや決して取るに足らないものではありません。そうすると、もはやそれは何かを成し遂げるためや、何かを果たすためや、何かになるために収集しません。そうすると、それは機械的で、発明的で、自衛的で、計算を宗とする、その現実の姿です。

完璧な機械は決して取るに足らないものではありません。その次元で機能しているとき、それは素晴らしいものです。全ての機械と同様に、それは摩耗して潰えます。それが計り知れないものや、未知のものの探究に向かうと、それは取るに足らなくなります。その機能は既知の中にあるのであり、未知の中では機能できません。その創造物は、既知の領域の中にあります。それは不可知の創造を、絵画によっても、言葉によっても、決して表現できません。それは、決して美を知りえません。それが余すことなく穏やかになり、言葉を脱落させて沈黙し、身動きも活動もせずに静まるときのみ、あの際限のなさが現れます。

＊前日のトーク。それは七回目のトークで、ほとんどが死に関してのものでした。彼は、トークの初めに、参加者がメモを取ることを丁重に断りました。

二十一日

夕陽が川面に反射していました。橋の上の車の往来が凄まじくて、忙《せわ》しないのでした。歩道は一日の仕事を終えて家路につく人たちで混んでいました。川が輝いていて、小さな波が追いかけ合っていて、楽しそうでした。それらの波の音は大体聞こえていましたが、車の騒音が猛烈でした。もっと下流の水面の光には変化があって、より深みを帯びていました。すぐに暗くなるでしょう。月が大きな塔の反対側に出ていて、とても場違いな感じがして、とても人工的に見えました。それには現実感がなかったけれども、高い塔にはそれがありました。塔の中に人がいて、レストランに明かりが灯り、人々が入って行くのが見えました。霧がかかっている夜だったので、塔の回転灯の光が、月明かりよりも遥かに明るいのでした。塔を除いた全てのものが、遥か遠くにあるように思えました。

我々は自分自身を知ることが何と少ないのでしょう。我々は他のことはたくさん知っているようです。月との距離や、金星の大気や、途方もなく複雑な電子脳の組み立て方や、物質の原子と素粒子の壊し方などです。しかし、我々は自分自身についてほとんど知りません。月へ行くことは、自分自身を見つめることよりも遥かに興奮するでしょう。恐らく、人は怠惰であるか、怖がっているのです。或いは、自分自身を見つめることは、お金や成功という意味で利益にならないのです。それは月へ行くよりも遥かに長い旅であり、この旅ではどんな機械も役に立たないし、誰も助けてくれないし、本も理論もガイドも役に立ちません。自分自身で行うしかありません。発明したり、巨大な機械の部品を組み立てたりするよりも人は多くのエネルギーを必要とします。人は、そのようなエネルギーを、どのような薬を使っても、どのような人間関係によっても、或いはコントロールや否定によっても、手にすることができません。どんな神々も、儀式も、信仰も祈りも、それを人にもたらすことはできません。反対に、それらを正に脇へ追いやって、それらが意味するものに気づいているとき、そのエネルギーはやってきて、意識の中に浸透し、それを超えて行きます。

人は、自分自身についての知識を蓄積しても、そのエネルギーを手にすることができません。あらゆる形の収集蓄積と、それへの愛着は、エネルギーを減じて歪めます。自分自身についての知識は、自分自身を縛り、自分自身に重くのしかかり、自分自身を拘束します。そして活動する自由がなくなって、人はその限られた知識の中で行動し活動します。自分自身について学ぶということは、自分自身についての知識を蓄積することと決して同じではありません。学ぶということは、活動している今のことであり、知識は過去のものです。もし、収集蓄積を目的として学んでいると、それは学ぶことではなくなってしまいます。知識は静的なものであって、より多くのものをそれに付け加えたり、取り除いたりできますが、学ぶということは活動的であり、どのようなときでも収集蓄積は起こらないので、何ものも付け加えたりできないし、何ものも取り除かれたりしません。自分自身について知ったり学んだりすることには始まりも終わりもありませんが、知識にはそれがあります。知識には限界がありますが、学ぶことや知ることに限界はありません。

自分自身について学ぶことが——自分自身は結局一つの結果であり、収集蓄積であり、非常に多くのものの寄せ集めですが——自分自身のこの条件づけについて学ぶことが、条件づけから自由になることです。学ぶことは見ることです。取捨選択したり、いつも好き嫌いに基づいていたりすると、見ることが歪んで、現実を見ることができなくなります。見るときに取捨選択していると、現実にあるものや事実を見ることができなくなります。人は、幾千世紀にも及ぶ希望と欲望、罪悪感と不安、信仰と神々、成就と欲求不満などが蓄積された結果です。人はそれら全てです。そして、最近では、更に多くのものが付け加わっています。それら全てについて深くでも表面的にでも学ぶということは、自明なものや結論を、単に言葉で、或いは知的に表明することではありません。学ぶということは、それらの事実を、情動的に直接的に経験することでもありません。それは、それらの事実に、理論的にでもなく、言葉でもなく、餓えた人間のように、実際に触れることです。

もし、学ぼうとしている当の者がいると、学ぶことができなくなります。学ぼうとしている当人は、収集蓄積されたものであり、過去であり、知識です。学ぼうとしている当人と、学ぼうとする対象との間に分断が起こるので、それらの間に葛藤が生じます。この葛藤が、意識の全構造を学ぶための、或いは余すことなく徹底して探究するためのエネルギーを破壊して、減らしてしまいます。取捨選択は葛藤です。取捨選択は見ることを妨げます。批難や判断もまた見ることを妨げます。この事実が、言葉ではなく、理論でもなく、現実に事実として見てとられて理解されたとき、学ぶことが一瞬一瞬のことになります。学ぶことに終わりはありません。失敗や、成功や、過ちではなく、学ぶことが何よりも大切です。見ているだけであり、見る者もいなければ、見られているものもありません。意識は限られています。その本性は正に抑制です。意識は、経験や知識や記憶である、それ自身の存在の枠組みの中で機能します。この条件づけを学ぶことが、その枠組みを打ち壊します。思考と感情には限られた機能があります。それらは、生のより広くて、より深い問題には干渉できません。自己が、その全ての陰日向《ひなた》の謀りごとや、その脅迫的な衝動や要求や、その喜びや悲しみと共に消滅するとき、時間と、その呪縛を乗り超えた生の活動が始まります。

二十二日

人のためだけに作られた小さな橋が川に架かっていて、とても静かでした。川は光に溢れていて、浜辺から運んできた砂をたくさん載せた大きな平底の荷船が、川を上って来ました。それは細かくて綺麗な砂でした。公園に、子供たちが遊ぶための砂が一山置かれていました。子供たちが幾人かいて、彼らは、深いトンネルや濠をめぐらした大きな城をつくって面白がっていました。心地よい日で、かなり涼しく、日差しは強すぎず、空気に湿り気がありました。沢山の樹々が茶色や黄色に変わってきていて、秋の匂いが漂っていました。樹々の多くの枝が、冬に備えてすでに葉を落としていて、淡い空を背に黒く見えていました。どの樹も様々な色彩の陰影を持っていて、赤茶色から薄い黄色まで、いろいろな強弱の色合いを見せていました。それらは萎れていても美しいのでした。通りの喧騒にもかかわらず、光と平和に満ちた、心地よい夕刻でした。

テラスに幾つかの花が咲いていました。今朝は黄色い花々がより明るく勢いを増していました。それらは、朝日を浴びて一層溌剌としていて、他の花々よりも色鮮やかでした。東の空が明るくなり始めると、あの他者性が部屋に現れました。それは数時間現れていました。夜中に目が覚めても、それは現れていました。それは恐らく、思考や想像力では生み出せない、全く客観的なものでした。再び目を覚ますと、体は完全に静まっていて、頭脳と同様に全く動いていませんでした。頭脳はまどろんでいなくて、非常に覚めていて、解釈することを止めて見守っていました。それは近寄りがたい純粋な力強さで、驚くべきエネルギーを伴っていました。それはとても新しくて、とても浸透力がありました。それは部屋の中やテラスの上に現れているだけでなく、内にも外にも現れていて分断がありませんでした。それは、精神と心が全てその中に取り込まれて、精神と心が存在するのを止めている何かでした。

徳行があるのではなく、謙虚だけがあるのです。謙虚があるところに、あらゆる徳行がありま す。社会的な倫理は、徳行ではありません。それは単なるパターンへの適応です。そのパターンは、時代や風土によって様々であり、変化します。それは、社会や組織宗教によって賞賛されますが、徳行ではありません。教会や社会から認められた倫理は、徳行ではありません。倫理は作られます。それは順応します。それは教えられて実践することができます。それは賞罰と強制によって生み出されます。プロパガンダによるのと同様に、倫理は影響によって形作られます。社会構造の中には、様々な程度の、色々な陰影を持った倫理が存在します。しかし、それは徳行ではありません。徳行は、時間や影響からは生まれませんし、育成することができません。それはコントロールや規律の結果ではありません。それには理由がないので、それは全く結果ではありません。それが社会的に賞賛されることはありえません。徳行は、優しさや、思いやりや、兄弟愛などに分断されません。それは環境や、社会的な豊かさや貧しさの産物でもなければ、修道院や、何らかの教条の産物でもありません。それは狡賢い頭脳から生まれるのでもありません。それは思考や情動の結果ではありませんし、社会的な賞賛を浴びる社会的倫理への反抗でもありません。反抗は反射的な反応です。反射的な反応は、それまでのものの修正された継続です。

謙虚は育成することができません。それが育成されると、それは社会的に賞賛された、謙虚の衣を纏ったプライドです。愛が憎悪になりえないように、虚栄心は決して謙虚にはなりえません。暴力は非暴力にはなりえません。暴力は止まなければなりません。謙虚は目指すべき理想にはなりません。理想には現実性がありません。現にあることにだけ現実性があります。謙虚はプライドの対極にあるのではありません。それには対極がありません。全ての対極関係は相関的です。謙虚は、プライドとは何の関係もありません。プライドは、決意や規律によってではなく、或いは何らかの利益のためにではなく、止まなければなりません。それは、精神集中の矛盾と混乱の中ではなく、気をつけている炎の中でだけ止みます。様々な形のプライドを、内面的にも外面的にも見ることがプライドの消滅です。それを見ることは、プライドのあらゆる活動に気をつけていることです。気をつけているときに取捨選択は起こりません。気をつけているのは、活動している今の中だけです。それは訓練できるものではなく、もしそれが訓練できるなら、それは頭脳のもう一つの狡猾な能力ということになります。謙虚は頭脳の産物ではありません。頭脳が全く静かで、生き生きとしていて、感受性が鋭敏であっても静かなとき、気をつけています。中心があって、そこから気をつけているのではありません。一方、精神集中には中心があり、排除を伴います。気をつけていることが、プライドの意味するものを全て完全に瞬時に見ることが、プライドを葬ります。この目覚めた〝状態〟が、謙虚です。気をつけていることは徳行です。というのは、その中に優しさと思いやりが花開くからです。謙虚なくして徳行はありえません。

二十三日

暑くて庭にいても重苦しいのでした。例年になく、かなり長い間、暑い日が続きました。適度の雨と涼しい気候が、心地よさをもたらすでしょう。庭に水が撒かれました。熱と水不足にもかかわらず草が光り輝いていて、花々が鮮やかでした。幾つかの樹々は、冬がすぐ近くに迫っているにもかかわらず、季節外れの花を咲かせていました。鳩が至る所にいて、用心深く、子供たちを避けていました。子供たちの何人かが鳩を面白がって追いかけますが、鳩はそれを知っていました。鈍重な空に太陽が現れていました。花や草を除いて、全てに色がありませんでした。川は半透明で淀んでいました。

　その時間の瞑想は自由でした。それは美と静寂の未知の世界へ入って行くようでした。それは、イメージもシンボルも言葉もない、記憶の波が押し寄せることのない世界でした。愛は一瞬一瞬の死であり、一瞬一瞬の死は、愛が新しく生まれることでした。それは愛着ではなく、それには根がありませんでした。それは理由なしに花開きました。それは、境界を、注意深く築き上げられた意識の壁を焼き払う炎であり、思考と感情を超えた美でした。それはカンバスに描かれたり、言葉や大理石で表現されたりしませんでした。瞑想は喜びでした。その喜びと共に、天恵がやってきました。

　誰もが金、地位、能力、知識などの力を渇望するのは、非常に奇妙なことです。力を得ようとするときには、争いと混乱と悲しみが生じます。遁世者や政治家や主婦や科学者は、それを求めています。彼らはそれを得るために、互いに殺しあったり、破壊したりするでしょう。苦行者は、自己否定やコントロールや抑圧を通して、その力を得ます。政治家は、言葉や能力や狡猾さで、その力を引き出します。妻は夫を、夫は妻を支配して、その力を感じます。聖職者は、神への奉仕を引き受けて、その力を知ります。誰もがその力を求め、或いは誰もが、神聖な力や世俗的な力と繋がっていたいと思います。

力は権威を生み、それと共に、争いと混乱と悲しみがやってきます。権威は、それを持つ者や、その近くにいる者や、それを求める者を堕落させます。聖職者、主婦、指導者、有能な組織者、聖者、地方政治家などの力は邪悪なものです。力がより強くなれば、邪悪さもより増します。それは誰もが罹り、誰もが心に抱き、誰もが崇拝する病です。それにはいつも終わることのない争いと混乱と悲しみが付き纏います。しかし、誰もそれを否定したり、払い除けたりしません。

力は、社会的に称賛されるので、社会的に受け入れられる野心や成功やある種の無慈悲さが付き纏います。あらゆる社会や寺院や教会が力を祝福するので、愛が歪められ、破壊されます。そして、嫉妬が崇められ、競争が倫理となります。それらと共に、恐怖や戦争や悲しみがやってきますが、それでも誰もそれを払い除けようとはしないでしょう。どんな形であれ、力を否定するのが、徳行の始まりです。徳行は明快です。それは争いと悲しみを吹き払います。

果てしない狡猾な活動を伴う堕落したそれらのエネルギーは、いつも不可避的な災いと悲惨をもたらし、それにはきりがありません。法律や倫理的な慣習で、それをどんなに改革したり封じ込めたりしても、それは密かに、自ら進んで、その出口を見つけるでしょう。というのは、それが人の思考や欲望の奥に潜んでいるからです。争いや混乱や悲しみをなくそうとするなら、このようなことこそが検討されて、理解されなければなりません。一人ひとりが、他人に頼らずに、あらゆる賞罰のシステムとは無縁に、このことに取り組まなければなりません。一人ひとりが、自分自身の見せかけの構造に気づかなければなりません。現実を見ることが、現に存在するものの消滅です。

　混乱や争いや悲しみと共に、この力が完全に消滅すると、誰もが、記憶の束と深まる孤独である現実の自分と向き合います。力と成功を願うのは、孤独や記憶という灰からの逃亡です。それを乗り越えるためには、人は非難したり、或いは現実の不安からそれらを避けようとしたりしないで、それらを見て、それらと向き合わなければなりません。恐怖は、事実や現実から逃げ去る、正にその行為の中に生まれます。人は、完全に、自ら進んでやすやすと、力と成功を脇へ追いやってしまわなければなりません。そうして、面と向かって、取捨選択することなく、受け身で気づいていると、灰や孤独が全く違った意味を持ちます。何かと共に生きることは、それを愛することであり、それに執着することではありません。孤独の灰と共に生きるためには、大きなエネルギーがなければなりません。そのエネルギーは、恐怖がもはや存在しないときにやってきます。

　部屋の扉を物理的に通り抜けるようにこの孤独を通り抜けると、人は、自分と孤独が一つであること、自分は言葉を超えたその感覚を観察している観察者ではないことが分かるでしょう。人が、それなのです。人は、以前にそうしていたように、多くの巧妙な方法では、それから逃げ去ることができません。人が正にその孤独なのです。それを避けるどのような方法もありません し、何ものもそれを覆い隠したり、満たしたりできません。人は、ただそれと共に生きるだけです。孤独は人の一部であり、人の全てです。絶望も希望も、それを追い払うことはできませんし、いかなる悲観主義も、どのような知的な狡猾さも、それを追い払うことはできません。人が、その孤独なのであり、かつては炎であった灰なのです。それは、全ての行動を超えた、癒すことができない完全な孤独です。頭脳は、もはや逃げ出す方法や手段を編み出すことができません。それが、孤立と防御と攻撃的な絶え間ない活動によって孤独を生む張本人です。それがいかなる取捨選択もすることなく、否定的にこのことに気づいているとき、それは自ら進んで死んでやり過ごして全く静まります。

この孤独から、この灰から、新しい活動が生まれます。それは独存的な活動です。それはあらゆる影響や強制や、あらゆる形の探究や成就が、自然に、完全に止んだときの状態です。それは既知の死です。そうすると、不可知の果てしない旅があるだけです。そうすると、不可思議な創造の純粋な力が現れます。

二十四日*

美しく手入れされた、余り大きすぎない芝生がありました。それは信じられない青さでした。それは鉄格子の向こうにあり、よく水やりがなされ、注意深く管理されていて、芝生が鮮やかに波打ち、美しさが輝いていました。それは何百年という歴史がある芝生に違いありません。そこには一つの椅子もなく、それは高くて狭い柵に囲まれて守られていました。その芝生の先に、一つだけバラの茂みがあり、一輪のバラが満開でした。それは、柔らかな芝生と一輪のバラという奇跡でした。それらは騒音と大混乱と悲惨の全世界とは別世界でした。それらは、人の手によってそこにあるにもかかわらず、美術館や塔や橋の優雅な曲線を遥かに超えた、最高に美しいものでした。それらは見事な孤高性を湛えていて、鮮やかでした。それらは現にある通り、草であり花であって、その他の何ものでもないのでした。周りには、大いなる美と静寂があり、純粋性の威厳がありました。暑い午後で、風がなく、相当な数の車の排気ガスの臭いが空気中に漂っていましたが、その芝生には独特の香りがあり、一輪のバラの香りを確かに嗅ぐことができました。

朝早く目が覚めると、満月の光が部屋に差し込んでいて、頭脳の質が違っていました。眠気はなく、眠気で頭が鈍くなっているのではありませんでした。頭脳ははっきりと覚めていて、見守っていました。それはそれ自身を見ているのではなく、それを超えた何かを見ていました。それは気づいていました。頭脳は、それ自身を精神の全活動の一部として気づいていました。頭脳は断片化の中で機能します。それは部分の中で、分断の中で機能します。それは専門化し、決して全体ではありません。それは全体を捉えようとしたり、理解しようとしたりしますが、それにはできません。思考は本質的に感情と同じで、いつも不完全です。思考は、記憶の反応である思考は、既知の中でのみ機能できるか、知っていることから、或いは知識から解釈できるかのいずれかです。頭脳は専門化の産物です。それは、それ自身を超えることができません。それは分断し、専門化します。科学者、芸術家、聖職者、法律家、技術者、農業者などです。それは機能する中で、それ自身の地位や特権や力や名声を思い描きます。頭脳は自己防御的な有機体なので、機能と地位が表裏一体です。その地位の要求から、社会の対立し矛盾する要素が生じます。専門家は全体を見ることができません。

＊彼は、この日、パリでの最後のトークを行いました。

Rome and Florence

二十五日

瞑想は理解の開花です。理解は時間の領域内にはありませんし、時間は決して理解をもたらしません。理解は、辛抱して用心深く少しずつ積み重ねていく段階的な過程ではありません。理解は、今あるか、全くないかのいずれかです。それは破壊的な閃きであり、大人しいものではありません。人が恐れるのは、正にこの破砕ですから、人は知ってか知らずか、それを避けます。理解は、人の進路や思考や行動のあり方を変えるかもしれません。愉快かもしれないし、不愉快かもしれませんが、理解はあらゆる関係性にとって危険なものです。しかし、理解しなければ悲しみは続くでしょう。悲しみは、自己知を通じてのみ、あらゆる思考と感情や、顕在的潜在的意識のあらゆる活動に気づくことによってのみ止みます。瞑想は、顕在的そして潜在的意識と、あらゆる思考と感情を超える活動を理解することです。

専門家は全体に気づくことができません。専門家の聖域はその専門領域ですが、それは宗教の聖域や技術者の聖域のように、頭脳の取るに足らないものです。能力や才能は明らかに障害になります。というのは、それが自己中心性を強めるからです。それは断片的であるので争いを生みます。能力は、頭脳ではなく、精神の領域の中で、余すことなく生に気づいている中でのみ意義を持ちます。能力とその機能は、頭脳の限られた境界の中にあるので、生の余すことのない過程に残酷になり、冷淡になります。能力はプライドや嫉妬を生みます。成就が何よりも大事になるので、それは混乱と敵意と悲しみを生みます。余すことなく生に気づく中でのみ、それは意味を持ちます。生は、パンやセックスや繁栄や野心のような、単なる一つの断片的な次元にあるのではありません。生は断片的ではありません。それを断片的なものにしてしまうと、それは全くの絶望事となり、果てない悲惨事になります。頭脳は断片的な専門化の中や、孤立的な活動の中や、時間の限られた領域の中で機能して、生の全体を見ることができません。頭脳は、いかに教育されても部分であり、全体ではありません。精神のみが全体を見ます。精神の領域の中に頭脳が存在します。頭脳は、何をどうしようと、精神を含むことができません。

　全体的に見るためには、頭脳が否定の状態になければなりません。否定は、肯定の対極ではありません。対極関係は全て相関的な関係です。否定には対極がありません。頭脳は、余すことなく見るために、否定の状態になければなりません。それは価値評価や正当化や批難や防御をして、干渉してはなりません。それは静まらなければなりません、いかなる種類の強制によるのでもなく、静まらなければなりません。というのは、強制されると、それは単なる模倣をしたり順応したりする死んだ頭脳になるからです。否定の状態にあるとき、それは取捨選択することなく静まっています。そのときのみ、余すことなく見ることが起こります。精神の質である、この余すことなく見るときには、見る者も観察する者も経験する者もいません。ただ見ているだけです。精神は、そのとき完全に目覚めています。精神が十分に目覚めている状態の中では、観察者と観察されているものが存在しなくて、ただ光と透明性が存在するだけです。思考者と思考との間の矛盾と葛藤が止みます。

二十七日*

一番大きなバシリカ聖堂を見渡せる歩道を歩いて、有名な噴水への階段を下りて行くと、多くの人たちが色とりどりの花を手にして、混雑した広場を横切っていました。我々は、車の少ない、狭い静かな一方通行の道へ［マルグッタ通りを通って］入って行きました。当世風でない店が僅かにある薄暗い通りにいるとき、突然、全く予期せずに、あの他者性が現れました。その強烈な優しさと美しさで、体と頭脳が動かなくなりました。ここ何日間か、それは際限のない存在感を感じさせず、遠くの方のはっきりしない轟きでした。しかしそこでは、際限のなさが、堰を切ったように鋭く現れました。思考が止んで、言葉を失いました。奇妙な喜びと透明感がありました。それは、通りの喧騒と歩道の人ごみが我々を全て呑み込むまで、その長くて狭い道に現れていました。それは全てのイメージと思考を超えた天恵でした。

*彼はローマにいて、空路で二十五日に到着しました。

二十八日

他者性は、時折、予期していないときに、招かれたのでもなく必要性があるのでもなく、思いがけずにやってきて、立ち去って行きました。それが現れるためには、全ての必要性と要求が止まなければなりません。

　車の騒音が聞こえない早朝の静かなときの瞑想は、美の開花です。それは限られた能力で探究する思考でもなく、感情的な感覚でもありませんでした。それは、自己を表現する、外的或いは内的ないかなるものでもありませんでした。それは時間的な活動ではありませんでした。というのは、頭脳が静まっていたからでした。それは、既知のもの全ての余すことのない否定で、反射的な反応ではなく、理由のない否定でした。それは完全な自由の中の活動であり、方向性や次元のない活動でした。その活動の中には、本質が正に静寂である、無限のエネルギーがありました。その行動は、全くの無活動でした。その無活動の本質は自由です。思考が触れた途端に消えてしまう、大いなる至福と大いなる喜悦がありました。

三十日

夕陽が、ローマ丘の背後の色づいた大きな雲の中に沈んで行きました。雲は輝いていて、空一面に光を放っていました。電柱や限りなく立ち並んでいる建物も含めて、大地が鮮やかでした。すぐに暗くなってきました。車はスピードを上げました*。丘の姿が薄れてきて、田舎が平坦になりました。

思考を交えて見ることは、思考を交えないで見ることと異なります。道端の樹々や乾燥した野原に広がる家々を、思考を交えながら見ることは、頭脳を、それ自身の時間や経験や記憶の波止場に繋ぎ止めておくことで、その思考装置はいつまでも休みなく、新鮮さを失ったまま続きます。頭脳は鈍く無感覚になって、回復力を失います。それは、絶えず挑戦に反応していて、その反応は不適切で新鮮ではありません。

思考を交えて見ることは、頭脳を習慣と認識の型の中に入れておくことです。それは疲れて不活発になり、それ自身が作り出した狭い限られた中で活動します。それは決して自由ではありません。自由は、思考が見ていないときに現れます。思考を交えないで見ることは、ぼんやり観察することでもなければ、気が逸脱して、ぼうっとしているのでもありません。思考が見ないときには、認識と比較、正当化と批難の機械的な過程が脱落し、ただ観察しているだけです。そのように見ると、時間の機械的な過程が全て止んでいるので、頭脳を疲れさせません。完全に休息することによって、頭脳は新鮮になり、反射的な反応をしないで反応し、堕落することなく活動して、問題の拷問を受けることなく死んでやり過ごします。思考を交えないで見ることは、時間や知識や葛藤の干渉を受けないで見ることです。このように見る自由は反射的な反応ではありません。全ての反射的な反応には理由があります。反射的な反応をしないで見ることは、無関心でいるのでもなく、孤高然としているのでもなく、冷血に引き籠っているのでもありません。思考装置を脱落させて見ることは、特殊化や分断をしないで余すことなく見ることです。それは分離や相違がなくなることを意味しません。樹木は家にならないし、家は樹木になりません。思考を交えないで見ることは、頭脳を眠らせることではありません。その反対であり、それは摩擦や痛みを伴うことなく、十分に気づいていて、気をつけています。時間的な境界を超えて気をつけていることが、瞑想の開花です。

*キルセオへ行く途中で、近くに海があり、ローマとナポリの間でした。

十月三日

雲が壮大でした。地平線がそれらに覆われていましたが、西の空だけは晴れていました。幾つかの雲は黒い雷雲と雨雲でした。その他の雲は純白で、光りと輝きに満ちていました。それらは様々な形と大きさをしていて、繊細で威嚇的で大きくうねり、際限のない力と美を伴って、互いに重なり合っていました。動いていないように見えましたが、それらの中にすさまじい活動があり、何ものもそれらの破壊的な際限のなさを止めることはできませんでした。優しい風が西から吹いて来て、巨大な山雲を丘の方へ追いやっていました。丘が雲に形を与えていました。丘が光と影の雲と一緒に動いているように見えました。村々が散在する丘は、長い間、雨が降るのを待っていました。丘はすぐに再び緑になるでしょう。樹々は、間もなくすると冬に備えて葉を落とすでしょう。

道路は真っすぐに伸びていて、両側に形の良い樹々が植えられていました。車は高速で走り、カーブでも道路にしっかりと接地していました。その車は高速車で、道路によく密着するように造られていて、その朝は非常に良い出来でした。*それは高速用に車体を低くして、道路にしっかりと接地するように造られていました。我々はあっという間に田舎を離れて、都会［ローマ］の中へ入って行きましたが、それらの雲は、依然として底知れない恐ろしさで我々を待ち受けていました。

深夜［キルセオで］、辺りは全く穏やかで、時折梟だけが鳴いていました。しかし、その声に応答はありませんでした。森の中の小さな家**にいると、瞑想は、思考のざわめきのない、果てしない微妙さを漂わせた、純粋な喜びでした。それは果てのない活動で、頭脳のあらゆる活動は静まり、空虚から見ていました。それは何も知らないことを知っている空虚で、空間のないことを知っている空虚でした。それは時間を脱落していて、見ることや、知ることや、存在することと全てをやり過ごしている空虚でした。その空虚の中に凶暴性がありました。それは嵐の凶暴性であり、爆発する宇宙の凶暴性であり、表現することが不可能な、不可思議な創造の凶暴性でした。それは、全ての生、死、愛の凶暴性でした。しかし、それは、何ものもそれを満たしたり、変質させたり、覆い隠したりできない、壮大な果てしない空虚でした。瞑想はこの空虚の喜悦でした。

精神、頭脳、そして身体の間の微妙な内的関係は、生の複雑な働きです。一方が他方に優越すれば悲惨なことになります。精神は、頭脳や身体的有機体を支配できません。この二つの間に調和があるとき、精神はそれらと共存することに同意できます。それは、それらいずれの玩具でもありません。全体は特殊を含むことができますが、小さなものや部分は決して全体を形作ることができません。一方が他方を強制したり、取捨選択したり、支配したりしないで、この二つが完全な調和のもとに共存するのは、信じがたいほど微妙なことです。

知力は肉体を破壊しますし、破壊できます。肉体は、その鈍感さや無神経さによって、知力を歪めたり、知力の劣化をもたらしたりします。気ままで貪欲な嗜好や食欲で、肉体がなおざりにされると、肉体が鈍重で無神経になって、その結果、思考の働きが鈍くなります。より洗練された、より狡賢い思考は、肉体の要求をなおざりにできるし、そうします。すると肉体が思考を歪め始めます。肥満した醜悪な肉体は、思考の繊細な働きを妨げます。思考は、それ自身が作り出した葛藤や問題から逃げることによって、肉体を歪んだものにしてしまいます。肉体と頭脳は、爆発的で破壊的な精神の信じがたいほどの繊細さと共にいるために、繊細に調和していなければなりません。精神は、機能が機械的な頭脳の玩具ではありません。

頭脳と肉体との間の完全な調和の必要性が分かると、頭脳は肉体を気づかって肉体を支配しないでしょう。この気づかいこそが、頭脳を鋭敏にして、肉体を感受性豊かにします。

見ることが事実です。事実とは取引できません。それは払い除けられたり、否定されたり、避けられたりしますが、依然として事実のままです。事実を理解することが肝要であって、事実の価値評価をするのではありません。事実が見られると、頭脳は習慣や肉体の堕落要素に気をつけます。そうすると、思考は肉体に規律を課したり、肉体をコントロールしたりしなくなります。というのは、規律やコントロールが鈍感さを助長するからです。鈍感さは、どのような形であれ劣化であり、衰退です。

再び目が覚めると、丘を上ってくる車はなく、近くの小さな森の香りが空気中に漂っていました***。雨が窓に打ちつけていました。あの他者性が、再び部屋を満たしていました。強烈で凶暴な感じがしました。それは、嵐の凶暴性であり、満水時にうねりをあげる濁流の凶暴性であり、無垢の凶暴性でした。あらゆる形の瞑想が止んでしまうほどの豊饒さで、それは部屋に現れました。頭脳は、それ自身の空虚の中から、見たり感じたりしていました。それはかなりの間続きました。その強烈な凶暴性にもかかわらず、或いはそのために、頭脳は空虚になり、他者性で溢れました。それは、考えたり、感じたり、見たりするもの全てを粉砕しました。それは、その中に何も存在しない空虚で、完全な破壊でした。

*キルセオのバヤ・ダルジェントホテルに三泊してローマに戻る途中でした。
**キルセオのホテル所有の小さな別荘の一つで、森林庭園の中にありました。そこは非常に静かで、どの別荘にも寝室が二つと浴室と居間がありました。
***彼はローマのファルネジーナ通りに滞在していました。それは非常に交通量の少ない新しい道路でした。その小さな森は通りの向かいにありました。

四日

電車［フィレンツェ行き］は、時速九十マイルで非常に速く走っていました。丘の街並みを我々は良く知っていて、湖［トラシメヌス湖］は友達のようでした。オリーブや、糸杉や、鉄道に沿った道路は見慣れた田舎の風景でした。雨が降っていました。何ヶ月も雨がなかったので、大地が活気を帯びていました。若枝が伸び、茶色くなった川が水かさを増して勢いよく流れていました。電車は谷沿いを走り、踏切では汽笛を鳴らしました。砂利道で働いていた人たちが手を休めて、速度を緩めた電車に手を振っていました。心地良い朝で、秋が多くの木の葉の色を茶色や黄色に変えていました。冬の種まきに備えて、田を耕す人たちがいました。丘はあまり高くなく穏やかで、年月を重ねていてとても親しみやすそうでした。

電車は再び速度をかなり上げました。運転士たちが我々を歓迎してくれて、運転室に招いてくれました。というのは、我々がここ何年間かの間に、何回か彼らと会っていたからでした。電車が出発するときに、彼らは運転室へ来るように我々を誘ってくれていました。彼らは、川や丘のように親しみやすいのでした。運転室の窓から見ると、田園の風景が広がっていて、我々が目指している街並みと川のある丘が、いつもの電車の轟きを待ち受けているようでした。日差しが幾つかの丘に注いでいて、大地が微笑んでいました。我々が北へ進むにつれ空が晴れてきて、糸杉とオリーブが青空を背に優雅に輝いていました。大地はいつもの美しさでした。

深夜に、瞑想が頭脳の空間を満たして、それを越えて行きました。瞑想は、現実とあるべき様との間の葛藤や戦争ではありません。瞑想は、コントロールとは無縁なので、気の逸脱が起こりませんでした。思考する者と思考されるものが存在していないので、それらの間の矛盾は存在しませんでした。観察する者がいなくて、ただ見ているだけでした。このように見ることは、空虚から見ることでした。空虚には理由がありませんでした。あらゆる因果関係が、行動とはいえない行動を生み、それが行動と呼ばれます。

愛は何と奇妙なのでしょう。神への愛や隣人愛や家族愛などとして、愛が受け取る賞賛は大変なものです。何と上手に愛が分断されているのでしょう。世俗の愛と神聖な愛があり、義務と責任があり、服従と志願死と死の割り当てがあります。聖職者たちは愛を説き、将軍たちも愛を語って戦争計画を練ります。政治家たちや主婦は絶えず愛について不満を口にします。嫉妬や妬みが愛を育み、その牢獄の中で関係性が保たれます。人々は映画館や雑誌の中で、それを目にします。あらゆるラジオやテレビがそれを喚き立てます。死が愛を奪い去れば、額縁の中の写真や、記憶によって呼び起されるイメージがそれに取って代わります。或いは、それは信仰の中でしっかりと維持されます。何世代にもわたって、我々はそのように育てられてきました。そして、悲しみは果てしなく続きます。

愛の継続は、楽しみをもたらします。それにはいつも痛みが伴いますが、我々は一方を避けて、他方にしがみつきます。この継続が関係性の中の安定であり安全性です。関係性は習慣なので、その中に変化があるはずはありません。習慣の中に、安全性と悲しみがあります。この果てしのない苦楽の仕組みに我々はしがみつき、それが愛と呼ばれます。この疲労困憊から抜け出すために、宗教とロマンチシズムがあります。言葉は変化して互いに修正されますが、ロマンチシズムは、快楽と悲しみの事実からの驚くべき逃避を提供します。そして勿論、究極の避難所と希望は、途轍もなく崇拝され、途轍もなく利益を上げる神です。

しかし、それらは全て愛ではありません。愛に継続性はなく、それが明日へと引き継がれることはありえません。それに未来はありません。現実に持つのは記憶です。記憶は、死んで埋葬されているあらゆるものの灰です。愛に明日はありません。それが時間の中で捉えられて、賞賛されることはありえません。それは、時間が脱落しているときに現れます。それに約束や希望はありません。希望は絶望を生みます。それは、いかなる神にも属さないので、いかなる思考にも感情にも属しません。それは頭脳によって呼び起されません。それは、一瞬一瞬、生きて死にます。それは恐ろしいものです。というのは、愛が破壊だからです。それは明日なき破壊です。愛は破壊です。

五日

幹が途轍もなく太い巨樹*が庭にあります。その葉が、夜通し秋風に打たれてざわめいていました。庭のどの樹も生き生きとしていて、サラサラと音を立てていました。冬はまだ遥か先でした。それらは皆囁いたり叫んだりしていて、風は止みませんでした。巨樹が庭を威圧し、四階建ての家の上まで伸びていました。川［ムニョーネ川］がそれを養っていました。その川は、広大で危険な大河の一つではありません。その川は有名な歴史を持ち、谷を出たり入ったりしながら少し離れた海へ注いでいます。川はいつも水を湛えていて、釣り人たちが橋や岸から釣り糸を垂らしています。夜になると、小さな滝が大きな音をたて、その音があたり一帯に轟いていました。擦り合う木の葉の音と、滝の音と、休みない風の音とが盛んにお喋りしているかのようです。青空と幾つかの雲が点在する素敵な朝でした。二つの糸杉が、青空を背に、他の樹々よりも一段と伸びていました。

再び、深夜遅くに樹々が風で音を立てているとき、瞑想が猛烈な爆発になり、頭脳の中の全てのものを破壊しました。あらゆる思考が、あらゆる反応を形作り、行動を制限します。観念から生まれた行動は、行動とはいえない行動です。その行動とはいえない行動が、葛藤と悲しみを生みます。力強さが存在していたのは、正に瞑想の静かな瞬間の中でした。

力強さは、意志を寄り集めたものではありません。意志は抵抗です。意志による行動は、内にも外にも混乱と悲しみを生みます。力強さは、弱さの対極にあるのではありません。対極関係にあるものは全てそれぞれの矛盾を内包します。

＊モチノキ。彼はフィレンツェ北方の、フィエーゾレより北にある山荘レシオに滞在していました。

七日
雨が降り出してきて、空が厚い雲に覆われました。空がすっかり雲に覆われる前に、壮大な雲が地平線にかかっていました。驚くべき光景でした。非常に際限がなくて平和的でした。それは途轍もない力と力強さの平和でした。タスカン丘がその近くにあって、雲の猛威を待ち構えていました。夜中になって、辺りを蹴散らすような雷と稲光が起こり、それらが樹々の葉に風と生命力の猛烈な洗礼を浴びせていました。嵐と生命力と壮大さに溢れた、目を見張るような夜でした。

午後の間、他者性が車の中や通りに現れていました。それはほとんど夜通し現れていました。夜明けの遥か前、瞑想が未知の深さと高さの中へ入って行く早朝にも、それは執拗な凶暴性を伴って現れました。瞑想は、他者性に席を譲っていました。それは、部屋の中に、庭のあの巨樹の枝に現れていて、正に骨に沁みるほどの信じられない力と生命力でした。それは人の中に押し入ってくるようで、肉体と頭脳を完全に動かなくしました。それは、夜の間、穏やかに優しく現れていて、睡眠が非常に浅くなりました。しかし、夜明けが近づくと、それは粉砕的で浸透する力になりました。肉体と頭脳は、気を抜かずに非常に警戒していて、葉の擦れる音を聞き、夜明けが高くまっすぐに伸びた松の樹の暗い枝の間からやってくるのを見ていました。それは、あらゆる思考と情動を遥かに超えた、大いなる優しさと美を湛えていました。それは現れていて、それと共に天恵がありました。

力強さは弱さの対極にあるのではありません。全ての対極は更なる対極を生みます。力強さは意志の働きではありません。意志は矛盾の中の行動です。複合的な判断で形成される力強さではない、理由のない力強さがあります。これこそが、否定や拒否の中に存在するあの力強さです。それこそが全くの独存性から生まれる、あの力強さです。それこそがあらゆる葛藤と努力が完全に止んだときにやってくる、あの力強さです。それは、あらゆる思考と感情が止んで、ただ見ているだけのときに現れます。それは、野心や貪欲や嫉妬が何の強制もなく止んだときに現れます。それらは理解することによって朽ち果てます。愛が死であり、死が生であるときに、その力強さが現れます。力強さの本質は謙虚です。

春の若葉の途轍もなく脆くていとも簡単に破壊されてしまう力強さと言ったらないでしょう。脆さは徳行の本質です。徳行は決して力強くありません。それは、賞賛の熱いまなざしや、知力の虚栄心には耐えられません。徳行は、観念の機械的な継続ではありませんし、習慣の中の思考の機械的な継続ではありません。徳行の力強さは、簡単に破壊されて再び新しく生まれることです。力強さと徳行は、一方が欠けると他方が存在できないので表裏一体です。それらは、ただ空虚の中で生き残るだけです。

八日

一日中雨でした。道がぬかるんでいて、川の水がより一層茶色くなっていました。川の段差があるところで音が一層激しくなっていました。夜中の静けさは、早朝まで止まなかった雨の予兆でした。太陽が突然現れました。西の空が雨に洗われて青く澄みわたっていて、そこに光り輝く途轍もない雲が浮かんでいました。美しい朝でした。強烈な青さの西の空を見ていると、全ての思考と情動が消えて空虚から見ていました。

夜明け前、瞑想は未知なものへ際限なく開かれていました。既知の完全な破壊なしには、何ものもその扉を開けることができません。瞑想は理解するときの爆発です。自己を知ることなしに理解はありえません。自己について学ぶことは、自己についての知識を蓄積することではありません。知識を収集することが学ぶことを妨げます。学ぶことは、加算的な過程ではなく、理解と同じように、一瞬一瞬のことです。この学ぶ全プロセスが瞑想の中の爆発です。

九日

早朝、空には雲一つありませんでした。灰色のオリーブと黒い糸杉のトスカナ丘の背後から、太陽が昇ってきました。川面に影はなく、ポプラの葉は静かでした。まだ渡りをしない数羽の鳥が囀っていて、川は静まり返っていました。太陽が川の後ろから昇ってくると、その影を静かな水面*に落としました。優しい風が丘を越え、谷を抜けてきました。それは木の葉の間を通って、日が差している木の葉を揺らし、それらを踊らせていました。光っている茶色い水面に、長い影や短い影、太った影、小さい影ができていました。煙突の一つから灰色の煙が立ち上っていて、樹々の間に漂っていました。魅惑と美しさに溢れた素敵な朝で、沢山の影ができ、沢山の木の葉が震えていました。香りが空気中に漂い、秋の日差しにもかかわらず春の気配がしました。小さな車が大きな音を立てて丘を登って来ました。それでも、夥しい数の影は静かなままで、素晴らしい朝でした。

　昨日の午後、それは、賑やかな通りが見渡せる部屋**の中で突然始まりました。他者性の力強さと美しさは、部屋から外へ広がり、通りを越え、庭を抜け、丘を越えて広がりました。それは際限がなく底知れないものでした。それは午後の間ずっと現れ、床に就こうとしている正にその時に、恐ろしいほど強烈になりました。大いなる聖性を湛えた天恵でした。それはいつも同じではないので、慣れることができません。それはいつも新しい何かであり、いつも新しい質や、微妙な意義や、新しい光や、かつて一度も見たことがない何かを備えています。それは、記憶しておいて、後でゆっくり思い出して検討してみることができるような類のものではありませんでした。それが現れ、頭脳が静まって、経験や記憶する時間が存在していなかったので、思考は近づけませんでした。それが現れていて、全ての思考が静まりました。

生の強烈なエネルギーが、夜も昼も、いつも現れています。それは、摩擦や、方向性や、取捨選択や、努力とは無縁のエネルギーです。余りにも強烈なので、思考や感情がそれを捉えて、空想や信念や経験や要求の型に嵌めることはできません。余りにも豊かで、何ものもそれを減じることができません。しかし、我々は、それを利用しようとしたり、方向性を与えようとしたり、我々の鋳型に嵌めようとしたりして、結局それを歪め、我々のパターンや経験や知識に順応させてしまいます。野心や嫉妬や欲望がそのエネルギーを狭めてしまうので、葛藤と悲しみが生じます。個人的であろうと集団的であろうと、野心の残酷さがその強烈さを歪め、憎悪と敵愾心と争いを引き起こします。嫉妬によるあらゆる行動が、このエネルギーを歪めて、不満と悲惨と恐怖を引き起こします。恐怖することによって、罪悪感と不安と、決して終わることのない比較と焦燥の悲惨を招きます。この歪められたエネルギーこそが聖職者、将軍、政治家、泥棒になります。我々の永遠願望と安全願望によって不完全にされた果てしないエネルギーが、不毛な観念や、競争、残酷性、戦争を生む土壌です。それが人間同士の絶えることのない争いの原因です。

これら全てが、苦もなく、何の努力もせずに払い除けられるときだけ、自由の中でのみ存在し花咲くだけの、あの強烈なエネルギーが現れます。自由の中にあるときだけ、それは何の葛藤も悲しみも引き起こしません。そのときだけ、それは増大して際限がありません。それが始まりも終わりもない生です。それは愛であり破壊である不可思議な創造です。

一方向に使われたエネルギーは、一事に行き着きます。それは葛藤と悲しみです。余すことのない生の表現であるエネルギーは至福です。それは計り知れません。


*森の中の川によってできた小さな池。

**彼が訪れていたフィレンツェのアパート。

十二日

空が夕陽で黄色く染まり、黒い糸杉と灰色のオリーブが驚くほど美しく、眼下の曲がりくねった川が金色に輝いていました。光と沈黙に包まれた壮麗な夕刻でした。この高さ*からだと、谷の中の街やドーム、美しい鐘塔、街の中を曲がりくねって流れる川を見渡すことができました。坂と階段を下りていくと、夕陽がとても美しく感じられました。何人かの人がいました。奇妙な落ち着きのない旅行者たちが、少し前に通り過ぎて行きましたが、彼らはいつもお喋りをしながら写真を撮っていて、実際には周りをほとんど見ていませんでした。

辺りに香りが漂い、太陽が沈むと沈黙が強烈に、豊かに、計り知れないものになりました。沈黙からのみ、実際に見たり聞いたりしています。その中から瞑想が始まりました。小さな車がけたたましい音を立ててカーブを曲がり、何回も上下に跳ねて通り過ぎました。黄色の空を背に、二本のローマ松が立っていました。以前に時折見たことがあったけれども、それらは全く見られたことがないかのようでした。穏やかに傾斜した丘はオリーブ畑になっていて、銀灰色でした。至る所に黒い単独の糸杉がありました。

瞑想は爆発であって、注意深く計画され、考案され、意を決して追求されて繋ぎ合わされるものではありませんでした。それは過去の残滓を一切残さない爆発で、時間を爆破し、時間は決して再び止む必要がありません。この爆発の中では、あらゆるものの影が消えました。影を残さずに見ることは、時間を超えて見ることです。命の佇まいと空間に溢れた驚くべき夕刻でした。明かりの灯った騒々しい街と、滑らかに走っている電車が、この大いなる沈黙の中に存在していて、その美が至る所にありました。

南［ローマへ戻る］へ向かっている電車は、沢山の旅行客とビジネスマンで混んでいました。彼らはひっきりなしにタバコを吸い、食事が運ばれてくると盛んに食べていました。田舎は雨に洗われて瑞々しい美しさでした。空には雲一つありませんでした。丘の上に壁で囲まれた古い町が見え、歴史を刻んだ湖が青く静まり返っていました。豊かな土地が痩せて乾燥した大地に変わっていました。農家は貧しそうで、鶏は痩せていて牛は見当たらず、羊は数頭しかいませんでした。電車は遅れを取り戻そうとスピードを上げていました。

素晴らしい一日でした。ほとんど窓の外を見ない乗客たちのいる、煙が充満する客室の中に、あの他者性が現れました。それは一晩中現れていて、頭脳がその圧力を感じるくらい強烈でした。

それはまるで、全ての存在の正に中心に存在しているかのように、純粋性と際限のなさの中で活動していました。頭脳は、外の過ぎて行く景色を見ながら見守りました。それは正にその活動の中で、それ自身の限界を越えて行きました。そして、夜中に時折、瞑想が爆発の炎と化しました。

＊アルノ河の南側にあるサン・ミニアート・アル・モンテ教会。

十三日

空は晴れていて、通りの向こうの小さな森には、光と影が溢れていました。太陽がまだ丘の上に昇らない早朝で、薄明がまだ大地の上にあり、丘を駆け上る車がまだない時刻でした。瞑想は衰えを知りませんでした。思考にはいつも限りがあり、遠くへは行けません。というのは、それが記憶に根ざしているからです。それが遠くへ行くときには、根拠のない単なる推測や想像になります。思考は、それ自身の時間的な境界を越えているものと越えていないものを知ることができません。思考は時間に縛られています。思考自身が作った網から自身を解きほどいている思考は、瞑想の余すことのない活動ではありません。思考自身と格闘している思考は瞑想ではありません。思考の消滅と新しさの始まりが瞑想です。

朝日が壁に模様を描き始めて、車が丘を登って行きました。そしてしばらくすると、道路の向こうの新しい建物の上で、労働者たちが笛を鳴らしたり、歌ったりするのが聞こえてきました。

頭脳は、休むことのない驚くほど鋭敏な装置で、いつも印象を抱いて解釈し、溜め込んでいます。それは、寝ても覚めても、決して静まることがありません。その関心事は、遺伝的に受け継がれた動物的な反応である、生き残りと安全です。それらを基礎にして、巧妙な仕組みが内と外に築かれます。神々、徳、倫理は防御のためであり、野心、欲望、脅迫観念、順応は、生き残りと安全のための衝動です。非常に鋭敏なために、頭脳は思考装置を働かせて、過去や現在や多くの未来である時間の培養を始めます。それが、頭脳に時間的な引き延ばしや成就の機会を与えます。時間的な引き延ばしや理想や成就は、それ自身の継続です。しかし、そうしたことの中には、いつも悲しみが存在します。このことから信念や教条や行動への逃亡や、宗教的儀式を含めた多種多様な形の娯楽への逃亡が始まります。しかし、いつも死とその恐怖が付き纏います。そうして、思考は安楽と逃避を合理的或いは非合理的な信念や希望や結論の中に追い求め、言葉と理論が驚くほど重要になって、それらを生きていく糧にし、言葉や結論が呼び起す感情の上に、存在の全構造を築き上げます。頭脳と思考は、思考がいかに深く探求したと考えても、非常に表面的な次元での機能です。というのは、思考が、いかに経験豊かで、いかに賢くて博識でも、それは表面的だからです。頭脳とその活動は、生の余すことのない全体性の中の一断片です。断片は、それ自身と、他の断片との関係においては、絶対的に重要になります。この断片性と、それが生み出す矛盾が、正に断片の断片たる所以です。それは全体を理解できません。それが生の余すことのない全体性を形に表そうとするとき、それは葛藤や混乱や悲惨を生み出すだけの対極的な見方や反射的反応をして考えるだけです。

思考は決して生の全体性を理解したり、形に表したりできません。頭脳と思考が規律や脅迫観念によってまどろんでいたり、朦朧としていたりしないで、或いは催眠術にかけられていたりしないで、完全に静まっているときにのみ、全体性の気づきが起こります。驚くほど鋭敏な頭脳が静まることは可能です。それがその感受性の中で広く深く気をつけていて、全く穏やかに静まることはありえます。時間と計ることが止むときのみ、全体性や不可知なものが現れます。

十四日

騒々しくて悪臭がする街の真ん中の庭［ボルゲゼの庭］の中に、平べったい松の樹と、黄色や茶色になった沢山の樹々があって、湿地の臭いがしました。そこを、ある真剣さで歩いていると、他者性が現れているのに気づきました。それは大いなる美と優しさを伴って現れていました。そのことを考えていませんでしたが――それはあらゆる思考を避けます――それがあまりにも豊かなので、驚きと大いなる歓喜をもたらしました。思考の真剣さは余りにも断片的で未熟ですが、欲望の産物ではない真剣さがなければなりません。浸透性を正にその本性とする光で、影を作らない光の性質を持った真剣さがあります。この真剣さは、無限に柔軟であるので喜びに溢れています。それが現れていて、あらゆる樹木や木の葉、草の葉、花が強烈に生きき生きと目覚ましいものになりました。色彩が強烈で、空が計り知れませんでした。湿り気があって、落ち葉に敷き詰められた大地は生命でした。

十五日

道の反対側の小さな森に朝日が差しています。穏やかな平和な朝で、柔らかくて、日差しがそれほど強くなく、空気が新鮮でひんやりしています。あらゆる樹がとても魅力的で生き生きとしていて、沢山の色彩と共に、沢山の影ができていました。それらが互いに呼び合っていました。朝日が昇る遥か前、丘を駆け上がる車がまだ来ない穏やかなとき、瞑想は天恵の中の活動でした。この活動は他者性の中へ流れて行きました。というのは、他者性が部屋の中に現れていて、部屋を満たし、部屋から溢れて、遥かに限りなく広がっていたからでした。その中に、計り知れない、際限のない深さがあり、平和がありました。この平和は触られることなく、思考と時間に汚染されていませんでした。それは最終的な大団円としての平和ではありませんでした。それは途方もなく、危険なほど生き生きとしている何かで、守ることをしませんでした。あらゆる形の抵抗は暴力であり、譲歩もまた暴力です。それは争いが生み出す平和ではなく、あらゆる争いとその対極を超えていて、腐敗の種を宿した満足と不満足の果実ではありませんでした。

十六日

夜明け前で、騒音はなく、街はまだ眠っていました。目覚めた頭脳は、他者性が現れていたので穏やかでした。眠気眼でしたので、それはとても穏やかに、恐る恐る、気遣いながらやってきました。しかし大いなる歓喜があり、それは大いなる単純性と純粋性の歓喜でした。

十八日

飛行機の中で。* 雷と激しい雨があり、夜中に起こされました［ローマで］。雨が窓と道の向こうの樹々に激しく当たっていました。暑い日でした。今、心地よい涼しさになりました。町は眠っていました。嵐になっていて道路が濡れていました。朝早いので、車の往来はほとんどありませんでした。空はまだ厚い雲に覆われていました。夜明けが大地に広がりました。金色のモザイクがある教会［サン・ジョバンニ・イン・ラテラノ教会］が、人工灯によって輝いていました。空港**は遥か先で、高性能な車は快適に走っていて、雲と競争し、何台かの車を追い越し、どの角も高速で道路に密着して走り、とても長い間街の中を走ってから、広い道路に出ました。空港はもうすぐでした。潮の香りと大地の湿った匂いが空気中に漂っていました。耕されたばかりの黒い畑があり、幾つかの葉が紅葉しているにもかかわらず、樹々が青く輝いていました。西風が吹いていて、その日は一日中、大地に日が差さないだろうと思われました。どの葉も雨で洗われていて綺麗で、美と平和が大地にありました。

真夜中に雷と稲光が止んで辺りが穏やかになると、頭脳は全く静まりました。瞑想は計り知れない空虚への入り口でした。正に頭脳の感受性が、それを静かにしました。それは理由のない静けさでした。理由がある静けさから生まれる行動は崩壊です。非常に静かなので、部屋の限られた空間が消えて、時間が止まっていました。気をつけている中心と共に目覚ましく気をつけているだけで、思考の源がいかなる暴力とも無縁に、自然に、苦もなく消滅していました。雨音や隣の部屋の物音は聞こえましたが、いかなる解釈もせずに耳を澄まし、知識を引き合いに出さずに見ていました。体にも動きがありませんでした。瞑想は他者性に席を譲りました。それは粉砕的な純粋さで、何も残しませんでした。それが現れていた、それが全てです。何も存在していませんでした。何も存在していないので、それが現れていました。それは全ての本質の純粋性でした。この平和は壮大で果てしのない空間であり、計り知れない空虚の平和です。

*彼は空路でボンベイへ向かい、二十日に着きました。十九日の記述はありません。
**チアンピーノ。フィウミチーノにはまだ空港ができていませんでした。

Bombay and Rishi Valley

二十日

遥か約四万フィート下の海は、波がなく静かで壮大で、動くものが何一つないように思われました。砂漠や赤く焼けた丘は樹がなくて、美しくもあり哀れでもありました。さらに海が見え、ほとんどの乗客が降りる都会の明かりが遠くに見えました。喧騒、荷物の山、検査がありました。薄暗い道路を長いこと走るドライブ、増加する人口で込み合う歩道、多くの鼻につく臭い、金切り声、飾り立てられた寺院、祭りのために花飾りを施された車、そして豪華な家々と暗いスラム街がありました。急坂を下ると車は止まり、ドアが開きました。

明るい緑色の葉の茂った樹が、純粋性と威厳を湛えていて、非常に穏やかでした。それは、その樹を、その一枚の葉をも決して見たことがない人たちには不釣り合いな家々に囲まれていました。彼らはお金を稼ぎ、仕事に行き、酒を飲み、子供を作り、そして途轍もなく食べました。

昨夜はその樹の上に月がかかって、辺り一面の闇が見事で生き生きとしていました。夜明けに目が覚めると、他者性が慣れない部屋の中に現れていたので、瞑想は光の輝きでした。再び、それは差し迫った、駆り立てるような平和でした。それは、政治家たちや、聖職者たちや、したり顔をした人たちの平和ではなく、余りにも壮大すぎて、時空の中に収まらず、思考や感情によって形に表されませんでした。それは、大地と、その上に存在するものの重みでした。それは天上であり、それを超えていました。その平和が存在するためには、人が退場しなければなりません。

時間は、いつでも挑戦と問題を繰り返しています。その応答と答えは、目先のものに関係しています。我々は目先の挑戦と、それに対する目先の答えに囚われています。目先の要求に対する目先の答えが世の習いで、それには全て解決不可能な問題と苦悶が伴います。目先の時間や目先のものに根ざした観念から生まれた行動で答えます。無思慮な驚嘆する人たちが、彼らに従います。プロパガンダと信仰の、上手に組織化された宗教の聖職者が、教えられた通りに問題に答えます。他の人たちは、好き嫌いのパターンや、偏見や悪意のパターンに従います。あらゆる議論と意思表示が、絶望と悲しみと混乱の継続です。それには終わりがありません。そのこと全てに背を向けて、それを別の名で呼んでも、それを終わらせることにはなりません。それを否定しようと否定しまいと、それを批判的に分析しようと、或いは全ては幻想、幻影であると言おうと、それは存在します。それは存在して、人はいつもそれを計っています。一連の目先の要求に対する目先の答えこそが、止まなければなりません。そうすると、人は時間の目先の要求に対して、時間とは無縁の空虚から答えるようになるでしょう、或いは全く答えないかもしれません。それが本当の答えかも知れません。思考と情動による全ての返答は、答えのない問題の絶望と苦悶を引き延ばすだけでしょう。最終的な答えは目先のものを超えています。

目先のものが、数多くの未来へ投影されていようと、今に投影されていようと、我々の全ての希望と虚栄心と野望は目先のものの中にあります。これが悲しみの在り方です。悲しみの消滅は、多くの挑戦に対する目先の応答の中には決してありません。その消滅は、この事実を見ることの中にあります。

二十一日

椰子の樹々が、大いなる威厳を保ちながら、海からの西風で湾曲して気持ちよさそうに揺らいでいました。それらは、騒々しい雑踏から遠く離れているようでした。夕陽を背にした、それらの背の高い黒い幹の形は綺麗で、長い年月を耐えてほっそりとしていて、星空と暖かい海を支配していました。それらはまるで、椰子の葉を広げて、むさくるしい通りから人を引き抜いて迎え入れようとしているかのようでした。しかし、夕方のそよ風がそれらを連れ去って、夜空をそれらの蠢きで満たしました。

通りはとても混雑していました。大勢の人たちが唾を吐くので、通りは決して綺麗にはならないでしょう。通りの壁が最新の映画の広告で汚れていました。広告の上には、投票しなければならない名前や政党のシンボルが張られていました。それは、大通りの一つにもかかわらず汚れていました。埃だらけのバスがけたたましく通り過ぎて行きました。タクシーが人々に向かって警笛を鳴らすと、大勢の犬が通り過ぎて行ったように思われました。

すぐ先の海に夕陽が沈んで行きました。それはまるで丸い火の玉で、この日は焼けつくような一日でした。それは海と幾つかの雲を赤く染めていました。海にはさざ波一つ立っていませんでしたが、それは静止していなくて、夢を見ているようでした。暑すぎて、心地よい夕刻とは程遠く、そよ風も本来の喜びを忘れていました。人々が押し退けて行き交うむさ苦しい通りでは、瞑想が正に生の本質でした。繊細で注意深い頭脳は完全に静まりました。

星を見ていました。人々や、臭いや、犬たちの吠える声に気づいていました。一枚の黄色い木の葉が、汚れた道路に落ちました。通り過ぎた車が、それを踏みつぶしました。それは色彩と美に溢れていて、いとも簡単に破壊されました。

幾つかの椰子の樹が立ち並ぶ通りを歩いていると、他者性が、浄化して力強くなる波のように現れました。それは香るように現れていて、際限のないものの吐息のようでした。幻想的なロマンや、思考的な脆弱さなどの感傷は全くありませんでした。それは鋭くはっきりと、いかなる曖昧な可能性も残さず、戸惑いもせずに厳然と現われていました。それは聖なるものとして現れていました。何ものもそれに触ることができず、何ものもその究極性を壊すことができませんでした。頭脳は、近くを通り過ぎるバスや、濡れた道路や、軋るブレーキの音に気づいていました。それら全てと、向こうにある海にもそれは気づいていましたが、それらのどれとも何の関係もありませんでした。それは完全に空虚で、どこにも根を下ろさず、この空虚から見たり、観察したりしていました。他者性が、鋭く差し迫るように押し入ってきました。それは、感情でも感覚でもなく、今、誰かを呼んでいるあの男の人と同じ事実でした。それは変化したり、様々に形を変えたり、継続したりする情動ではありませんでした。思考はそれに触ることができませんでした。それは、どのような理由を駆使しても翻意させることができない死の究極性として現れていました。それは出自や関係性を欠いているので、何ものもそれを汚すことはできませんでした。それは破壊されませんでした。

二十三日

頭脳の完全な静けさは途方もないことです。非常に感受性が高まっていて、精力的で、とても生き生きとしています。あらゆる外界の動きに気づいているけれども、全く静まっています。いかなる妨害もなく、いかなる秘密の欲求や追究もなく、完全に開いているのでそれは静まっています。本質的に矛盾の状態である葛藤がないので静まっています。それは空虚の中で完全に静まっています。この空虚は真空状態や虚ろの状態ではありません。それは中心も境界もないエネルギーです。

悪臭のする、むさ苦しいバスが唸りを上げて通り過ぎる、人々でごった返した通りを歩いている間、頭脳は周りの物事に気づいていました。周りの悪臭や、汚れや、汗の臭いのする労働者に敏感になって歩いていましたが、見たり、指示したり、批評したりする中心はどこにもありませんでした。その通りの行き帰りの間、思考や感情としての頭脳には何の動きもありませんでした。太陽が既に沈んでいたのにもかかわらず、驚くほどの慣れない暑さと湿気のために、体が疲れてきていました。それは以前に何回か起こったことがあるにもかかわらず、不思議な現象でした。それは習慣や欲望から起こっているのではないので、それらのいずれにも決して慣れることができません。それが終ったあとで、いつも驚きます。

「マドラスへ向かう」混み合った飛行機は暑くて、およそ八千フィートの高さにもかかわらず、涼しくなる気配が全くありませんでした。その朝の飛行機の中で、突然、全く予期せずに、他者性が現れました。それは決して同じではなく、いつも新しく、いつも思いがけずに現れます。奇妙な点は、思考がそれを反省したり、再考したり、後からゆっくり検討したりできないことです。記憶は関与していません。というのは、現れるとき、それはいつでも全く新しくて、予想を超えていて、記憶として残らないからです。それが全くの完全なハプニングであり、記憶として記録されない出来事だからです。そのように、それはいつも新しく新鮮で予想がつきません。それは途方もない美しさで現れますが、雲の幻想的な形や、その中の光のせいでもないし、果てしなく青く優しい空の青さのせいでもありません。その信じがたい美しさには、何の理由も、何の原因もありませんでした。それが、その美しさの理由です。それは、作り出されて結局は感じられたり、見られたりするものではない、これまでにも存在し、今も存在し、これから先も存在すると思われる、時間を超えた全生命の本質でした。それは現れていました。それは美の凶暴性でした。

　小型車は、都会や文明から遠く離れた谷*への帰途についていました。でこぼこ道や、穴のあいた道を走り、鋭いカーブを曲がり、唸りを上げ軋みながら走っていました。古い車ではありませんが雑に造られていて、ガソリンとオイルの臭いがしました。それでも、舗装道路や未舗装の道路をできるだけ速く走って、家路を急いでいました。田舎は美しく、一昨日、雨が降ったばかりでした。樹々は青葉が輝いていて生き生きとしていました――タマリンドとベンガルボダイジュと他の数多くの樹々でした。幾つかはかなり古い樹でしたが、それらは生気があって新鮮で若いのでした。

丘と赤い大地が見えました。それらの丘は雷が起きない丘で優しくて古く、その幾つかは地球上で最も古い丘でした。それらは夕刻の光の中で澄み渡っていて、その青さは、特定の丘だけが湛える古代の青さでした。幾つかは岩肌が露出していて草木がなく、他のものには低い藪があり、樹の生えている丘も幾つかありました。それらにはあらゆる悲しみを見てきたかのような優しさがありました。丘の麓の大地は赤くて、雨がその赤を一層赤くしていました。その赤は血の赤でもなく、太陽の赤でもなく、どのような人工染料の赤でもありませんでした。それはあらゆる赤が含まれている赤でした。それには鮮明さと純粋さがあり、その赤を背にして緑が一層際立っていました。素敵な夕刻でした。谷が高いところにあるので、少しずつ涼しくなってきました。

夕刻の光の中で、丘がますます青く、大地がますます豊かな赤になっているとき、他者性が天恵と共に静かに現れました。それはそのつど驚くほど新しいのですが、それでもそれは同じです。それは力強さを伴った際限のなさで、その力強さは、破壊と脆さの力強さでした。それは、それ自身を全開にして現れ、一瞬のうちに去って行きました。その瞬間は、全ての時間を超えていました。疲労した一日でしたが、頭脳は奇妙にも気を抜かずに警戒していて、見る者を脱落させ、経験を脱落させせて、空虚から見ていました。

＊リシヴァレイ。マドラスの北方約百七十マイルにあって海抜二千五百フィート。そこに彼が滞在したクリシュナムルティ学校があります。

二十四日

月はちょうど丘の上へきていて、長い蛇のような雲に捕らえられ幻想的な形になりました。彼女が巨大な形になり、丘や大地や牧草地が小さく見えました。彼女が昇ってきたところが一段と澄み渡って、そこには僅かの雲しかありませんでした。しかし、彼女は間もなく黒い雨雲の中へ消えて行きました。小糠雨になり大地が喜々としました。この辺りは雨があまり降らないので、一滴の雨でも大切です。大きなベンガルボダイジュやマンゴウの樹はまだ苦労するでしょうが、小さな植物や稲穂は少しの雨でも喜んでいました。運悪く僅かの雨も止んでしまいました。しばらくすると、月が再び雲のない空に輝いていました。海岸では激しく雨が降りましたが、雨が欲しいこの辺りを雨雲は通り過ぎて行きました。

美しい夕刻でした。深くて黒い様々な形をした影ができていました。月は非常に明るく、影が非常に静かで、雨に洗われた木の葉が光っていました。会話をしながら歩いていても、瞑想は言葉の奥で、夜の美しさの下、相当に深いところで、外に向かっても内に向かっても続いていました。それは爆発していて広がっていました。それに気づいていました。それは起こっていました。人は瞑想を経験していませんでした。経験することには限りがあります。それは起こっていて、何もそれに関与していませんでした。思考は余りにも不毛で、いずれにしても機械的なものなので、それにあずかることができないし、情動もまた関わることができませんでした。それは、両者にとって余りにも不安なほど活動的でした。それは計り知りえない未知の深さで起こっていました。大いなる静けさがありました。それは極めて驚くべきことで、普通の出来事ではありませんでした。

黒い葉が輝いていて、月がかなり高く昇っていました。月は西を目指していて、部屋に月明かりが満ちていました。夜明けまでにはまだだいぶ間があり、物音一つしませんでした。鋭い声でキャンキャン鳴く村の犬でさえも静かでした。目が覚めると、他者性がはっきりと鮮明に現れていました。眠らないで覚めている必要がありました。意図的でした。起こっていることに気づいていました。全意識を傾けて気づいていました。眠っているのなら、それは夢だったかもしれませんし、潜在意識の暗示や頭脳の錯覚だったかもしれません。しかし、はっきり覚めていて、この不思議な不可知の他者性は、手で触れることができるほどの現実であり事実であって、幻想でも夢でもありませんでした。もし、このような言葉が許されるのなら、それは重さのない質であり、底の知れない力強さでした。再び繰り返すと、これらの言葉には確かで伝達可能なそれなりの意味がありますが、他者性を言葉で表現しようとすると、それらの言葉は全て意味を失います。言葉はシンボルであり、いかなるシンボルもその現実性を伝えることはできません。それには近づくことができないので、それは何ものもそれを破壊することができない、腐敗を知らない力強さで現れていました。人はよく知っているものならそれに近づくことができますし、言語的であろうと非言語的であろうと、伝達可能な共通の言葉や、ある種の共通の思考回路があるはずです。そして、人には何よりも相互認識があるはずです。それらのいずれもが存在しませんでした。人は、それはこうだとか、ああだとか、こういう性質だとか、ああいう性質だとかと言いますが、それが起こっているとき、頭脳は全く静まり、思考的な活動が全く止んでいるので、言語的活動が存在しません。他者性は何ものとも関係していません。全ての思考と存在は因果的なプロセスですから、それを理解したり、それと関係したりすることはどうしてもできません。それは近づき難い炎で、人はただ距離を置いてそれを見ているだけでした。

目が覚めると、突然、それが現れました。他者性と共に、思いがけない喜悦や、言いようのない喜びがやってきました。それを探したり追い求めたりしていないので、そのようなことが起こる理由はどこにもありませんでした。いつもの時間に目が覚めると、この喜悦が再びありました。それが現れていて、長い間続きました。

二十五日

何かの種類に属する、長い茎をした雑草が野性的に庭に生えています。それは、赤みがかった金色のふさふさした花を付けて、そよ風に吹かれて煌めき、折れそうになるほど揺らいでいます。しかし、それは強風でもない限り折れたりしません。この金色がかったベージュ色の雑草の一群が、そよ風が吹くと踊ります。どの茎にもそれぞれのリズムと輝きがあり、一緒に揺れると波を打っているようです。夕陽に照らされたその色彩を表現するのは不可能です。それは夕陽や大地や金色の丘や雲の色です。傍にある花々が、ひどく明確で野卑で、見るように強要していました。それらの雑草には不思議な繊細さがありました。それは微かな小麦の臭いと古代の匂いでした。それらは頑丈で純粋で、豊かな生命力に溢れていました。光を湛えた夕暮れ雲が通り過ぎ、夕陽が暗い丘の向こうに沈んで行きました。雨が大地によい香りをもたらし、空気がひんやりとしてきて心地よくなりました。雨が降ってきて、大地に希望の光が差しました。

　部屋へ帰って来ると、突然それが起こりました。それは、全く思いがけずに両手を広げて待っていました。再び出かけるつもりで戻って来た我々は、少しも真剣ではない二、三のことについて話していました。このような歓迎的な他者性が部屋の中に現れたのは、衝撃であり驚きでした。問答無用のあけっぴろげな歓待でした。それは何回か、ここから遠く離れたコモン*でも起こりました。人々が頻繁に行き交う道を歩いていて角を曲がると、それは樹々の下で待っていました。人は驚いて樹のそばに立ちつくし、完全に無防備で脆くなり、言葉を失い、動かなくなりました。それは空想でも自作の幻想でもありませんでした。そこにいた他の人達もそれを感じました。時折、それは全てを抱擁し歓迎する愛と共に現れました。それは全く信じられないことでした。それには、そのつど新しい質と新しい美と新しい厳格性がありました。それは、同じようにこの部屋で起こっていて、全く新しい何かで、全く予期できないものでした。それは、全精神を鎮め、体を動かなくしてしまう美でした。それは精神と頭脳と体の警戒心を強烈に高めて敏感にしました。歓迎的な他者性は、体を震わせ、数分のうちに、恐らく現れた時と同じ素早さで去って行きました。いかなる思考も、いかなる空想的な情動も、そのようなことを呼び起こすことはできません。思考は、何をどうしようと取るに足らないものです。感情は脆弱で欺瞞的です。それらがどれほど狂おしくもがいてみても、それを作り出すことはできません。それは、思考や感情にとって、その力強さと純粋さの中で余りにも計り知れなく、壮大でありすぎ、余りにも際限がなさすぎます。思考や感情には出自がありますが、それらにはありません。それらを招き入れたり保持したりできません。思考と感情は、あらゆる種類の狡猾で奇抜な罠を仕かけることができますが、他者性を発明したり、内に秘めたりできません。それは独存していて、何ものもそれに触れることができません。

感受性は洗練性とは全く異なります。感受性は統合された状態ですが、洗練性はいつも部分的です。部分的な感受性はありません。それは人の全存在、或いは余すことのない意識の状態であるか、さもなければ全く存在しないかのどちらかです。それは少しずつ集積されるものではありません。それが育成されることはありえません。それは経験や思考の結果でもないし、多情多感の状態でもありません。それは精確性をその質としていて、そこにロマンチシズムや空想の入る余地はありません。感受性だけが、あらゆる種類の結論や意見や価値評価に逃げ込むことなしに、現実と向き合うことができます。感受性のみが独存しえます。この独存性は破壊的です。あらゆる快楽がこの感受性から脱落しているので、それには意志や欲望の厳格性ではなく、見ることと理解することの厳格性があります。洗練性には快楽があり、教育や文化や環境と関係がありますが、それにはきりがありません。それは取捨選択や葛藤や痛みの結果であり、それにはいつも選択する者や、洗練する者や、批評する者がいて、いつも葛藤と矛盾と痛みがあります。洗練性は、孤立や、自閉的な孤高性や、知力と知識がもたらす分断に通じています。いかに美学的に倫理的に高度であっても、洗練性は自己中心的な活動です。洗練化の過程には大いなる満足感がありますが、それは深い喜びではありません。それは表面的で取るに足らないのであり、それに大きな意義はありません。感受性と洗練性は二つの異なるものであり、一方は孤立した死に至り、他方は果てしのない生に至ります。

*ウィンブルドン・コモン。彼はロンドンのことを思い出していました。彼は五月にウィンブルドンにある家に滞在していました。

二十六日

ベランダの向かい側に、大きな葉と大きな赤い花を沢山つけた樹があります。それらは壮観で、この前の雨によってその青さがくっきりとしていて強烈です。オレンジがかった赤い花々が、緑と岩だらけの丘を背にして、大地を自分の中に取り込んでいるようで、早朝の全空間を覆っています。美しい曇った朝でした。あらゆる色彩をはっきりと強く見せる光がありました。

どの葉も静まっていて、もっと雨が降るのを待ちわびていました。暑い日になりそうで、大地はもっと雨が必要でした。川床は何年も水が流れていなくて、藪が生えていました。至る所で水が必要でした。井戸の水位が非常に下がっています。村人たちは、これ以上雨が降らないと苦しむでしょう。丘にかかった雲は黒く厚く、雨の予感がありました。雷が鳴り、遠くで稲光が起こり、しばらくすると土砂降りになりました。それは長く続きませんでしたが、とりあえずはそれで充分でしょう。次の雨の気配がありました。

道を下ってから、乾いた赤い砂の川床に架かった橋を渡ると、西側の丘が暗く重たそうにしゃがんでいるようでした。夕日を浴びた非常に良い香りのする青い稲穂が信じられない美しさでした。その向こうに暗い緑の樹々があり、北側の丘は紫色でした。谷が天に向かって広がっていました。その夕刻、谷には見たことのある色や、見たことのない色など、あらゆる色彩がありました。どの色にも、それぞれの趣と陰影がありました。あらゆる木の葉と稲の葉が、色彩の歓喜の中で爆発していました。色彩は神で、温和でもなく優しくもありませんでした。丘の上で雲が黒さと厚みを増していました。丘の遥か向こうに稲光がして、沈黙が起こりました。すでに雨粒が落ちていて、丘の中は雨になっていました。間もなくここも雨になるでしょう。雨を渇望している大地には恵みです。

我々は、軽い夕食の後、これやあれは必要であるとか、よい先生を見つけるのは難しいとか、どんなにか雨が必要であったかなど、学校に関することについて話していました。話が進んでいるとき、突然予期せずに他者性が現れました。その際限のなさとすさまじい力のために、全く沈黙してしまいました。それを目で見て、体で感じました。頭脳は考えることを止めて、気を抜かずに警戒していました。会話はそれほど真剣なものではありませんでした。その寛いだ雰囲気の中に、途轍もない何かが起こっていました。それと共に寝床につきましたが、それは一晩中囁くように続いていました。それを経験しているのではなく、それは単に、ある種の凶暴性と天恵と共に現れているだけです。経験するためには、経験する者がいなければなりません。経験する者もいなければ経験もしていない時には、それは全く違った現象です。それを受け入れるのでもなければ、それを否定するのでもありません。それは、単に事実として現れているだけです。この事実は、何ものとも、過去や未来の何ものとも関係していなくて、思考の取りつく島がありませんでした。それは有用性や利益という点では何の価値もないもので、何もそれから得られませんでした。しかし、それはそこに現れていました。正にその存在によって、愛や美や際限のなさが存在していました。それなしには何ものも存在しません。雨がなければ地球は滅びるでしょう。

時間は幻想です。明日はあり、そして昨日という沢山の過去があります。そのような時間は幻想ではありません。内面的な変化や心理的な変化をもたらすために、時間を手段として使う思考は、変化とは言えない変化を追い求めています。というのは、そのような変化は、それまであったことの修正された継続にすぎないからです。そのような思考は、怠惰であって引き延ばしをしているのであり、段階的に変化するという幻想や、理想や、時間の中に逃げ込んでいるのです。時間を通じて変質は起こりません。時間の正に否定こそが変質です。時間が生み出した習慣や、伝統や、改革や理想などが否定されたところに、変質は起こります。時間を否定すると変質が起きます。それは余すことのない変質であって、パターンの中の変更でもなければ、他のパターンとの交換でもありません。しかし、知識を獲得したり、技術を身につけたりするためには時間が必要であり、それは否定できないし、否定してはなりません。それらは生きるためには本質的なことです。ここからあそこまでにかかる時間はもちろん幻想ではありません。しかし、その他のあらゆる形の時間は幻想です。

この変質の中に、気をつけていることがあります。気をつけていることから、全く異なった種類の行動が起こります。そのような行動は、習慣や、感覚の繰り返しや、経験の繰り返しや、頭脳を鈍くして変質に鈍感になる知識の繰り返しにはなりません。そのようにより良き習慣でもなければ、より良き行いでもありません。それにはパターンも制限もなく、社会的な賞賛のお墨付きもありません。それは、追い求められるべき理想でもなければ、時間をかけて築き上げられるべきものでもありません。徳行は危険なものであり、社会的に手懐けられるものではありません。愛することは、そのように破壊です。それは経済的社会的な革命ではない、余すことのない意識の革命です。

二十七日

我々の何人かは詠唱したり歌ったりしていて、新しい詠唱と歌を習っていました。部屋からは、雨が少ないので、手入れが非常に大変な庭を見渡せました。花々や庭木には、小さなバケツで、実際には灯油缶で水やりがなされました。とても素敵な庭で、沢山の花が咲いていました。しかし、樹々が庭を支配していました。それらは形がよく、枝が張っていて、季節になると花が満開になりました。今は一つの樹だけが、オレンジがかった大きな花弁の赤い花をふんだんに咲かせていました。オジギソウに似た幾つかの樹に綺麗な小さい麗しい葉が付いていて、大いに繁茂していました。沢山の鳥が来ていました。二回の長い強い雨で、彼らは肌までびしょ濡れで、羽が水浸しでした。黒い羽の黄色い鳥はムクドリよりも大きく、クロウタドリと同じぐらいでした。その黄色い鳥は、暗緑色の樹々を背に輝いていて、その細長い目で、葉の中の小さい動きや、他の鳥たちの出入りなど何もかも見ていました。カラスよりも小さい二羽のクロウタドリがいて、それらの羽がずぶ濡れでした。彼らは黄色い鳥の近くにいて同じ樹に止まり、尾を広げて、それを乾かすように振っていました。大きさの違う数羽の他の鳥が来ました。彼らは互いに共存していて、油断することなく辺りを見回していました。

谷には雨が殊の外必要で、一滴の雨でも歓迎されました。井戸の水位が非常に下がり、大きな都市用貯水タンクが空になっています。雨が降れば、それらのタンクを満たすのに役立つでしょう。何年もそれらのタンクは空でしたが、今、それらを満たす希望が出てきました。谷は雨で洗われて新鮮で美しく、色々な緑が豊かに溢れていました。岩肌が雨に洗われて綺麗になり、熱が消えて、丘の岩の中に生えていた矮小な藪が嬉しそうでした。乾いた川床が再び歌い出しました。大地が再び笑い出しました。

詠唱と歌は、家具も飾りもない部屋の中で続いていました。床に座るのが自然で心地よいのでした。歌の途中で、突然思いがけずに、他のものが現れました。他の人たちは歌を続けていましたが、彼らもまた沈黙し、自分たちの沈黙に気づいていませんでした。それは天恵と共に現れて、地上と天上との間の空間を満たしました。通常のものはほとんど、言葉である程度まで伝えられますし、言葉にはそれなりの意義があります。しかし、我々が言葉にできないことを伝えようとするとき、言葉はその限られた意義を失います。愛は言葉ではありません。全ての言語表現や、現実と現実ではないものとの間の愚かな分断が止むとき、それは全く違ったものになります。この出来事は、経験でもなく、思考の結果でもなく、過去の出来事の認識でもなく、どんなに深かろうと意識の産物でもありません。それは時間に汚染されていません。それは、これら全てを遥かに超えた何かです。それが現れていました。それだけで天と地にとっては十分です。

あらゆる祈りは哀願です。心の重荷が取り除かれて晴れ晴れとしているときは、懇願しません。困難なときは、本能的にある種の哀願が口を衝いて出てきて、困難や痛みを避けようとしたり、思いが叶うように願ったりします。民族的な神や、頭で拵えた神々が願いを叶えてくれるという希望があります。時々偶然に、或いはことの巡り合わせによって祈りが叶えられると、それは神が応えたのであり、信心が証明されました。人間たちの神々、唯一本当の神々が、慰めるために、庇護するために、取るに足らなくて気高い人間の全ての要求に応えるために現れます。そのような神々は、どの教会にも、どの寺院にも、どのモスクにもあって、夥しい数になります。民俗的な神々はもっと強力でもっと即物的で、どの国にもあります。しかし、人間は、あらゆる形の祈りや哀願にもかかわらず、苦しみ続けています。

悲しみは理解の凄まじさでのみ止むのですが、それ以外のものの方がより安易で、社会的に称賛され、要求が厳しくありません。悲しみは、頭脳と体をすり減らし、鈍く無感覚にして疲弊させます。理解は自己を知ることを要求します。それは一時のことではなく、自己について学ぶことに終わりはありません。そのことの美と偉大さは、終わりがない点にあります。自己を知ることは、一瞬一瞬のことであり、活動している今の中だけにあり、それには知識としての継続性がありません。継続性があるのは習慣であり、思考の機械的な活動です。理解に継続性はありません。

二十八日

暗緑色の葉の間に赤い花があって、ベランダから見えるのはそれだけです。丘があり、赤い砂の川床があり、高い大きなベンガルボダイジュと多くのタマリンドがありますが、今見えるのは、その赤い花だけです。賑やかな花で色彩に溢れています。その花以外に色はありません。所々の青空や、赤く燃えた雲、紫の丘、稲の豊かな青さなど全てが消え去って、その花の驚くべき色彩だけが残っています。それが全天と谷を満たしています。それは萎れるでしょうし、枯れるでしょう。そして丘は存在し続けるでしょう。しかし、今朝、それは全ての時間と思考を超えて永遠でした。あらゆる愛と歓喜を湛えていました。そこには感傷やロマンチックな愚かさはありませんでした。それは何か他のものの象徴でもありませんでした。それはそれ自身であり、夕方には枯れてしまいますが、全ての生命を含んでいました。それは、論理的に片づけられる何かでもなければ、非論理的なロマンチックな空想でもありませんでした。それは、あの丘や、今呼び合っている人たちの声と同じように、現実でした。それは生命の完全な瞑想でした。

事実の衝撃がなくなる時のみ、幻想がものを言います。光に満ちたあの雲が現実であり、その美のすさまじい衝撃は、影響や習慣や、絶え間ない安全追求によって鈍く無神経になった精神には伝わりません。名声や、関係性や、知識の中の安全性は感受性を破壊して、劣化が始まります。あの花や、あの丘や、あの休みなく活動している青い海は、核爆弾と同じように、生命の挑戦です。感受性豊かな精神だけが、それらに余すことなく応えることができます。余すことなく応えることだけが葛藤の痕跡を残しません。葛藤は部分的な応答を意味しています。

いわゆる聖者たちや托鉢僧たちは、精神の鈍化や、感受性の破壊に貢献してきています。あらゆる習慣や、繰り返しや、信仰や、教義によって強化された儀式や、五感の反応は洗練させることができますし、洗練させられています。しかし、気を抜くことなく警戒していて気づくことや感受性は別の問題です。内面を深く見るためには感受性が絶対的に重要です。内面に入っていく活動は、外面のものに対する反射的な反応ではありません。外面的なものと内面的なものは同じ活動であり、分離していません。活動を、内面的なものと外面的なものに分断することが鈍感さを生みます。内面に向かうことは、外面的な活動の自然な流れです。内面的なものの活動には独自の行動があり、外側に表現されますが、それは外面的なものの反射的な反応ではありません。この全体の活動に気づくのが感受性です。

二十九日

本当に途方もなく美しい夕刻でした。一日中、小雨が降ったり止んだりしていました。部屋の中に一日中閉じ込められていて、トークや議論をしたり、人と会ったりしていました。何時間か雨が止んだときに外出しました。西の雲はほとんど黒で、雨と雷を含んでいて、丘に厚くかかっていました。丘は黒い紫色になり、いつもとは違ってどっしりとしていて威嚇的でした。太陽が、騒々しく吹き荒れている雲の中へ沈んで行きました。東の雲が、夕陽を思う存分反射していました。雲はいろいろな形をしていて、どの雲にもそれぞれの光がありました。丘の上にかかった雲は、際限がなく破壊的で生き生きとしていて天空にまで伸びていました。所々に見えていた青空は、とても強烈な青さと、すばらしく優美な緑色でしたが、爆発している雲の白光の中へ消えて行きました。丘の形が悠久の威厳を湛えていました。その一つは、内側から燃えていて透明で、不思議なほど優雅で途轍もなく人工的でした。もう一つは大理石からできていて、暗く孤独で、世界中のあらゆる寺院の造形を彷彿とさせました。丘は生き生きとしていて活気があり、時間の深さを湛える孤高性を保っていました。美と沈黙と光に溢れる驚くべき夕刻でした。

我々は一緒に歩き始めましたが、今は皆が沈黙して、それぞれが思い思いに互いの距離を少し保っていました。道は険しくなり、谷へ入って行きました。雨水が微かに流れている、乾いた赤い砂の川床を渡りました。道は東に向きを変えました。

谷へ下りて行くと、樹々に囲まれた白い家の農家があり、一本の巨樹が他の樹々を覆っていました。平和な光景で、大地が魅惑的でした。その家は、良い香りが漂う緑の水田から一マイルくらい離れたところにあって、静かでした。道が谷の入り口へ続く辺りで、何度かその家を見たことがあります。その道は、車や徒歩で谷を行き来できる唯一の道でした。幾つかの樹々に囲まれたその白い家は、建てられてから数年経っていました。その景色はいつも心地よいものでしたが、夕方、道を曲がって行くときにその家を見ると、今までとは違う美しさと印象をもたらしました。というのは、他者性が現れて、谷を登ってきていたからでした。それは雨のカーテンのようでしたが、雨は降っていませんでした。それは、そよ風のように柔らかく優しくやってきて、人の内と外を満たしました。それは思考でも感情でも頭脳の産物である空想でもありませんでした。現れるたびに、それには新しくて目を見張る純粋な力強さと壮大さがあって、驚きと喜びを伴います。それは余すことなく未知な何かで、既知のものは取りつく島がありません。既知のものは、それが存在するためには全て死ななければなりません。

経験は依然として既知の世界の中ですので、それは経験ではありませんでした。全ての経験は未熟な状態にあります。人は既に知っているものを経験として、経験したり認識したりするだけです。しかし、その未知な何かは既知のものでなく、経験できるものでもありませんでした。

あらゆる形の思考と感情が止まなければなりません。それらは全て既知のものであり、認識が可能だからです。頭脳と全意識が既知のものから自由になって、何の努力もせずに空虚にならなければなりません。それは内にも外にも現れていて、人は、その中を、それと共に歩いていました。丘も大地も地球も他者性と共に存在していました。

かなり朝早く、まだ辺りは闇でした。夜中に雷があり、雨が窓を打ちつけて部屋の中にまで入ってきました。星は一つも見えず、空と丘が雲に覆われていました。雨がものすごい勢いで降ってきて、激しく音を立てていました。目が覚めると雨は止んでいましたが、まだ暗さが残っていました。

瞑想は、何らかの方法や、何らかのメソッドに従った実践ではありません。方法やメソッドは、単に精神の働きを鈍くするだけであり、既知の範囲内の活動です。それらの活動の中には絶望と幻想があります。

非常に朝早いので、鳥も木の葉も静かでした。未知の深みから始まってその強烈さと広がりを増していた瞑想は、頭脳を余すことなく沈黙させ、思考の深部を白日の下に曝し、感情の根っ子を引き抜き、頭脳から既知とその影を取り除いて、頭脳を空虚にしました。それはまさしく手術でした。執刀者や外科医はいませんでしたが、それは、がんの手術をする外科医が再発を防ぐために、汚染されたあらゆる個所を取り除くように進行していました。この瞑想は、時計時間で一時間続きました。瞑想者がいない瞑想でした。瞑想者は、その愚かさや、虚栄心や、野心や、欲望で干渉します。瞑想者は、そのような葛藤や傷の中で育ってきた思考です。思考は瞑想の中で余すことなく完全に止まなければなりません。これが瞑想の基礎です。

三十日

至る所に沈黙がありました。丘には動きがなく、樹々は静かで、川床は空でした。鳥たちは寝床へ帰り、全てのものが静まっていて、村の犬たちでさえも静かでした。雨が降っていました。雲は動こうとしませんでした。沈黙が、より広くより深く強烈になりました。外で起こっていたものが内でも起こるようになりました。丘や、草原や、木立の沈黙に耳を傾けていた頭脳も今や沈黙し、もはや自身に耳を傾けることをしませんでした。それは既に終わっていて、自然に何の強制もなく静まり、即座に動き出せる用意ができていました。頭脳は自身の中で深く静まって、羽を折り畳んだ鳥のように身を伏せていました。眠っているのでも怠惰なのでもなく、身を伏せて、自身を超えた深みへ入って行きました。

頭脳は本質的に表面的です。その活動は表面的で、ほとんど機械的でさえあり、未来的な観点から解釈されることがあっても、その活動と反応は目先のものに向けられています。どんなに遥かな未来や遠い過去を思ったり感じたりしても、思考と感情は表面的なものに向けられています。全ての経験と記憶は、それぞれの限られた能力の範囲内での深さにしか過ぎません。しかし、頭脳が静まってそれ自身の中に向かうと、それはもはや外面的にも内面的にも経験していませんでした。多くの経験や脅迫観念、恐怖、過去と未来の希望と絶望、人種間の軋轢、それ自身の自己中心的な活動などの断片群である意識が消えていました。それは存在していませんでした。全存在が全く静まりました。それは多いとか少ないとかいうものではありませんでした。それは強烈で、ある深みへと入って行きました。或いは、思考や感情や意識が入っていけない深みが生まれました。それは、頭脳が捉えたり理解したりできない次元でした。そして、この深みを目撃している観察者はいませんでした。

全存在のあらゆる部分が気を抜かずに警戒していて、感受性が高まっているにもかかわらず強烈に静まっていました。この新しさ、この深みは、それ自身の爆発の中で広がり、爆発し、遠ざかり、発展していましたが、時間から抜け出し時空を超えていました。

三十一日

美しい夕刻でした。空気が澄んでいて、丘が青や薄紫や濃い紫色でした。水田にたっぷりと水が張られていて、稲が、淡い緑や、金属的な緑や、煌めく濃い緑などの豊かな緑色でした。夜に備えて、幾つかの樹々は既に暗くなっていて静かでしたが、他の樹々はまだ明るくて、昼間の光を湛えていました。西の丘の上の雲は黒かったのですが、北と東の雲は、濃い紫色の丘の後ろに沈んだ夕陽の「照り返し」を盛んに受けていました。道には誰もいませんでした。幾人かが通り過ぎて行きましたが、彼らは黙っていました。青空はどこにもなく、夜の雲が集まってきました。岩や、乾いた川床や、藪など全てのものが、薄れゆく光の中でそれでも蠢いていました。瞑想が、人気のない道に、丘に降りかかる柔らかな雨のようにやってきました。それは、夜の訪れのように、滑らかに自然にやってきました。

いかなる種類の努力もしませんでしたし、精神集中と気の逸脱を伴うコントロールとも無縁でした。何も欲することなく、何も追い求めていませんでした。瞑想の中には、いかなる否定も、いかなる受け入れも、いかなる記憶の持続もありませんでした。頭脳は周りの状況に気づいていましたが、穏やかで、周りの状況に影響されず、反応することなく認識していました。非常に穏やかで、言葉が思考と共に消えて行きました。それを何と呼ぼうと全く意味がありませんが、それは不思議なエネルギーで、対象や目的を持たずに深く活動していました。それはカンバスや大理石とは無縁の不可思議な創造であり、破壊的でした。それは表現されては朽ちていく、人間の頭脳の産物ではありませんでした。それは近づきがたいものであり、分類されたり分析されたりするものではありませんでした。思考と感情は、その理解のための装置にはなりません。それは、あらゆるものと完全に交渉を絶っていて、その壮大さと際限のなさの中で独存していました。

暗くなってきた道を歩いていると、不可能なものの喜悦がありました。それは、成就や、達成や、成功や、それら全ての未熟な要求や反応の喜悦ではなく、不可能なものの独存性でした。可能なものは機械的で、不可能なものを思い描いたり、試みたりできます。そして、ことによるとそれを達成できて、それが今度は機械的になります。しかし、この喜悦には何の原因も何の理由もありませんでした。それは、経験としてではなく、事実として単純に現れていて、受け入れられたり、否定されたり、議論の対象にされて分析されたりしませんでした。そこへ至る道はどこにもないので、それは探究される対象ではありませんでした。それが存在するためには、あらゆるものが死ななければなりません。それは死であり愛である破壊です。

哀れな疲れ切った労働者が、綻びのある汚れた衣服を纏って、骨と皮だけの牛を連れ、一日の労働を終えて家路についていました。

十一月一日

空が幻想的な色で燃えていて、信じがたい炎が広がっていました。南の空には、赤く燃えた雲が爆発的に広がっていました。どの雲も、強烈な凄まじさを他の雲と競っていました。太陽はスフィンクスの形をした丘の背後に沈み、その辺りは暗く不活発で、夕刻の美しい透明感がありませんでした。東と南の空には、暮れて行く夕刻のあらゆる荘厳がありました。東の空の青さは、触れた途端に、優美で透き通るような花びらが壊れてしまうかと思わせる朝顔の繊細な青さでした。それは淡い緑と紫の信じがたい光と眩しい白をあしらった強烈な青でした。その幻想的な青が、東の空から西の空まで広がっていました。そして南の空は巨大な赤い炎の巣になっていて、決して消えそうにありませんでした。

豊かな緑の水田の向こうに、花をつけたサトウキビ畑が広がっていました。それはふさふさした淡い薄紫と、早朝の鳩のような柔らかい薄いベージュ色をしていました。それは、夕陽に照らされて良い香りがする緑の水田の向こうの、ほとんどサトウキビの花の色と同じになっている丘々にまで伸びていました。丘々が、花々や、赤い大地や、暗くなってきた空と溶け合っていました。丘々の歓喜の夕刻で、それらが喜びの声を上げていました。星が見え始め、しばらくすると雲一つなくなり、どの星も雨に洗われた空の中で、驚くような輝きを放って光っていました。

夜明けには程遠い早朝に、オリオンが空を支配し、丘は沈黙していました。谷では、深い声の梟の鳴き声に、軽い声の梟が高い調子で応えていました。澄み渡った静かな空に、彼らの声が遠くまで響き渡っていました。彼らは段々と近づいて来て木立の中に入り、穏やかになったようでした。彼らは、人の声がして犬が吠えるまで、一方が他方よりも低い調子で、規則正しくお互いを呼び合っていました。

空虚の中の瞑想が起こり、空虚に境界がありませんでした。思考は付いて来られませんでした。それは時間が始まるところに置き去りにされ、愛を歪める感情も起こりませんでした。空間のない空虚でした。頭脳はこの瞑想に全く加わらず、完全に静まっていました。その静けさの中で、頭脳は自身の中へ入って行ったり、抜け出したりしていましたが、この壮大な空虚に参加することは決してありませんでした。全精神は、起こっていることを受け取り、知覚し、気づいていましたが、それ自身の外にある異質な何か、或いは異形の何かではありませんでした。思考は瞑想にとって障害ですが、その障害は瞑想の中でのみ解消できます。というのは、思考がエネルギーを消散し、エネルギーの本質は思考と感情からの自由だからです。

二日

非常に曇ってきて、全ての丘の上に雲がかかり、雲があらゆる方向に折り重ってきました。雨が落ちてきて、どこにも青空はありませんでした。太陽は闇の中に沈み、樹々が孤高然としていて遠くに感じられました。古い椰子の樹が暮れていく空を背に聳え立っていて、光という光がその樹の周りに引き付けられていました。川床は静かで、赤い砂が湿っていましたが、水の音はしていませんでした。鳥たちは静かになって、生い茂った樹の中に入っていました。北東の風が吹いてきて、より黒い雲が現れ、雨粒が落ちてきましたが、本格的に降り出してはいませんでした。後から猛烈な勢いで降りだすのでしょう。前方の道は誰もいない赤い荒れた砂地で、暗くなった丘がそれを見下ろしていました。車がほとんど通らない心地よい道で、牛車に乗った村人たちが村から村へ行き来していました。彼らは、粗末な衣服を纏い、汚れていて、お腹が凹み、骸骨のように痩せていましたが、屈強で辛抱強いのでした。彼らは何世紀にも亘ってそのように暮らしてきて、政府はそれを一夜のうちに変えようとはしていません。彼らの目はうんざりしていましたが笑っていました。彼らは一日の重労働を終えた後でも踊ることができるし、内に炎を宿していて、絶望で打ちひしがれているのではありませんでした。大地には何年間も十分な雨が降っていませんでした。この雨が恵みの雨となって、今年は、彼らと家畜に食べ物と飼い葉をもたらすかも知れません。

道は続いていて、数少ないバスと車しか通らない大きな道路と谷の入り口で合流していました。その道路の遥か先に、汚れと工業と贅沢な家々と寺院と怠惰な精神が住む都市がありました。しかし、その広い道路には寂寥がありました。そして、多くの丘には熟成した時間と無頓着が漂っていました。

瞑想は、精神から全ての思考をなくして、精神を空虚にすることです。というのは、思考と感情がエネルギーを消散するからです。それらは反復的で、生存には欠かせない部分である機械的な活動を作り出しますが、部分にしか過ぎません。思考と感情は、恐らく、生の際限のなさには入っていけません。習慣や連想や既知の方法とは全く違った取り組み方が必要で、それらから自由でなければなりません。瞑想は、精神から既知をなくして、精神を空虚にすることです。それは、思考によっても、或いは思考のひそかな鼓舞によっても、祈りの形をとった欲望によっても、受け入れることによっても、言葉やイメージや希望や虚栄心の控えめな催眠術によっても不可能です。それら全てが、努力や取捨選択をすることなく、気づきの炎の中で苦もなく止まなければなりません。

その道を歩いていると頭脳は完全に空虚になり、精神は全ての経験から——数多くの過去があったけれども——過去を知ることから自由になりました。時間が、思考的なものが止み、文字通り、前と後の活動がなくなりました。行くことも、着くことも、静かに佇むこともなくなり、距離としての空間がなくなりました。丘や藪はありましたが、高いとか低いとかということではなくなりました。いかなるものとも関係していませんでしたが、その橋と通行人には気づいていました。思考と感情と共に、頭脳がその中にある精神が余すことなく空虚になり、それが空虚なので、計り知れなく深まり広がるエネルギーがありました。比べることや計ることは、全て思考に属すので時間に属します。他者性は時間が脱落している精神であり、無垢と際限のなさの息吹です。言葉は現実性ではなく意志疎通の手段に過ぎなくて、無垢でもないし計りがたいものでもありません。この空虚は独存的です。

三日

どんよりした陰気な日でした。雲がうっとうしくて、雨が激しく降っていました。赤い川床にいくらか水が流れていましたが、大きな貯水池やタンクや井戸を満たすためにも、大地にはもっとたくさんの雨が必要でした。今後、何ヶ月も雨は降らないでしょうし、太陽の熱が大地を焦がすでしょう。この地方にとっては水が緊急に必要で、一滴の雨でも歓迎されました。一日中家の中にいて、ようやく外出できる時がきました。道路の上にまで水が流れている激しい雨でした。どの樹の下にも水溜りができていて、樹から水が滴り落ちていました。暗くなってきましたが、丘は見えていて、空を背に暗い雲の色になっていました。樹々は沈黙し、じっと動かずに引き籠って、周りとの接触を断ちました。突然、あの不思議な他者性に気づきました。それは現れていましたが、トークがあり、人と会うなどしていて体が休まる暇がなく、その不思議に気づかなかっただけでした。しかし、外出してみると、それは現れていて、それが前から現れていたことが分かりました。それでもそれは予期しない突然なことで、美の本質である、あの強烈さを伴っていました。他者性と共に道を歩きましたが、それは人と分離している何かではありませんでしたし、観察や検証の対象として、後から思い出したりする経験としての何かでもありませんでした。そうしたことは思考の在り方ですが、思考は止んでいたので、それを経験することは決してできませんでした。あらゆる経験は分離的で劣化していきます。それらは思考装置の一部であり、全ての機械的な過程は劣化します。他者性は、いつも全く新しい何かでした。新しいということは、既知のものや過去とは何の関係もありません。全ての思考と感情を超えた美がありました。

静かな谷に梟の声はしませんでした。非常に朝早く、太陽が丘の上にくるまでまだ数時間かかるでしょう。曇っていて星は見えませんでした。晴れていれば、オリオンが西向きの家のこちら側から見えたでしょう。しかし、辺り一面に闇と沈黙がありました。

習慣と瞑想は共存できません。瞑想は習慣になりえず、習慣を形成する思考の敷くパターンに従うことはありえません。瞑想は思考の破壊であり、自身の複雑さやビジョンや自身の虚しい追究に囚われている思考ではありません。思考自身の実体のなさに照らしてそれ自身を粉砕する思考が、瞑想の爆発です。この瞑想には、方向性がないので理由のないそれ自身の活動があります。雲が低く立ち込めて、樹の頂に触れんばかりになっている時、部屋の奇妙な沈黙の中で、瞑想は頭脳が自身を空虚にして静まっている活動でした。それは空虚の中の全精神の活動で、時間が脱落していました。

思考は時間に呪縛されたもので、決して自由ではなく、決して新しくありません。あらゆる経験は、時間の呪縛を強めるだけで、悲しみを生みます。経験は思考を決して自由にできず、それをより狡賢くします。洗練することは悲しみの消滅ではありません。思考がどんなに抜け目なく経験豊かでも、それは悲しみを決して終わらせることができません。それは悲しみから逃げることはできても、それを終わらせることができません。悲しみの消滅は思考の消滅です。誰もそれ［思考］に終止符を打つことはできません。終止符を打つのは、神々や、理想や、信仰や、教条ではありません。あらゆる思考が、どんなに賢かろうと取るに足らなかろうと、限りない生の挑戦に対して、その反応を形作ります。その時間の反応が悲しみを生みます。思考は機械的なので、決して自由ではありえません。自由の中でのみ悲しみはなくなります。思考の消滅が悲しみの消滅です。

四日

雨の降る気配はありましたが、雨は少しも降りませんでした。青い丘の上に雲が立ち込めていました。雲は、いつもは丘から丘へ移動していましたが、長い灰白色の雲が東の丘の一つから伸び始めて、多くの丘を覆って西の地平線にまで達していました。それは丘の傍から始まって、西の地平線まで波状的に夕陽で輝きながら伸びていました。それは灰白色で、内側の深いところが菫色、或いは淡い紫色でした。それはそれが覆っている丘を道すがら運んでいるように見えました。夕陽が西の猛烈な雲の隙間の中に沈んで行き、丘は暗くなり、灰色が濃くなりました。樹々が沈黙の中に没しました。

道端に、人の干渉を受けていない巨大なベンガルボダイジュの古樹があります。それは本当に壮麗で、大きくて、生命力があり、超然としています。その夕刻には、威厳のあるその古樹が丘や大地や河川の王でした。星々が非常に小さく思えました。

道を、一人の村人とその妻が縦に並んで歩いていました。夫が前を歩き、妻が後から付いて歩いていました。彼らは、その道で会う他の村人たちよりも少し裕福そうでした。彼らは我々を追い越して行きました。彼女は決して我々を見ないし、彼は遠くの村を見ていました。我々は彼女に追いつきましたが、小柄な彼女は視線を決して道から上げませんでした。彼女はとても清潔とは言えず、汚れた緑色のサリーを纏い、ブラウスは鮭肉色をしていて汗で汚れていました。脂ぎった髪に花を挿し、彼女は裸足で歩いていました。彼女の表情は暗く、周りには大きな悲しみが漂っていました。彼女の足どりには悲しみとは無縁の、ある種の確かさと快活さがありました。それらはそれぞれの生命を営み、独立していて、互いに没交渉でした。しかし、大きな悲しみが依然存在していることをすぐに感じました。それは癒しがたい出口のない悲しみでした。それを和らげる方法も、変化を生み出す方法もありませんでした。それはそこにあり、この先もそこにあるでしょう。彼女は数フィート離れた反対側を歩いていて、何ものも彼女に触ることはできませんでした。我々は、しばらくの間、彼女と並んで歩きました。間もなくすると、彼女は道を外れて、赤い砂地の川床を渡り、村へ帰って行きました。夫は前を歩いたまま、決して後ろを振り向きませんでした。彼女は後に付いて行きました。

夫人が道を曲がる前に、奇妙なことが起こりました。我々の間の数フィートの道が消えて、それと共に二つの実在も消えました。底知れない悲しみの中を彼女だけが歩いていました。それは、彼女に一体化したのでもなければ、抗しがたい同情や愛情でもありませんでした。それらはありましたが、それらはその現象のせいではありませんでした。別のものに一体化するということは、それがいかに深くても、依然として二つの実在があり、そこには分離や分断があって、意識的であろうと無意識的であろうと、或いは愛情からであろうと憎しみからであろうと、一方が他方に一体化します。その中には、微妙であろうと公然とであろうと、ある種の努力があります。しかし、ここには、そうしたものは一切ありませんでした。彼女が、その道に存在していた唯一の人間であって、その他には誰もいませんでした。それは空想でも幻想でもない単純な事実で、尤もらしい理由づけも、巧妙な説明も、この事実を変えることはできないでしょう。彼女が道を折れて去って行っているときでも、その真っすぐな道には、彼女の他は誰もいませんでした。しばらくしてから、もう一つの実在は、道路わきの補充用に長く積まれている砕石の傍を歩いていることに気づきました。

道の途中、南の丘と丘の切れ目を越えて、立ち上がって歩き続けることがほとんどできないくらいの強烈さと力を伴って、あの他者性がやってきました。それは、風と音がない猛烈な嵐のようで、圧倒的な強烈さでした。不思議なことに、それがやってくるときはいつも何か新しいものがあります。それは決して同じではなくて、いつも思いがけずにやってきます。この他者性は、途方もない何かでも、不思議なエネルギーでもなくて、時間と思考を超えた何かであるという意味で不思議なのです。時間と思考に囚われた精神では、これを理解することができません。愛が分析され理解されることがありえないように、それは理解される対象ではありませんが、この際限のなさと力強さとエネルギーなしには、生とあらゆる次元の存在が取るに足らない悲しいものになります。

他者性には絶対性がありますが、それは最終的なものではありません。それは絶対的なエネルギーで、理由もなく独存しています。それはあらゆるエネルギーであって、究極的な最終のエネルギーではありません。それが存在するためには、あらゆる形のエネルギーと行動が止まなければならないのですが、その中にはあらゆる行動が存在します。愛して行いたいことを行うのです。それが存在するためには、死と余すことのない破壊がなければなりません。それは、外側のものの革命ではなくて、全ての避難場所と存在がその中で育成される既知の余すことのない破壊です。

余すことのない空虚がなければなりません。そのときにのみ、あの他者性が、時間とは無縁なものがやってきます。しかし、この空虚が育成されることはありません。それは、その理由を売り買いできる結果でもありません。それは時間や発展的プロセスの結果でもありません。時間は更なる時間を生むだけです。時間の破壊はプロセスではありません。全てのメソッドとプロセスは時間を引き延ばします。時間の消滅は、余すことのない思考と感情の消滅です。

五日

美は決して個人的なものではありません。

丘は濃い青色をしていて、夕方の光を湛えていました。雨が降っていましたが、今は青空が広がってきました。青空は、それを取り巻く白雲で光り輝くようでした。その青さを見ていると、忘れていた涙が出てきました。それは幼子の青であり、無垢の青でした。そして、その青色は次第に、春の若葉の淡い青みがかった薄緑色になりました。

その先に、速度を上げて丘を越えて行く、燃えるような赤い雲がありました。丘の上には、黒く重苦しい動きのない雨雲があって、それらの雲は西の丘の上に折り重なり、太陽が丘と雲の間に挟まれていました。大地は水を含んで赤く、綺麗で、どの樹木も藪も十分に湿っていました。既に新芽が出ていて、マンゴウには長い柔らかなあずき色の新芽、タマリンドには輝く黄色い小さな新芽、アメリカネムには新しい薄い緑の芽が出ていました。何ヶ月もの焼けるような太陽の日差しの後、雨は大地に慰安をもたらし、谷が微笑みました。

貧困にあえぐ村は汚れていて、悪臭がしていました。沢山の子供たちが叫んだり笑ったりして遊んでいました。彼らは、自分たちの遊び以外は何も気にしていないようでした。彼らの親たちは非常に疲れた様子で、痩せていて、まるで忘れられているようでした。一日の休みも、清潔さも、慰安も全く知らなくて、飢えと労働と、更なる飢えがありました。彼らはすぐに笑うけれども悲しそうで、取り返しがつかないほど絶望的な目をしていました。

どこにでも美や草や丘があり、上空には有り余る空がありました。鳥たちがさえずり、鷲が空高く舞っています。丘の上には痩せた山羊たちがいて、生えているものは何でもむさぼり食べていました。彼らは底なしに餓えていました。そして子山羊たちが岩から岩へ飛び跳ねていました。それらは柔らかな肌触りをしていて、毛が輝き、美しく、健康的でした。彼らの番をしている少年が岩の上に座って歌っていて、時折、山羊たちに声をかけていました。

美の楽しみを個人的に育むのは、自己中心的な行為です。それは鈍さに通じています。

六日

素晴らしい晴れた朝で、どの星も輝いていて、谷は沈黙に満ちていました。丘は暗く、その暗さは空の暗さに勝るほどでした。ひんやりした空気の中に、雨の匂いや、木の葉の匂いや、ジャスミンの強い花の香りがしました。何もかもが寝静まり、どの木の葉も静かで、それは明け方の美しさの魔術でした。それは地球や天空、人間、眠りについている鳥たち、乾いた川床の新鮮な水流の美しさでした。信じがたいのは、この美しさが個人的なものではないということでした。それにはある種の厳格性があって、それは単なる恐れや否定の活動にすぎない培われた厳格性ではなく、余りにも完全なので腐敗を知らない、完全なものの厳格性でした。ベランダから西の空にかかるオリオンを見ていると、美の凄まじさが時間的な防御を吹き飛ばしていました。時間の限界を超えて、星々がきらめく空や沈黙する大地を見て瞑想していると、美は楽しみの個人的な追求でもなく、作り出されるものの個人的な追求でもなく、既知の個人的な追求でもなく、思考と感情を伴った頭脳の未知のイメージやビジョンの個人的な追求でもありません。美は、思考や感傷とも、或いは音楽会や、絵画やサッカーの試合を見ることによって喚起される楽しいという感情とも何の関係もありません。音楽会や詩の楽しみは、恐らくサッカーのそれよりも洗練されていますが、それらは全て、ミサや寺院の礼拝の楽しみと同列です。

それは時間を超えた、思考の苦楽を超えた美です。思考と感情はエネルギーを消散するので、美は決して見られません。エネルギーが、その強烈さと共に美を見るためには必要です。見る者や観察する者が存在しているとき、美は存在しません。

香りが漂うベランダにいて、夜明けがまだ遥か先で、樹々が依然として静寂の中にあるとき、本質であるものは美です。しかし、この本質は経験されるものではなく、経験することが止まなければなりません。というのは、経験は既知を強めるだけだからです。既知は決して本質ではありません。瞑想は決して経験を重ねることではありません。それは、挑戦が大きかろうと小さかろうと、挑戦に対する反応である経験の消滅であるだけではなく、本質の扉を開くことでもあり、一塵の灰も残さずに余すことなく破壊する炎の溶鉱炉の扉を開くことです。残るものは何一つありません。我々は残りものであり、数知れない過去の肯定者であり、きりがない記憶や取捨選択と絶望の継続的なひと続きです。大我や小我は存在のパターンです。存在は思考であり、思考が存在であって、悲しみは決して止みません。瞑想の炎の中で、感情と共に思考が止みます。というのは、そのどちらも愛ではないからです。愛がないと本質はありません。愛がないとき、我々の存在が基礎をおく灰があるだけです。空虚から愛は生まれます。

七日

今朝は非常に早くから梟が鳴き始めて、互いを呼び合っていました。最初、彼らは谷の中の別々の場所にいました。一方が西にいて、もう一方が北にいました。彼らの声は静かな空間によく響いて、遠くまで届きました。彼らはかなり距離を置いていましたが、次第に近づいて来て、彼らの声が、荒くて非常に深い長く引きずらない声から、段々と、短くてより執拗な鳴き声に変わりました。彼らはより一層近づき、より忙しく呼び合いました。大きな鳥のはずでしたが、姿は見えませんでした。彼らはかなり近くの同じ樹の中にいましたが、辺りが暗すぎました。

　彼らの声の調子と質が変わりました。彼らの声はとても深く、人にはほとんど聞こえません。人間にはほとんど聞こえないくらいの深い声で話し合っていました。夜明けがやってくるまでのかなりの時間、彼らはそこにいました。そうして、ゆっくりと朝の物音が起こり始め、犬が吠え、人の呼ぶ声がして花火が上がり――この二日間、何かのお祭りがありました――戸が開きました。辺りがより明るくなって、一日のあらゆる騒音が始まりました。

　否定することは本質的なことです。明日何が起こるかを知ることなく今日を否定することは目覚めていることです。社会的、経済的そして宗教的なパターンを否定することは、独存することであり、感受性が鋭敏であることです。余すことなく否定できないことは凡庸であることです。野心と、それにまつわる全てを否定できないことは、葛藤と混乱と悲しみをもたらす存在の規範を受け入れることです。

　政治家、従って自分自身の中の政治家や、目先のものに対する反応や、近視眼的な生き方を否定することは、恐怖から自由になることです。余すことのない否定は、肯定的なもの、模倣的な衝動、順応の否定です。しかし、この否定そのものは肯定的です。というのは、それが反射的な反応ではないからです。過去のものであれ現在のものであれ、美の通俗的な基準を否定することは、思考と感情を超えた美を発見することです。それを発見するにはエネルギーが必要です。このエネルギーは、葛藤や矛盾がなく、行動がもはや部分的ではないときにやってきます。

八日

謙虚はあらゆる徳行の本質です。謙虚は徳行と同様に育成できません。どの社会においても、社会が称賛する倫理は、その社会的、経済的、宗教的環境が作り出したパターンへの適合にしか過ぎません。しかし、変化しながら適合するそのような倫理は徳行ではありません。順応や安全性に模倣的に利己的に気を配ること、倫理と言われるそれらは、徳行の否定です。

秩序は決して永久的ではありません。それは、毎日部屋を掃除しなければならないように、毎日、一瞬一瞬維持されなければなりません。この秩序は、好き嫌いや苦楽の条件づけられた反応のパターンへ、個人的に個別的に適合することではなく、悲しみから逃げるための手段でもありません。悲しみの理解や悲しみの消滅が徳行であり、それが秩序をもたらします。秩序そのものが目的なのではありません。秩序そのものを目的にしてしまうと、社会的賞賛という袋小路に陥ります。それは堕落であり腐敗です。学ぶことが謙虚の本質です。それは、あらゆるものから、あらゆる人から学ぶことです。学ぶときに社会的な序列はありません。権威は学ぶことを否定します。権威への追随者は決して学ぼうとしません。

東の丘の背後に、夕陽に燃えた雲が一つありました。どのような空想を働かせても、そのような雲を思い描けないでしょう。それはあらゆる形を含んでいて、どのような建築家も、そのような建築物を設計することはできないでしょう。それは多くの風、多くの太陽光と夜、気圧とひずみの産物でした。他の雲は光がなくて暗く、深みや高さがありませんでした。その雲は空間を蹴散らしていました。雲の手前の丘が生気と力強さを奪われて、丘の通常の威厳と形の純粋さを失っていました。雲が、全ての丘の質と力と沈黙を奪っていました。その聳え立つ雲の下に、雨に洗われた緑の谷があり、雨が降ると、この古代から存在する谷には何か非常に美しいものが現れます。それは、あらゆる陰影を備えた、壮大な輝く緑の谷になり、大地がひときわ赤くなります。空気が澄んでいて、丘の上の大きな岩が、磨かれた赤や青や灰色や淡い菫色です。

部屋には何人かいて、床に座ったり、椅子に座ったりしていました。そこには感謝と喜びの穏やかさがありました。八弦の楽器を弾いている彼は眼を閉じていて、少数の聴衆と共に楽しそうでした。音色は純粋で、人は遠く深く誘うその音色に乗っていました。どの音色も、人をより深いところへ運びました。楽器が醸し出す音の質が、人を果てしない旅へと誘いました。

彼がそれに触れてから演奏を止めるまで、主役はその楽器でも演奏者でも聴衆でもなくて、その音色でした。その音色は、他の全ての音を完全に色褪せたものにしてしまう効果がありました。少年たちが鳴らす花火がものすごい音を立てていましたが、それらの音さえも、その音色の一部になっていました。その音色は、蝉の鳴き声、子供たちの笑い声、小さな女の子の呼ぶ声、沈黙の響きなどを全て取り込んでいました。彼が弾いていた三十分以上の間、その音色は、我々を遠く深く誘い続けました。

それは空想でもなく、思考の高揚でもなく、情動的な興奮でもありませんでした。そのようなものは短くて、何らかの意味と楽しさを伴います。しかし、その音色には、何の意味も楽しさもありませんでした。ただ音色そのものがあり、思考や感情など何一つありませんでした。

その音色は、人を時間の領域から解放して、際限のない空虚の中へ、静かに退路を絶って入って行きました。帰ってくるということは、いつでも思い出づくりであり、そのようなことがあったということです。しかし、その音色は思い出や経験にはなりませんでした。事実に影や記憶はありません。

九日

空には雲一つなく、太陽が丘の後ろへ沈んで行きました。大気は穏やかで、一枚の葉も揺らぎません。雲一つない空の光の中で、全てのものが身を引き締めていました。道端の小さな川面に夕陽が反射していて、そこに歓喜のエネルギーが溢れていました。そして、路傍の小さな野草の花の中に、全ての生命が宿っていました。時を超えた古代の寺院のような丘があります。それは紫色で菫色よりも濃く強烈な印象を放ち、途轍もなく超然としていました。それは影をつくらずに生き生きと内側から光っていました。そしてどの岩も藪も喜び叫んでいました。

二頭立ての牛車が、干し草を積んでやって来ました。少年が干し草の上に座り、男性が手綱を引いていて、牛車はもの凄い音を出していました。夕空を背に、彼らが、特に少年の顔の輪郭がはっきりと浮かび上がりました。彼の鼻と額はすっきりしていて柔和でした。それは教育を受けたことがなく、恐らくこれからも決して教育を受けないだろうと思われる顔でした。それはまだ厳しい労働や何らかの責任には馴染んでいない、汚れのない笑顔でした。

快晴の夕空が彼の顔に反射していました。その道を歩いていると、瞑想が非常に自然なものに思えて、熱気と透明性があり、その場が瞑想に適していました。思考は、感情と同様にエネルギーの浪費です。思考と感情は気の逸脱を招きます。精神集中は、玩具に夢中な子供のように、排他的な自己陶酔になります。玩具は魅惑的で、子供はそれに夢中になりますが、玩具を奪われると、子供はたちまち落ち着きをなくします。大人たちも同じです。大人たちの玩具は数多くの逃避です。

その道路では、思考は感情と共に、人を夢中にさせる力がありませんでした。思考には自前のエネルギー源がないので、それは止みました。頭脳は、凪の時の水面のように穏やかになりました。それは不可思議な創造が起こる前の静けさでした。あの丘のすぐそばで梟が優しく鳴き始めましたが、突然鳴くのを止めました。そして、茶色の鷲たちの中の一羽が、上空高く谷を横切りました。

意義があるのは静寂の質です。誘い出された静寂は停滞です。金銭で得た静寂はほとんど価値のない商品です。コントロールや、規律や、抑圧の結果としての静寂には絶望が付き纏います。谷の中にも精神の中にも物音は一つもしませんでしたが、精神は谷と時間を超えて行きました。それは赴いたのではないので、帰ってくることはありませんでした。沈黙は空虚の深さです。

角を曲がると、道は穏やかな下りになり、乾いた赤い川床にかかる二、三の橋を渡って谷の反対側に出ました。あの牛車が前方にいて、幾人かの村人がその道を登って来ました。彼らは遠慮がちな物腰で音を立てませんでした。子供たちが川床で遊んでいました。そして、一羽の鳥が鳴き続けていました。
　ちょうど道が左に折れると、あの他者性が現れました。それは、鮮やかな際限のない天恵の大波となって降り注いできました。それは、まるで天上が開いて、その際限のなさの中から、名付けようのないものが現れたようでした。それは一日中現れていました。他の人たちと少し距離を置いて歩いていると、突然その事実に気づきました。この間のことが途方もないものだったのは、それが現れていたからでした。それは、今まで起こっていたことの究極の姿であって、今までのことから分離した出来事ではありませんでした。夕日でもなく、強力な人工の光でもないただの光がありました。夕日や人工の光には影がありますす。しかし、影のない光がありました。それは光でした。

十日

　低くて太い声の梟が丘の中で鳴いていて、その低い声が部屋の中にまで達して聴覚を刺激しました。梟を除けば全てが静かで、蛙の声も、走り去る小動物のサラサラという音も聞こえてきませんでした。南の丘から聞こえてくる梟の声の合間の沈黙が際立っています。その声は谷と丘を満たして、大気を震わせました。その声には長い間応答がありませんでした。それは遥か西の谷からやってきました。彼らの声のやり取りは、沈黙と夜の美しさの中で交わされました。間もなく夜明けになりますが今はまだ暗く、それでも、丘の輪郭や、巨大なベンガルボダイジュを見ることができます。スバルとオリオンが雲一つない晴れた空に鎮座していました。

空気がにわか雨で新鮮になり、古い樹々、雨、花々、非常に古い丘の匂いが漂っていました。実に驚くべき朝でした。外のものが内にも起こっていて、瞑想は、その両者の区別がない活動でした。

多くの瞑想システムは、驚くべき逃避や感覚を提供するパターンに精神をくぎ付けにするだけです。未熟な精神がそれらを弄んで、そこから多大な満足を得ようとします。自分を知ることなしには、全ての瞑想が、幻想や事実であろうと空想であろうと、様々な形の自己欺瞞に陥ります。瞑想は、葛藤とは無縁の、あの強烈なエネルギーの活動でした。葛藤は、理想や順応と同様に、エネルギーを歪めて消散します。

感情と共に思考が消えて、頭脳が生き生きとし、感受性が鋭くなっていました。動機づけられたあらゆる活動や行動は、決して行動とはいえない行動であり、この行動がエネルギーを腐敗させます。動機を持つ愛は愛ではなくなります。動機を持たない愛が存在します。

体は完全に動きを止めて、頭脳が完全に静まりました。両者は、実際にあらゆるものに気づいていましたが、思考や体の動きは止んでいました。それは誘導された状態である催眠の一種ではありませんでした。というのは、それによって得られる何ものも――全くの愚行であるビジョンや感覚など――なかったからでした。それは事実でした。事実に苦楽はありません。その活動は全ての認識や既知をやり過ごしました。

夜明けがやってきました。それと共に、本質的に瞑想の一部である他者性がやってきました。犬が吠え、一日が始まりました。

十一日

単に事実があるだけであり、より偉大な事実も、より偉大でない事実もありません。事実や現実は、意見や判断を交えて取り組むと理解できません。それでは意見や判断が事実となってしまい、それはもはや理解したいと思う事実ではありません。事実を追求し見守る中で、事実や現実が教えます。その教えは決して機械的な語り口ではなく、その語り口に付いて行くためには、耳を澄ますことや観察することが鋭敏でなくてはなりません。

このように気をつけていることは、耳を澄ます動機があると否定されます。動機はエネルギーを消散させ、それを歪めます。動機を持つ行動は、行動とはいえない行動であり、混乱と悲しみに通じています。

悲しみは思考によって作られてきました。それ自身を糧にする思考は、私という主体と私という客体を形成します。機械が疑似的な生命を獲得するように、私という主体と私という客体が疑似的な生命を獲得します。その疑似生命は思考と感情を糧にします。事実がこの仕組みを破壊します。

信念は、理想と同様に全く不必要です。両者は、事実や現実の語り口に耳を澄ますために必要なエネルギーを消散してしまいます。信念は、理想と同じく事実からの逃亡です。逃げているると悲しみが止むことはありません。悲しみの消滅は、事実の一瞬一瞬の理解です。理解をもたらすいかなるシステムもメソッドもなくて、ただ事実に取捨選択することなく気づくだけです。システムによる瞑想は、現実の自分という事実を避けています。自分自身や、絶えず変化してやまない自分自身についての事実を理解することの方が、神や、ビジョンや感覚や、他の様々な娯楽を見つけるためにする瞑想よりも遥かに重要です。

一羽のカラスが猛烈な勢いで鳴いていて、深く生い茂った樹の枝に止まっていました。姿は見えませんでしたが、他のカラスが行き来してもそれは鳴き続けて、その鋭く刺すような鳴き声を止めようとしませんでした。それは何かに苛立っているか、何かが不満なのでした。カラスの周りの葉が揺れました。少し雨が降ってきても、その鳴き声は止みませんでした。カラスは、自分を悩ます何かに完全に没頭していました。それは樹から出て来て、体を揺すって飛び上がりましたが、また鋭い不満を表して鳴き始めました。しばらくすると、カラスは疲れて静かになり、同じ場所から、今度は落ち着いた幾分親しみのある、招くような声で鳴きました。

その樹には他の鳥もいました。インディアンカッコウ、黒い羽をした明るい黄色い鳥、銀灰色の太った鳥がいて、その中の一羽が樹の根元を引っ掻いていました。縞模様のある小さなリスが樹を駆け上がりました。全てがその樹の中にいましたが、そのカラスの声が一番大きくて執拗でした。太陽が雲間から出てきて、樹々の長い影ができました。大地の小さな狭いくぼみから、不思議なほど感動的なフルートの音が聞こえてきました。

十二日

一日中、重苦しい暗い雲のかかった曇天でしたが、雨は降りませんでした。もし、強い雨が何時間も降らなければ、人々は苦しみ、大地は乾き、川床から水音が消えるでしょう。太陽が大地を焼いて、ここ数週間の緑が消え、大地が剥き出しになるでしょう。この辺りの村々は天災に苦しむでしょう。彼らは災厄や貧困や食べ物の不足に慣れていました。雨は恵みでした。今雨が降らないと、この先六ヶ月間は雨が降らないでしょう。土壌は痩せていて砂と石でした。水田に井戸から水が引かれていますが、その井戸も、枯れるかもしれない危険性があります。

生活は過酷で残酷で、楽しみがほとんどありません。丘々は無頓着で、幾世代にも亘って悲しみを見てきました。それらは地球上の最も古い丘の一つでしたので、あらゆる種類の悲惨が去来するのを見てきました。それが分かっていても、それらはたいしたことができませんでした。人々は丘の森を伐採して薪にし、山羊が藪を破壊しました。人々は生きていかなければなりませんでした。丘々は無頓着で、悲しみとは無縁でした。それらは超然としていて、すぐ近くに在るにもかかわらず、遥かに遠い存在でした。

その朝、丘々は青色で、幾つかは緑色の中に菫色と灰色が混じっていました。それらはごく自然に醸し出される平和な雰囲気や、完全で出所の知れない深い内側の強烈さを湛えていて力強くて美しいけれども、人には何の助けにもなりませんでした。しかし、雨が降らないと、それらの平和も豊かさもなくなるでしょう。人の幸せを雨に頼るというのは酷いことです。川も灌漑用の水路も遥か彼方でした。そして政府は政争と策謀に忙しいのでした。言葉や希望ではなく、光り輝く生き生きとした、絶え間なく躍動する水が必要でした。

霧雨が降っていて、丘の低いところに、優美で幻想的な虹が出ていました。それはちょうど樹の上にかかり、北側の丘を覆っていました。霧雨は一時のことでしたので、虹は長く続きませんでしたが、近くにある繁茂した樹のミモザのような葉に多くの水滴を残して行きました。それらの葉の上で、三羽のカラスが羽の下と体へ水滴を入れようと、灰黒色の羽をバタバタさせていました。彼らは互いに心地よい鳴き声で鳴き合っていました。水滴がなくなると、彼らは次の樹に移りました。彼らは光る眼で人を見ました。彼らの真っ黒いくちばしは鋭いのでした。近くの川床に水が細々と流れていて、そこに鳥のための手ごろな水溜りができています。鳥たちがそこに時々やって来るのですが、その三羽のカラスは、涼しい新鮮な葉の中での朝の水浴びが好きだったのに違いありません。樹は広く繁茂した美しい形で、日中、沢山の鳥たちが憩いに来ます。そこにはいつも何羽かの鳥がいて、鳴き合ったり、囀り合ったり、いがみ合ったりしています。樹々は、生きていても死んでいても美しく、生きていても決して死を考えたことがなく、いつも新しい生に脱皮し続けています。

我々は何と簡単にあらゆる点で堕落するのでしょう。我々は簡単に体を消耗させ、鈍くし、肥満させ、感情を萎えさせます。我々の精神は、簡単に、自身を浅薄で取るに足らない鈍重なものにします。抜け目のない浅薄な精神は、自ら新しく脱皮することができないので、自身の辛辣さの中で萎えて行きます。それは、自身の思考や脆い鋭さで堕落していきます。あらゆる思考が、既知の鋳型に合わせて精神を形作ります。あらゆる感情や情動は、いかに洗練されていても、色褪せて虚しくなります。思考と感情を糧にする肉体は感受性を失います。身体的なエネルギーは必要であるけれども、それが疲れ果てた鈍重さを打ち破るのではありません。全存在の感受性をもたらすのは熱狂や感傷ではありません。熱狂や感傷は萎えます。

思考こそが崩壊の要因です。というのは、思考がその根を既知の中に下ろしているからです。思考とその活動に基礎をおく生は機械的になり、どんなに円滑にその活動が行われても、その生は依然として機械的な行動です。動機を持つ行動はエネルギーを消散し、崩壊が始まります。意識するしないにかかわらず、全ての動機は既知から生まれます。既知の生が未知なものとして未来へ投影されていても、それは腐敗です。そのような生には新しさへの脱皮がありません。思考は決して無垢性や謙虚をもたらすことができません。無垢性や謙虚こそが、精神を若い、感受性のある、腐敗とは無縁のものにします。既知からの自由は、思考の消滅です。思考を一瞬一瞬死んでやり過ごすことが、既知からの自由です。この死こそが、腐敗に終止符を打ちます。

十三日

南の丘から突き出した巨大な岩があり、それが時間ごとに色を変えます。それは赤色であったり、深いバラ色のよく磨かれた大理石のようであったり、鈍いレンガ色であったり、雨に洗われ陽に焼けた赤褐色であったり、モスグリーンの灰色であったり、様々な色合いをした花のようであったり、そして時には生命のない、ただの岩の塊のようでもあります。それら全てがその大岩です。今朝、雲が灰色に変わった夜明けごろ、その岩は炎となって、緑の藪の中で燃えていました。それは甘やかされた人間のように気まぐれですが、その雰囲気は決して暗くなく威嚇的ではありません。それにはいつも色彩があり、炎のようであったり、静まっていたり、叫んでいたり、笑っていたり、歓迎的であったり、内気だったりします。それは、崇拝される神の一つかもしれませんが、依然として、色彩と威厳の岩です。

それらの丘は、互いに何か特別なものを持っているようで、どれも高すぎず、厳しい環境の中で強固で、彫刻されて爆発しているようです。それらは谷と調和して、大きすぎず、街や人や車の往来から遠く離れていて、雨になると緑になりますが乾燥しています。谷の美しさは、緑の水田の中の樹々です。その中の幾つかは、大きな幹と枝を持つ大型の樹々で見事な形をしています。小ぶりでも成長しているその他の樹々は、雨を待ち望んでいます。葉と影が豊かな樹々もあります。沢山ではないけれども生き残っているそれらの樹々は、本当に素晴らしく美しいのです。大地は赤く、樹々は緑で、藪が赤い大地のすぐ近くにあります。それらは、何ヶ月もの雨のない過酷な夏の日々を生き抜いていて、雨が降れば彼らの歓喜が谷の静寂を破ります。その時には、どの樹も藪も生命の雄叫びを上げ、木の葉の緑色が全く信じられないくらいです。谷もそれに加わり、全大地がこの世の天国と化します。

谷は音一つなく、暗く、葉の囁きもありませんでした。夜明けが一時間余りでやってくるところです。瞑想は、言葉や思考による、或いは繰り返しやイメージによる自己催眠ではありません。全ての想像力は幻想へ通じているので、あらゆる種類の全ての想像力が脇へ追いやられなければなりません。瞑想は、事実の理解であって、理論でもなければ、結論の追求や、それへの適合でもないし、ビジョンの育成でもありません。そうしたこと全てが排除されなければなりません。瞑想は、こうした事実を理解して、それらを超えて行くことです。自己を知ることが瞑想の始まりです。そうでない瞑想は、あらゆる形の未熟さや愚かさに至ります。

早朝で谷は眠っていました。目が覚めると、瞑想はそれまで続いていたことの継続で、体に動きがありませんでした。それは、穏やかにされているのではないけれども、穏やかでした。思考は起こっていませんでしたが、頭脳はどのような感覚も生ぜずに見守っていました。感情も思考も存在していませんでした。そして、時間とは無縁の活動が始まりました。言葉は時間であり、空間を指し示します。言葉は、過去や未来を出自としますが、活動している今は、言葉とは無縁です。死んでいるものは言葉で表現できますが、生きているものは言葉で表現できません。生きているものを言葉で伝えようとすると、生きているものの否定になります。

それは頭脳の中の壁と壁の間を通り抜ける活動でしたが、頭脳には、それに取りつく島がありませんでした。頭脳は追求することや認識することができませんでした。その活動は、既知から生まれたのではない何かでした。頭脳が既知に付いて行けるのは、それが認識可能だからです。しかし、それはどんな種類の認識も不可能でした。活動には方向性がありますが、その活動には方向性がありませんでした。しかし、それは停滞しているのではありませんでした。それには方向性がないので、それは行動の本質でした。全ての方向性は影響と反射的な反応から生まれます。しかし、押したり引いたりする反射的な反応の結果ではない行動は、余すことのないエネルギーです。このエネルギー、或いは愛には、独自の活動があります。しかし、愛という言葉、既知なものは愛ではありません。事実が、既知からの自由があるだけです。瞑想は事実の爆発でした。

我々が抱える問題は増殖し継続します。問題の継続は、精神を歪めて堕落させます。問題とは葛藤であり、理解されていない事柄です。そのような問題は傷を残し、無垢性を破壊します。あらゆる葛藤が理解されて消滅させられなければなりません。問題が継続している生が堕落の要因の一つです。あらゆる問題が新たな問題を生み、個人的であろうと集団的であろうと、社会的であろうと経済的であろうと、問題に苛《さいな》まれている精神は堕落の状態にあります。

十四日

感受性と感覚は二つの異なるものです。感覚や情動や感情はいつも残滓を生み、それが収集蓄積されると、それは鈍くなり歪みます。感覚はいつも矛盾しているので、それには葛藤があり、葛藤はいつも精神を鈍くして知覚を歪めます。感覚や好き嫌いという観点からの美の鑑賞は、美に気づくことではありません。感覚は、ただ美と醜として分断するだけで、分断は美ではありません。感覚や感情は葛藤を生むので、葛藤を避けるために、規律やコントロールや抑制が唱道されてきましたが、それらはただ抵抗を生むだけですので、それらは葛藤を増幅させて、一層の鈍さと感覚の麻痺をもたらします。聖者的なコントロールや抑制は、世の中からとても高く評価されている聖者的な感覚の麻痺であり野蛮な鈍感さです。精神をより一層愚かにして鈍くするために、理想や結論が発明され流布されます。あらゆる形の感覚は、どんなに洗練されていようと、或いは粗雑であろうと、抵抗と衰弱を育みます。

感受性は、感覚のあらゆる残滓を死んでやり過ごすことです。花や人や笑いに余すことなく強烈に敏感であるということは、記憶の傷跡を全く残さないことです。というのは、あらゆる記憶の傷跡が、感受性を破壊するからです。あらゆる感覚や感情や思考が生まれる瞬間に、選択することなく、それらに一瞬一瞬気づいていることが、記憶の傷跡から自由になることであり、決して記憶の傷跡を残さないことです。感覚や感情や思考は、いつも部分的で断片的で破壊的です。感受性は、身体と心と精神の余すことのない全体です。

知識は機械的であり機能的です。地位を獲得するために使われる知識と能力が、争いや敵愾心や憎悪を生みます。料理人と支配人は機能としての存在です。地位がどちらかによって奪われると、喧嘩や俗物的な優越感が起こり、地位や機能や力への崇拝が始まります。力は常に邪悪です。その邪悪こそが社会を堕落させます。機能の心理的な重要性が、地位の序列を生みます。序列を否定することは、地位を否定することです。機能に優劣はありますが、それは地位の序列ではありません。言葉はそれほど重要ではありませんが、事実には際限のない意義があります。事実は決して悲しみをもたらしませんが、事実を隠したり、事実から逃げようとしたりする言葉が、言うに言われない葛藤と悲惨を生みます。

牛の一群が草を食んでいました。それらは様々な濃淡のある茶色の牛たちでした。それらが一斉に動くと、大地が動くようでした。それらはかなり大きくのっそりとしていて、ハエに悩まされています。それらは村の牛と違って特別に扱われていて、よく肥えています。村の牛たちは骨と皮だけで、体が小さくて乳の出もよくなく、悪臭がして、年中餓えているようです。いつも少年か少女が、その牛の群れに付き添っていて、牛に向かって叫んだり、牛と話をしたり、牛を呼んだりしています。

至る所で生活が厳しく、病気と死が付き纏っています。毎日、小柄な老婦人が、小さな容器に牛乳と何かの食べ物を入れて通り過ぎます。彼女ははにかみ屋で歯がなく、衣服は汚れていて、表情に悲惨さが窺われます。時折、彼女は笑うのですが、それはどちらかといえば作り笑いです。彼女は近くの村から来ていて、いつも裸足です。彼女の足は驚くほど小さくて硬いのですが、内に炎を秘めている、芯の強い老婦人です。彼女の穏やかな足取りは、決して軟弱ではありません。

至る所に悲惨さと作り笑いがあります。神々は、寺院の中を除いてどこにもいません。土地の有力者は、あの婦人を決して気遣いはしません。雨が降りました。それは長い激しい雨で、雲が丘を覆っています。樹々が雲の後を追い、丘が雲を追いかけていました。そして、人間が取り残されます。

十五日

夜明けでした。丘が雲に包まれていました。鳥たちが皆歌ったり、呼び合ったり、金切り声を上げたりしていました。牛が大声で鳴いて、犬が吠えました。心地良い朝で、光は柔らかく、太陽は丘と雲の背後にありました。古い大きなベンガルボダイジュの樹の下からフルートの音が聞こえてきて、小さなドラムの伴奏が付いていました。フルートの音がドラムに勝って辺りに響いていました。その非常に柔らかで優しい調子が五臓六腑に染みわたるようでした。他の雑音があるのにもかかわらず、その音に聞き入りました。様々に打ち鳴らしている小さなドラムの音が、フルートの音に乗って聞こえてきました。

カラスの荒々しい鳴き声が、ドラムの音と共に聞こえていました。あらゆる音が染み渡ります。人はある音に抵抗し、他の音を歓迎します。それは不快な音や心地よい音であったりするので、人は音を見失います。カラスの声がドラムの音と共にやってきて、ドラムの音がフルートの優美な調子に乗ったので、音全体が、あらゆる抵抗と快感を超えて、深く行き渡ることができました。その中に、大いなる美がありました。それは思考や感情が知らない美でした。そして、その音に乗って瞑想が爆発しました。その瞑想の中で、フルートの音色と、ドラムの響きと、カラスの荒々しい鳴き声と大地の全ての音が響き合いました。それによって瞑想の爆発に深さと広がりが加わりました。

爆発は破壊的で、破壊は愛と同様に大地と生命です。フルートの調べは、人がそれに干渉しなければ爆発的です。しかし、人は安心で安全な生を求めてそれを放っておかないので、生が覇気のないものになってしまいます。生を生気のないものにしておいて、人は醜悪な生に、他愛のない美と共に、意義や目的を添えようと努めます。そうして音楽が、サッカーや宗教儀式と同様に、感情を高揚させる娯楽となります。感情や情動は浪費的なので、容易に憎悪に変わります。しかし、愛は感覚ではなく、感情によって捉えられるものではありません。抵抗しないで、障害物を築かずに、完全に耳を澄ますことは爆発する奇跡であり、既知を粉砕します。動機や方向性を持たずに、その爆発に耳を澄ますことは、思考や時間では追い求めることができない世界へ入ることです。

谷が一番狭まったところは、およそ一マイルの幅があります。そこに丘が寄り集まっていて、そこから西と東に分かれますが、一、二の丘が、他の丘の西への自由な広がりを遮っています。太陽が昇ってくる方の丘が、丘から丘へと広がり、地平線と一体となって消えていました。それらは遥かな年月と太陽の熱によって生み出された、青い菫色の奇妙な質を持っているようです。夕方になると、それらの丘は夕陽を浴びて、全く超現実的な驚くべき色になります。東の空が西日の照り返しを受けて、まるで太陽がそこへ沈んだかのようです。

淡いピンク色と暗い雲の夕刻でした。連れの者と全く関係ない話をしながら家を出た途端に、あの他者性、不可知なものが現れました。真剣な話をしている最中で、それは全く突然でした。それには何か非常に差し迫るものがありました。全ての会話があっさりと自然に止みました。連れの者は雰囲気の質の変化に気づかずに何かを言い続けましたが、答えは返って来ませんでした。我々は、その一マイルをほとんど無言で、他者性と一緒に、他者性の下を、他者性の中を歩きました。他者性は、現れたり去ったりするけれども、全く未知なものです。認識は依然として既知の世界ですので、あらゆる認識が止んでいました。そのつど、他者性には〝より大いなる〟美と強烈さと、底知れない力強さがあります。それが愛の性質でもあります。

十六日
非常に穏やかな夕方で、消えていた雲が夕陽の周りに集まってきました。風で揺らいでいた樹々も夜に備えて落ち着いてきて穏やかになりました。鳥たちが、厚く生い茂った樹々の中へ、夜に備えて集まりました。二羽の小さな梟が電線の高いところに止まっていて、瞬きをしない眼でじろじろ見ています。そして、いつものように丘は独存的で、あらゆる騒ぎから遠く離れて超然としていました。丘は谷の騒音に昼間は耐えねばなりませんでしたが、今は自分の世界に引き籠っています。月の淡い光があるだけで、谷には暗闇が迫っていました。月に雲の霞んだ暈《かさ》ができました。丘以外の全てのものが寝支度を始めています。丘は決して眠らなくて、いつも見守っていたり、待機していたり、それとなく見ていたり、互いに果てしなくやり取りをしていたりするのでした。電線の上の二羽の小さな梟が、石ころを金属製の箱に入れて揺するような音を出していました。大きなこぶしほどの小さな体には似合わない大きな音でした。夜になると、彼らの鳴き声が聞こえてきます。彼らは、樹から樹へ、大きな鳥のように静かに飛びます。その二羽は電線から飛び立って、低空で藪のすぐ上を飛び、再び樹の低い方の枝に止まりました。安全な距離を保ってから、辺りを見回すと、彼らは直ぐに興味を失います。もう少し下の曲がった電線の上にも大きな梟がいました。それは茶色で大きな目をしていて、その鋭いくちばしが凝視している目の間から突き出ているかのようでした。それは数回の羽ばたきをして飛び立ちました。それが余りにも静かで絶妙な動作でしたので、その優雅な羽の構造と力強さに、思わず驚嘆しました。それは丘の中へ飛んでいって、闇の中に消えました。夜中に、低い声で呼びかけていたオスの梟と一緒にいたのがその梟に違いありません。彼らは、昨夜、丘を越えて他の谷へ行っていたはずです。彼らは北の丘へ帰ります。丘の一つが彼らの寝床で、その辺りを静かに歩いていると、時折、夕暮れ前に彼らの呼び合う声が聞こえてきます。丘を越えたところに、甘い香りが漂う緑の水田が広がる、より肥沃な土地があります。

疑問が、現状への単なる反抗や、反射的な反応になってしまっています。あらゆる反射的な反応には、ほとんど意味がありません。共産主義者の資本家に対する反抗、息子の父に対する反抗——それは社会的規範を受け入れることの拒否であり、経済的そして階級的な桎梏を打ち破ろうとすることです。恐らく、それらの反抗は必要ですが、決して深いものではありません。古いものに代わって新しいパターンが繰り返されます。古いものの破壊の中に新しいパターンが生まれ、それが精神の中で閉じるので、精神を破壊します。牢獄の中の限りない反抗は、疑問の形をしていますが、目先の反射的な反応です。牢獄の壁の改築と改装は、我々に強烈な満足感をもたらすようで、我々はその壁を決して打ち壊しません。疑問の形をした不満は壁の中であり、我々を遠くまで運びません。それは人を月へ向かわせたり、人に中性子爆弾を作らせたりしますが、それら全ては悲しみの手から逃れられません。悲しみの構造を問いかけて、それを乗り越えることは、反射的な反応からの逃亡ではありません。

この問いかけは、月へ行くことや、寺院へ行くことよりも、遥かに急を要することです。この問いかけこそが、悲しみの構造を打ち壊し、神々や聖者、経済学者、指導者を擁する、新規のより贅沢な牢獄を作らせないことにつながります。この問いかけが思考装置を破壊して、他の思考による他の結論や理論の代替を許さないのです。この問いかけが権威を、経験や言葉の権威、そして最も敬意を払われている邪悪なもの、権力を粉砕します。反射的な反応から生まれたのではない、取捨選択をしない、動機を持たない問いかけこそが、倫理的な敬意を払われている自己中心的な活動を爆破します。この活動こそが、いつも改革されていて、決して粉砕されません。その果てしない改革は、果てしない悲しみです。理由と動機があるものは、必然的に苦悶と絶望を生みます。

我々は、既知であるものが、自己の土台が、自分や自分のものが、余すことなく破壊されることを恐れます。我々は、混乱や葛藤や悲惨を伴う既知の方が、未知なものよりもましだと考えます。既知から自由になることは、いわゆる愛や、関係性や、喜びなどを破壊するかもしれません。既知からの自由が、爆発的な問いかけが、反射的な反応ではないものが、悲しみを葬ります。従って、愛は思考や感情では計り知ることができない何かです。

我々の生はとても浅薄で虚しくて、取るに足らない思考と取るに足らない活動であり、葛藤と悲惨の中に織り込まれていて、絶えず既知から既知へと心理的な安全性を求めて活動しています。どれだけ欲しようと、安全性は既知の中にはありません。安全性は時間であり、心理的な時間は存在しません。それは神話であり幻想であって、恐怖を生みます。永遠な今というものはありません。永遠なものは来世の中にも未来の中にもありません。正しく問いかけて耳を澄ますことによって、思考や感情が形作ったパターンや、既知のパターンが粉砕されます。自己を知ることが、思考と感情の在り方を知ることが、思考と感情のあらゆる活動に耳を澄ますことが、既知を葬ります。既知が悲しみを生みます。愛は既知からの自由です。

十七日

大地が空の色に染まっていました。丘や草原、稔っている稲穂、樹々、乾いた赤い川床が空の色になっていました。丘のあらゆる岩や巨岩が雲であり、雲が岩でした。天上が大地に、大地が天上になりました。夕陽があらゆるものの質を変えました。空が燃えるような炎となって、あらゆる筋雲、あらゆる石、あらゆる草の葉、あらゆる砂粒の中ではちきれていました。空が、緑色や紫色、菫色、藍色で輝いていました。空が炎の猛烈さと共にありました。丘の向こうでは、紫色と金色が壮大に広がり、南の丘の向こうでは優美な緑色が弾けて、青色が褪せかかっていました。東の方では、西日の照り返しが、深紅色や焼けた黄土色、赤紫色、褪せかかった菫色などになって輝いていました。東の空の西日の照り返しは、西の空と同じくらいに輝いて爆発していました。幾つかの雲が夕陽の周りに集まってきていて、それらは決して消えないと思われる、煙の立たない純粋な炎でした。その炎の巨大な広がりと強烈さがあらゆるものを貫いて、大地に浸透していました。大地が天上で、天上が大地でした。そして、あらゆるものが生き生きとしていて、色彩を爆発させていました。色彩は神でした。それは人造の神ではありませんでした。丘は透明になり、どの岩も巨岩も重さが消えて色彩の中に浮かんでいました。遠くの丘は青色で、その青は全ての海の青であり、あらゆる気象の空の青でした。

一望すると、稔っている稲穂が強烈なピンク色と緑色の広がりでした。谷を横切る道路は紫色と白色で、空に放射している光線の一つであるかのように、とても鮮やかでした。人は光の一部となり、影や出自と言葉を脱落し燃えていて、猛烈になり、爆発していました。太陽が更に沈むと、全ての色彩が紫色をより一層強めて、より強力になりました。人は、全く思い出すことができず、全くいなくなりました。記憶に残らない夕刻でした。

あらゆる思考と感情は、それらが生きて死ぬためには開花しなければなりません。それは、野心、貪欲、憎悪、喜び、熱情など、あらゆるものの開花です。開花の中に、それらの死と自由があります。抑圧やコントロールや規律の中ではなく、自由の中でのみ、あらゆるものがその生を開花させます。抑圧やコントロールや規律は歪みや腐敗をもたらすだけです。開花と自由は善事であり、全ての徳行です。

嫉妬を開花させるのは容易なことではありません。それは批難されたり、心に抱かれていたりして、決して自由が与えられません。嫉妬という事実が、その色や、形や、深さや特異さを露わにするのは、自由の中においてだけです。もし、それが抑圧されれば、嫉妬は自身を十分に自由に曝け出すことはないでしょう。自身を完全に露わにしたとき、それは消滅して、虚しさや孤独や恐怖など他の事実を露わにするだけです。それぞれの事実が自由の中で余すことなく開花することを許されると、観察する者と観察されているものとの間の葛藤が止み、批評する者はもはやいなくなり、ただ見ているだけの観察になります。自由は、ただ完全の中にあるだけであり、繰り返しや抑圧や思考的なパターンへの従属の中にはありません。開花して消滅する中にのみ完全があります。消滅することがなければ開花することはありません。継続性を持つのは時間の中の思考です。思考の開花が思考の消滅です。というのは、死の中にだけ新しいものがあるからです。既知からの自由がなければ新しいものはありえません。思考、或いは古いものは、新しいものを生み出すことができません。新しいものが生まれるためには、それが死ななければなりません。開花するものは必ず朽ち果てます。それには種がないので、それに未来はありません。

二十日

辺りは非常に暗く、雲のない空に星々が煌めいていました。山の空気はひんやりとしていて新鮮でした。ヘッドライトが背の高いサボテンを照らしていました。それらは磨いたような銀色で、それらについている朝露が光りました。小さな植物が朝露で輝きました。ヘッドライトがその緑色を輝かせると、昼間では見られない緑色が閃きました。どの樹木も沈黙していて、不思議議で、夢想していて、近づき難いのでした。丘と丘の間にオリオンとスバルがかかっていました。梟でさえも遥か遠くにいて静かでした。車の音を除いて田舎は静かでした。ヘッドライトに照らされて、赤く輝く目をしたヨタカが道路上にいて、我々を見つめてからバタバタと音を立てて飛び去りました。

非常に朝早いので、村々は寝静まっていました。顔だけを出して全身を衣服で包んだ幾人かが道路にいました。彼らは疲れた様子で、村から村へ歩いていました。彼らは一晩中歩いていたらしく、そのうちの数人が火の周りに寄り添っていて、その長い影が道路に伸びていました。道路の真ん中で、体を掻いていて動こうとしない犬を迂回しました。

その時、突然明けの明星が現れました。それはゆうに皿ぐらいの大きさで、驚くほど明るく、東の空を支配していました。それが昇って行くと、そのすぐ下に、淡く光る強烈な水星が現れました。僅かに明るくなってきて、遥か遠くで夜明けが始まりました。道路はカーブに次ぐカーブで、直線はほとんどありませんでした。道路の両側の樹々が、道路から外れるのを防いでいました。夏の水不足の時、灌漑用に使われる大きなため池がありました。鳥たちは、一、二羽を除いて、まだ眠っていましたが、夜明けが近付くと、カラスや禿鷹や鳩と共に、数え切れない小鳥たちが起きだしてきました。

車は登っていて、長い森林の峰を越えましたが、野生動物が道路を横切ることはありませんでした。その道路上に猿たちが現れました。その中の大きい猿が、タマリンドの巨大な幹の下に座っていました。我々が通り過ぎても、その猿は、他の猿たちが四方八方に逃げているのにもかかわらず動こうとしませんでした。生まれて数日の子猿が母猿のお腹にしがみついていて、母猿は事の成り行きにやや不機嫌そうでした。

明るくなってきて、走り過ぎるトラックのヘッドライトから明かりが消えました。村は目覚めて、人々が玄関の階段を掃き、塵を道路の真ん中に捨てていました。疥癬《かいせん》に罹った犬たちが道路の真ん中でまだ寝ていました。彼らは道の真ん中が好きなようです。トラックも乗用車も人もそれを迂回していきます。婦人たちが井戸から水を汲んで運び、その後を子供たちが付いて行きました。日差しが強くなってギラギラしてきました。丘は荒れていて、僅かの樹しかありませんでした。我々は山間部を去り、開けた平地沿いの海を目指しました。空気が湿っていて暑くなりました。我々は混雑している大きな汚れた都会*に近づき、丘々は遥か後方になりました。

かなりスピードを上げた車の中は瞑想に適していました。

言葉から自由になって、それに重きを置き過ぎないこと。言葉はそれが伝えようとするその当のものではなく、その当のものは決して言葉ではないと見てとること。言葉の持つ響きに囚われないで、注意し理解して言葉を使うこと。言葉に敏感でいて、言葉に押し潰されないこと。言葉の壁を破って、事実をよく考えること。言葉の毒を避けて、言葉の美を感じること。言葉と一体化することは全て退けて、言葉を吟味すること。というのは、言葉が罠であり、誘惑だからです。それらはシンボルであって、真実ではありません。怠惰な精神や、無思慮な精神や、欺瞞的な精神にとっては、言葉の弾幕が隠れ蓑になります。言葉への隷属は、行動のように見えても、行動とはいえない行動の始まりです。シンボルに囚われた精神は遠くへ行けません。あらゆる言葉や思考が精神を形作ります。あらゆる思考が理解されていないと、精神は言葉の奴隷になり、悲しみが始まります。結論や説明では悲しみは止みません。

瞑想は目的のための手段ではありません。瞑想には目的や到達点はありません。それは、時間の中で活動していても、時間から抜け出た活動です。あらゆるシステムやメソッドは、思考を時間に縛り付けます。あらゆる思考と感情に取捨選択することなく気づいていて、それらの動機やメカニズムを理解し、それらを開花させるのが瞑想の始まりです。思考と感情が開花して消滅するとき、瞑想は時間を超えた活動です。この活動の中に喜悦があり、完全な空虚の中に愛があります、そして愛と共に破壊と不可思議な創造があります。

＊マドラス。彼はアディヤール河北岸の、七エイカーの土地の中にある家に泊まりに行きました。この河はマドラスの南にあるベンガル湾に注いでいます。

Madras

二十一日

全ての存在は取捨選択です。唯一、独存性だけが取捨選択とは無縁です。取捨選択はどのような形であれ葛藤です。取捨選択には矛盾が付きもので、その矛盾は内面的にも外面的にも混乱と悲惨を生みます。この悲惨から逃れるために、神や信仰、ナショナリズム、様々な活動に身を投じることなどがどうしても必要になります。逃亡を果たすと、今度は逃げるためのそれが殊の外重要になり、逃亡が幻想の在り方となり、恐れと不安が始まります。絶望と悲しみは取捨選択の在り方であり、その痛みには終わりがありません。取捨選択する者、或いは苦楽の収集蓄積された記憶が存在する限り、取捨して選択することはいつでも起こるはずです。取捨選択するあらゆる経験は、反応が思考と感情になる記憶を強化するだけです。記憶は部分的な意義しかなく、機械的に反応するだけです。その反応が取捨選択であり、その中には自由がありません。人は、育てられてきた背景に従って、社会的、経済的、宗教的条件に従って取捨選択します。取捨選択は、一様に、この条件を強化します。それはこの条件づけから逃れようがなく、苦しみを一層生み出すだけです。

太陽の周りに、幾つかの雲が集まってきていました。それらは遥か下の地平線にあって、燃えていました。椰子の樹々が、燃えるような空を背に黒いシルエットになりました。それらは、遥か地平線にまで広がっている黄金色と緑色の水田の中に立っています。黄色がかった緑色の稲穂の中に、一本の椰子の樹が独り佇んでいました。それは、遠くに置き去りにされているように見えても、単独ではありませんでした。海から優しいそよ風が吹いていて、幾つかの雲が風よりも速い速度で、追いつ追われつしていました。夕陽が衰えてきて、月がその影を濃くし、至る所に影ができて互いに囁き合っていました。

月がちょうど頭上にあって、道路に濃い奇怪な影ができていました。水蛇らしきものが道路を横切り、静かに滑るようにカエルを追っていました。水田には水が張ってあり、カエルが規則正しく鳴いています。道路わきの長く伸びた水の中では、水面から顔を出したカエルたちが互いを追いかけ合い、水に潜っては現れて、また消えました。水は触れると温かく、銀色に光り輝き、不思議な音に溢れています。街へ薪を運ぶ牛車が通り、自転車のベルが鳴り、ギラギラしたライトを灯したトラックが狭い所を縫うようにして走り、キイキイ音を立てていました。

影はじっとしていて動きませんでした。美しい夕刻で、街にかなり近いのにもかかわらず、その道路上に深い沈黙があり、どの音も、月やトラックさえも、その沈黙を破ることはありませんでした。それは、思考や言葉では触ることのできない沈黙であり、カエルや自転車と共存している沈黙であり、人に付いてくる沈黙でした。その中を歩き、それを呼吸し、それを目にしていました。それは臆することがなく自己顕示的で、あらゆるものを歓迎していました。それは人を超えて、壮大な際限のなさの中へ入って行きました。もし、思考と感情が全く穏やかで、我を忘れて水の中のカエルたちと共に姿を消したら、人はそれに付いて行けます。思考と感情には何の重要性もなく、いとも簡単に姿を消して、必要な時に呼び出されるのでした。透明感と瞬く間に色褪せていく笑いに溢れた魅惑的な夕刻でした。

取捨選択はいつも悲惨をもたらします。取捨選択するのをよく注意して見守っていると、それが徘徊したり、要求したり、せがんだり、哀願したりしているのが分かるでしょう。人は、知らないうちに、取捨選択がもたらす逃げることのできない義務や責任や絶望の網に捕らえられます。それを見守っているとその事実に気づくでしょう。その事実に気づきます。その事実を変えることはできません。それを隠したり、それから逃げたりするかもしれませんが、それを変えることはできません。人は取捨選択します。取捨選択するなら取捨選択させておいて、意見、希望、恐怖、絶望などや、計算された狡賢い判断などでそれに干渉しなければ、それは開花し、その複雑さや、その微妙な佇まいを露わにするでしょう。そこには重要と思われるものや、倫理や、隠された動機や、空想など沢山のものがあります。その事実に干渉しなければ、それはそれら全てと、それ以上のものを露わにするでしょう。しかし人はその事実に取捨選択することなく気づいて、柔らかく歩いていなければなりません。そうすると、それが開化し朽ち果てて、自由が存在するのが分かるでしょう。しかしそれは人が自由なのではなく、自由が存在するのです。人が取捨選択する張本人であり、人が取捨選択するのを止めたのです。取捨選択するべきものは何もありません。この取捨選択しない状態から独存性が開花します。そして独存性の死は決して消滅ではありません。それはいつも開花し、いつも新しいのです。既知を死んでやり過ごすことが、独存していることです。全ての取捨選択は既知の領域の中です。この領域の中の行動はいつも悲しみを生みます。独存性の中に悲しみの消滅があります。

二十二日*

葉群れの中の開いた空間に、三つの花弁を付けたピンク色の花が咲いていました。それは緑の中に埋まっていて、自分の美しさに驚いているのに違いありません。それは背の高い藪に咲いていて、葉群れの中で必死に生き残っていました。一本の巨樹がそれを見下ろしていました。その他の幾つかの藪が生きるために戦っていました。その藪には他にも沢山の花が咲いていましたが、その葉群れには他に花はなかったので、一層の驚きでした。葉群れの中に微風が起こりましたが、その花には全く届きませんでした。それは微動だにしていなくて、単独でした。だからこそそれには、がらんとした空に一つだけ光る星のような奇妙な美しさがありました。その葉群れの向こうに、椰子の樹の黒い幹がありました。それは実際には黒くなく、像の鼻のようでした。それを見ていると、黒い幹が、花の咲くときのようにピンク色に変わりました。夕陽がその上を照らして、全ての樹の先端が赤く染まり、動きがなくなりました。微風が止んで、所々の葉に夕陽が差していました。

一羽の小鳥が樹の枝に止まって身づくろいをしていました。それは辺りを見回すのを止めて、夕陽の中へ飛び去って行きました。我々は、夕日を正面に浴びている音楽家と向き合っていました。我々は少人数で、音楽家は、小さなドラムを目を見張るような技と心地よさとで叩いていました。その指の動きが繰り出すものは途方もないものでした。彼は決して手を見ません。指に生命があるかのように、非常な速さと確かさで、ピンと張られた皮を正確に何の躊躇もなく叩いていました。それは異なるリズムを打ち出していましたが、いつも調和が取れていて、右手の行うことを左手は決して知りません。演奏者はかなり若く、輝いた目をしていて、厳かでした。彼には才能があり、そのような少人数の理解ある聴衆の前で演奏するのが嬉しいようでした。それから弦楽器が加わり、小さなドラムが後に続きました。それはもはや単独ではありませんでした。

夕陽は沈み、幾つかの漂う雲が淡いローズ色に染まりました。この緯度では薄暮にはならず、ほぼ満月の月が雲のない空にくっきりと出ていました。月光が水面に映り、沢山のカエルの鳴き声が聞こえているこの道を歩くのは至福です。不思議なのは、世の中が遥か遠くになり、人が大いなる深みへ降り立っていることでした。電柱やバスや牛車が近くにあり、疲れ果てた村人も傍らにいましたが、人はそこから遥かに遠く離れていて、それが余りにも深いので、思考は付いてこられませんでした。あらゆる感情が遥か遠くに後退していました。歩きながら、沢山の雲で陰ってきている月や自転車の警笛など、周りで起こっていること全てに気づいていました。しかし、人はそれらから遥かに遠く離れていました。否、離れているのは人ではなくて、大いなる壮大な深みでした。この深みは、更にその深さを増し、時間を、空間の境界を超えて行きました。記憶は付いてこられません。記憶には足かせがありますが、この深みにはそれがありませんでした。それは余すことなく完全な自由で、出自と方向性が脱落していました。思考から深く離れたところではちきれたのは、喜悦のエネルギーでした。

言葉は思考に心地よい満足な意味をもたらしますが、思考はそれを決して捉えることもできなければ、それを追い求めて、空間なき彼方へ旅立つこともできません。思考は不毛なものであり、時間とは無縁なものについて行ったり、それと通じたりすることは決してできません。目の眩むようなライトをつけたバスが、騒音を轟かせながら通り過ぎて行き、危うく道路から押し出されて、波打っている道路わきの水の中へ落ちるところでした。

コントロールの本質は抑圧です。純粋に見ることによって、あらゆる形の抑圧を葬ることができます。見ることは、単にコントロールすることよりも限りなく繊細です。コントロールは比較的簡単で、それほどの理解は必要ありません。パターンへの順応や、確立された権威への従属や、義務を果たさない恐怖や、伝統の恐怖や、成功へ駆り立てるものなどが、正に現実を抑圧したり、現実を理想化したりする当のものです。事実が何であれ、事実を見るという純粋な行為が、事実そのものの理解をもたらします。そこから変質が起こります。

＊その朝、彼はマドラスでの八回のトークのうちの最初のトークを行いました。それは十二月十七日まで続きました。

二十五日

太陽は雲の背後にありました。平らな大地が、黄金色がかった茶色と赤色に変わった地平線にまで広がっていました。道路が、小さな水路を越えて、水田の中を貫いていました。黄金色と緑色の稲穂が、道路の両側から東へ、そして西の海と夕陽に向かって広がっていました。稲穂の中の燃える夕陽を背にした黒い椰子の樹を見るのは、何か途方もなく感動的で美しいのでした。それは、この光景がロマンチックで感傷的で絵葉書のようであったからではなく——恐らく、実際に、その通りであったけれども——大地や普段見慣れた何でもないものの中に、強烈さと圧倒的な威厳と歓喜があったからでした。

夕陽で赤く燃えた細長い水路が、水田の中を南北に、独り静かに延びていました。水路にはほとんど往来がなく、雑に作られた平底の荷船が、四角や三角の帆をつけて、薪や砂や身を寄せ合って心配そうに注意を払っている男たちを乗せて通って行きました。椰子の樹々が、広い緑の大地を支配していました。それらは様々な形と大きさをしていて、それぞれが独立していて気ままに風に吹かれ、陽に焼かれていました。稲穂が黄金色に稔っていて、その中に物憂そうな白い鳥たちがいました。彼らは、その長い脚を後ろに垂らして、ゆっくりと羽ばたきながら、夕陽の中へ飛び去って行きました。モクマオウの薪を街に運んでいる牛車が、列をなして、キイキイ音を立てながら通り過ぎました。男たちは歩いていて、荷が重そうでした。

夕刻を魅惑的にしているのは、それらの普通の光景ではありませんでした。騒々しいバスや静かな自転車、カエルの鳴き声、夕方の匂いなど、全てが暮れて行く夕刻の一部でした。底知れない力強さと純粋性を伴った、あの他者性の差し迫った透明感が、深く拡大していて強烈でした。美しかったものが、今や、壮麗さの中で輝いていました。全てがその中に包まれ、喜悦と笑いが、内深いところからだけではなく、椰子の樹々や稲穂からも立ち現れていました。愛は凡庸なものではないけれども、愛がオイルランプの小屋の中や、頭に重いものを乗せているあの老婦人の中や、紐で括った木片を花火のつもりで弾けさせているあの少年の中にありました。それが至る所に普通にあるので、それを枯れ葉の下や、あの古い崩れかかった家の傍のジャスミンの中にも見つけることができました。しかし、誰もが何かにかかりっきりで、何かに忙しなく没頭していました。それは心と精神と天空を満たしていました。それはそこに留って、人から去ることは決してないでしょう。人はただ、根拠なしに、涙なしに、あらゆるものを死んでやり過ごしさえすればよいのでしょう。そうすると、もし人が幸運なら、そしてそれを追いかけたり、懇願したり、希望したり、泣き叫んだりすることを永久に止めれば、それは人にやってくるでしょう。それに無頓着でいて、しかし悲しむことなく、思考を遥か後方へ置いておくことです。そうすると、それはあの埃っぽくて暗い道路上に現れるでしょう。

瞑想が開花するのは善事です。それは、時間の中で少しずつゆっくりと集められる徳ではありません。それは社会から称賛される倫理でもなければ、権威のお墨付きを与えられる類でもありません。瞑想の開花に香りを添えるのが、瞑想の美です。それが欲望や苦痛に促されたものなら、どうして喜びがありえるでしょうか？　コントロールや抑圧や犠牲を通じてそれを求めて、どうしてそれが開花するでしょうか？　恐怖の闇の中や、堕落した野心の中や、成功という誘惑の中で、どうしてそれが開花するでしょうか？　希望と絶望の影の中で、どうしてそれが開花するでしょうか？　それら全てを、後悔することなく苦もなく自然に、遥か後方へ置いておく必要があるでしょう。宜しいでしょうか、瞑想の中には、抵抗して、やがては崩壊する防御壁を築き上げる懸命の努力はありません。それは、システムがいかなるものであれ、システムの継続的な実践から生まれるものではありません。あらゆるシステムは、必然的に、思考をパターン化するでしょう。順応は瞑想の開花を破壊します。それは、自由の中と、現実に存在するものが朽ち果てる中でのみ開花します。自由なしに自分を知ることはできません。自分を知ることなしに瞑想はありません。思考がいかに広く知識を渉猟しても、思考はいつも取るに足らなくて浅いのです。拡大する知識を獲得することは、瞑想ではありません。それは既知からの自由の中でのみ開花して、既知の中で朽ち果てます。

二十六日

水田の中に椰子の樹が一つだけあります。それは若い樹ではなく、幾つかの実が付いているだけでした。それは非常に高くまっすぐに伸びていて、それには賞賛の喧騒や雑音とは無縁の正しい質が備わっています。それは、そこに単独で立っていて、その他のことは何も知りません。枯れるか倒されるまで、それはそのように立ち続けるでしょう。道路を曲がった途端、その樹に出くわしました。稔っている稲と水流の中のそれを見て驚きました。水と稲穂は、遥か昔からいつもそう囁き合っていました。そして彼らの囁きは、決して椰子の樹には届きませんでした。それは、高い天空ときらめく雲と共にありました。それは独存していて完全で、超然としていて、それ以外の何ものでもないでしょう。

水が夕陽で煌めいていました。西へ向かう道路から離れたところに、その椰子の樹が立っていて、その先にもっと沢山の水田がありました。椰子の樹と出会う前に、子供たちや、山羊や、牛が溢れている、騒々しくて汚れた、埃っぽい道路を通らなければなりませんでした。バスが埃を舞い上げても誰も気にせず、疥癬に罹っている沢山の犬が道路にたむろしていました。

車は多くの小さな家々や庭や水田を通り過ぎて、大通りから外れました。左に曲がり、飾り立てた門を通り過ぎて少し走ると、開けたところで草を食んでいる鹿たちがいました。彼らは二、三十頭いたはずです。何頭かには大きくて重そうな角があり、若い数頭の鹿には既にそれらしき鋭い角が生えていました。多くの鹿に白い斑点があり、彼らは神経質そうに、大きな耳をピクピクさせながら草を食んでいました。多くの鹿は赤い道路を渡って開けたところへ出ましたが、数頭はまだ藪の中に残っていて様子を窺っていました。我々の小さな車が止まると、残りがようやく渡り終わって、他の鹿と一緒になりました。晴れた夕刻で、星が見え始め、キラキラとはっきり光っていました。樹々は夜に備えて引き籠っていました。鳥たちの淀みないお喋りも止んでいました。夕陽が水面に反射しています。

夕陽を浴びながら狭い道路を走っていると、歓喜の強烈さが増しました。それには何の理由もありませんでした。それは、小さな蜘蛛が驚くような速さでハエに飛びかかり、有無を言わせずにそれを捕まえるのを見ているときに始まりました。それは、一枚の葉が残りの葉は動かないのにもかかわらず、ハタハタと揺れているのを見ているときに始まりました。それは、小さな縞リスが長い尾を上下に動かしながら、何かに怒っているのを見ているときに始まりました。

歓喜には理由がありませんでした。一方、喜びは結果であり、いずれにしても取るに足らないものであり、絶えず変化して止みません。この不思議な予想できない歓喜が、強烈さの中で増大しました。その強烈なものは決して残忍ではなく、脆さの質を備えていて強烈です。精神集中によってもたらされるエネルギーの強烈さとは違い、それは観念を追求する思考によって、或いはそれ自身に没頭している思考によって生み出されるのではありません。それは高揚した感情ではありません。というのは、それらには全て動機と目的があるからです。この強烈さには理由も目的もなく、それは余すことのないエネルギーの覚醒を実際には妨害する精神集中を通じて生み出されるのでもないのでした。それは、それについて何もなされることなく強まりました。それは人がコントロールできない、人の外にある何かでした。そのことについて人には発言権がありませんでした。その強烈さの正に増大する中に優しさがありました。優しさという言葉は、その意味が台無しにされていて、それは弱さ、だらしなさ、優柔不断さ、不確かさ、内気な閉じこもり、ある種の恐れなどを指し示します。しかし、それは、それらのいずれでもなく、精力的で、力強くて、守ることをしないので強烈でした。人はそれを欲しても、それを育むことができませんでした。それは強者と弱者のカテゴリーには属していませんでした。それは愛と同じように脆いのでした。

歓喜が、優しさと共に、強烈さの中で増大しました。それ以外には何もありませんでした。人の往来、車でのドライブと会話、鹿と椰子の樹、星々と稲穂は、それらの美と新鮮さの中にありましたが、それらは全てこの強烈さの内であり外でした。炎には形と輪郭がありますが、この炎の内側にはただ形や輪郭のない強烈な熱があるだけです。

二十七日

強風にあおられて、雲が南西方向に集まっていました。それらは壮大で、大きく波打っていて、凶暴性と空間に溢れていました。それらは白色と黒灰色の雨雲で空に満ちていました。古樹たちは、それらの雲と風に苛立っていました。雨は必要ではあっても、彼らは放っておいて欲しかったのです。雨は埃を全て洗い流して彼らを綺麗にし、葉を再び輝かせるでしょうが、老人のように、それが煩わしかったのです。

その庭には沢山の花と色彩があって、どの花も踊ったり、スキップしたり、ジャンプしたりしていました。どの木の葉もざわめいていて、狭い芝生の中の小さな草の葉さえ揺れていました。

二人の痩せた老婦人が草取りをしていました。年齢よりも老けて見える彼女たちは、痩せて疲れた様子で芝生の上にしゃがみ、気ままにお喋りをしながら草取りをしていました。彼女たちは一ヶ所にいないで、気の向くままあちこち移動して、考えごとに没頭し、草取りをやめずにお喋りをしていました。彼女たちは知的な感じがして、目が輝いていました。恐らく、沢山子供を産んだのと貧しい食事のせいで、老けて疲れているように見えました。人は彼女たちになり、彼女たちは人になり、草になり、雲になりました。それは、同情や、あやふやで不慣れな感傷から生まれた言葉の架け橋ではありませんでした。何も考えていませんでしたし、何の情動も起きていませんでした。彼女たちは人であり、人は彼女たちで、距離と時間が消えていました。お抱え運転手の運転する車がこの世界へ入って来ました。彼のはにかんだ笑いと挨拶は、人のそれでした。彼が誰に微笑み、誰に挨拶しているのか不思議でした。そのような和んだ雰囲気に慣れていなくて、彼は少し戸惑っていました。彼女たちとその運転手は人であり、人は彼らでした。彼らと人との間にあった壁が消えていました。頭上の雲が流れて行くと、全てが、汚れた道路や、輝く空や、通りすがりの人など多くのものを巻き込んで広がっていく輪の一部分のようでした。それは思考とは何の関係もありませんでした。思考はいずれにしてもとても貧相なもので、そして感情は全く関わっていませんでした。それは、手当たり次第に、全てを焼き尽くして広がって、灰も何も残さない炎のようでした。それは、記憶を伴って繰り返し思い起こされる経験ではありませんでした。彼らは人で、人は彼らです、そして、それはその心象風景と共に消えました。

自己顕示欲や、何ものかになりたいという欲求は不思議な欲望です。嫉妬は憎しみです。虚栄心は堕落します。単純でいるとか、現にある通りでいて装うことをしないということは、ほとんど不可能なくらい難しいようです。何かになることはそれほど難しくないけれど、何かになろうとはせずに、現にある通りでいることは、それ自身非常に骨の折れることです。何かを装ったり、仮面をつけたりすることはいつでもできますが、現にある通りでいることは殊の外複雑なことです。何故なら、人はいつも変化していて決して同じではなく、一瞬ごとに新しい側面や、新しい深さや、新しい顔を見せるからです。瞬間ごとにそれぞれの変化があるので、人は一度にそれら全てになれません。ですから、人が賢明であるなら、何かでいることを諦めます。人は自分が非常に敏感であると考え、そして、ある出来事によって、或いは何かの拍子に、実はそうではないと分かります。人は自分のことを賢くて教養があり、芸術家肌で、道徳的であると考えますが、ふとした折に、自分はそうでは全くなく、自分はとても野心家で、嫉妬深くて、貧相で、野蛮で、不安を抱えた人間であると分かります。人は、それらを代わる代わる繰り返していきます。得るものがあって楽しい限り、人はそれが継続して永遠に続くことを願い、それを追い求めます。人は皆似た者同士で、それぞれがそれぞれの方法で、それぞれの目的を達成しようと喧しくなります。そうして人が戦場になります。一般的に野心は苦楽を伴い、何かを獲得すれば、それには嫉妬と恐れが付き纏います。尊敬を得るためと、家族の絆を結ぶために、愛という言葉が投げ入れられます。しかし、人は自分自身の献身事と活動に囚われ、孤立し、認知と名声のために、自分と自分の国や、自分と自分の政党や、自分と自分に慰安を与えてくれる神のために騒ぎ立てます。

そのように、人が現にある通りでいることは、途轍もなく骨の折れることです。もし、人がよく目を覚ましていれば、それら全てと、その全ての悲しみが分かります。人は、自分の仕事や、自分の信念や、自分の空想的な理想や瞑想の中に埋没します。そうして、たとえ内面的にはまだ死んでいなくても、年老いて、死が間近に迫ってきます。それら全てを、その矛盾と増大する悲しみと共に捨て去って、何ものでもないということは、最も自然で叡智的な行動です。
しかし、何ものでもなくなる前に、人は隠れているそれら全てを白日の下に晒して、それらを理解する必要があります。隠れた衝動や脅迫観念を理解するためには、死に気づくように、それらに取捨選択することなく気づいていなければならないでしょう。そうすると、見るという純粋な行動の中で、それらは朽ち果て、悲しみとは無縁になるので、人は何ものでもないものとして存在するでしょう。何ものでもないものとして存在することは、否定的な状態ではありません。これまでのあらゆることを否定することは、正に最も肯定的な行動であり、それは行動とはいえない行動である反射的な反応の肯定性とは違います。その行動とはいえない行動こそが悲しみをもたらします。このように否定することが自由です。この肯定的な行動がエネルギーを生み、単なる観念はエネルギーを消散します。観念は時間であり、時間の中の生は崩壊であり悲しみです。

二十八日
穏やかな道路のそばの、密生しているモクマオウの木立の中に大きく開けたところがありました。夕方になるとそこは暗く寂しくなり、開けた空間が天に向かって開いていました。道路のもっと先に、椰子の葉を編んで屋根にした薄い壁の小屋がありました。その小屋の中は薄暗く、オイル受けの皿の中で芯が燃えていました。男と女が床に座って夕食をとりながら、大きな声で喋っていて、時折笑い声が聞こえてきました。

二人の男が、水田を区切っている保水用の狭い畦道を通ってやって来ました。彼らは淀みなく喋り、何かを頭の上に乗せていました。村人の一団が、金切り声を出して笑いながら、大きな身振りで、互いに何かを説明し合っていました。婦人が生まれて数日の子牛を連れていて、母牛がその後から子牛を安心させるようについて行きました。長い脚をした白い鳥の群れが、ゆっくりと規則正しく羽ばたきながら、北に向かって飛んで行きました。

快晴の空を残して太陽が沈み、バラ色の光線がほとんど地平線から地平線まで全天に広がりました。非常に静かな夕刻で、街の明かりは遥か遠くの方でした。夕刻の主役は、あの小さなモクマオウの木立の中の開けた空間でした。そこを通ると、そこに途方もない静けさがあることに気づきました。日中の光とギラツキと往来する人々の喧騒が、そこではすっかり忘れ去られていました。今、そこは、暗い樹々や、急速に陰ってきた夕闇に包まれて穏やかです。穏やかなだけではなく、そこには喜びがありました。それは、際限のない孤高の喜びで、そこを通ると、あの全く不思議な他者性が、波のように、その美と透明感の中に心と精神を包み込むようにして現れました。全ての時間が止んでいて、始まるという瞬間がありませんでした。愛は空虚の中からのみ現れます。

瞑想は想像力の戯れではありません。瞑想が開花するためには、あらゆる形のイメージと言葉とシンボルが消滅しなければなりません。精神は、言葉への隷属と、言葉の反射的な反応を断ち切らなければなりません。思考は時間です。どんなに歴史的に古くて意義があっても、シンボルが思考を支配することがあってはなりません。そうすると、思考は継続性を持たず、一瞬一瞬だけのことになるので、その機械的な強弁を止め、精神を型に嵌めることや、それを観念の枠の中に囲い込むことや、その中で生きている文化や社会に条件づけることを止めます。

自由は、社会からの自由ではなく、観念からの自由です。そうすると、関係性や社会による精神の条件づけが止みます。意識は全て残りものであって、変化したり、修正したり、順応したりします。変質は、時間と観念が消滅したときにのみ可能です。その消滅は、結論でもなく、破壊される何らかの言葉でもなく、否定される、或いは受け入れられる観念でもありません。それは自己を知ることによって理解されることです。知ることは、学ぶことではなく、認識であり、収集蓄積です。それは学ぶことを妨げます。学ぶのは一瞬一瞬のことです。というのは、自己或いは私が絶えず変化していて、決して一様ではないからです。収集蓄積や知識は学ぶことを歪め、それを葬り去ってしまいます。知識を収集することは、いかに博識になろうと機械的なことです。機械的な精神は自由な精神ではありません。自己を知ることが、精神を既知から解放します。既知の活動の中に全生活を埋没させると、果てしのない葛藤と悲惨を招きます。

瞑想は、個人的な成就でもなければ、現実性の個人的な追究でもありません。瞑想がそのようになってしまうのは、それがメソッドやシステムに制限されて、その結果、欺瞞と幻想が生み出されるからです。瞑想は、精神を狭い限られた存在から、限りなく広がる、時間とは無縁の生へ解放します。

二十九日

感受性なしに愛情はありえません。個人的な反射的な反応は感受性とは言えません。人は自分の家族や、自分の成就や、地位や能力には敏感かもしれません。この種の感受性は、限界のある、狭量な反射的な反応であり、堕落です。洗練された嗜好は個人的ですので感受性は洗練された嗜好ではありません。個人的な反射的反応から自由になることは、美に気づくことです。美を感ずることなしに、美に敏感に気づくことなしに愛はありません。このように、自然、川、空、人々、汚れた道路などに敏感に気づくことが愛情であり、愛情の本質は感受性です。

しかし、多くの人々は敏感でいることを恐れます。彼らにとって敏感でいることは傷つくことなので、彼らは心を頑なにして、悲しみを内に宿したままでいます。或いは、彼らは教会や、寺院、醜聞、映画、社会改革などの様々な形の娯楽に逃げ込みます。しかし、敏感でいることは個人的なことではありません。それが個人的になると、それは悲惨に通じます。この個人的な反射的反応を打ち破ることが愛することであり、それは一人そして大勢の人々を愛することで、一人或いは大勢に限定されるのではありません。敏感でいるためには、あらゆる感覚が生き生きとしていて、躍動していなければなりません。五感の奴隷になることを恐れるのは、単に、自然な事実を避けているだけです。事実に気づくことは、五感の奴隷になることではありません。事実を恐れることこそが呪縛に通じています。思考は五感から生まれて、その限界を助長します。

しかし、人は思考を恐れません。反対に、思考は賞賛されて持ち上げられ、自惚れと一緒に祭り上げられます。思考や、感情、身の回りの世界、職場、自然に敏感に気づくことは、愛情の中で、一瞬一瞬爆発することです。愛情なしにはあらゆる行動が煩わしく、機械的になり、腐敗して行きます。

雨の朝で重苦しい雲が空にかかり、空は暗く荒れていました。雨が朝早くから降り出して、雨音を木の葉の中に聞くことができました。狭い芝生の上に、淡い灰色の鳥、黄色い目をした茶色い鳥、大きな黒いカラス、雀よりも小さい鳥など大小様々な多くの鳥がいて、引っ掻いたり引っ張ったり、お喋りをしたり、いつも休みなく動き回って、文句を言ったり、喜んだりしていました。霧雨が降っていましたが、彼らはそれを苦にしていないようでした。雨がより一層強くなると、彼らは大声で文句を言いながら飛び去っていきました。しかし藪や大きな古い樹々は喜んでいて、それらの葉についた何日もの埃が綺麗に洗い落されました。水滴が葉の先端にしがみついていて、一滴が地面に落ちては新しい一滴ができ、また地面に落ちて行くのでした。どの一滴も雨であり、川であり、海であり、光り輝いていて、どんなダイアモンドよりも豊かで素敵でした。それは、膨らんで落ちて行き、その美を湛えたまま土の中に消えて、痕跡を残しませんでした。それは果てしなく続き、土の中に消えて行きました。それは時間を超えた果てしない営みでした。

雨が今も降っていて、大地は、このあと何ヶ月にもわたる暑い日々に備えて、水を蓄えていました。太陽が多くの雲の背後にあり、大地は暑さから逃れて一息ついていました。道路が非常にぬかるんできて、泥水の溜まった深い穴が至る所にできていました。我々の小さな車は、時折、その中に入ったり、それを避けたりしながら走り続けていました。鉄条網のフェンスに沿って、樹々に巻き付いたピンク色の花が、藪の上に野性的な勢いで広がっていました。花々に降り注ぐ雨が、それらの色を一掃柔らかく優しくしていました。それらは至る所にあって、根絶やしにされることはないでしょう。

　道路は、汚れた店や、汚れた幾つかのレストランがある村を過ぎて行きました。角を曲がると、椰子の樹々に囲まれた水田がありました。椰子の樹々が、ほとんど抱きかかえるようにして、水田を人の干渉から守るように取り囲んでいました。水田は、椰子の樹々の湾曲した配列に沿うように作られていて、椰子の葉の間から、水田の向こうの大きな葉をつけたバナナの木立が光って見えました。水田は魅惑的で、驚くほど青く豊かでした。それは感動的な、信じられない姿をしていて、人の度肝を抜きました。人は見ました、そして人はいなくなり、人は再び同じではなくなりました。色彩は神であり、音楽であり、大地の愛でした。天上が椰子の樹々に宿り、大地を覆いました。水田は永久の至福でした。道路は海へ続いていました。海は淡い緑色で、巨大な波が砂浜に打ち寄せていました。それらは殺人的な波で、多くの嵐の鬱積した凶暴性を内に秘めていて、怒っていました。海は恐ろしいほど静かでしたが、その波が危険性を予感させました。ロープで荒々しく結ばれた粗末な二連小船は海に出ていなくて、漁師たちは、波打ち際の砂の上に建てられた、椰子の葉で葺いた暗い小屋の中にいました。雲が、人には感じることができない風に運ばれて、次から次へとやってきていました。心地よい笑い声に迎えられて、再び雨になるでしょう。

いわゆる宗教家にとっては、敏感なことは罪であり、それは世俗のために用意された邪悪なものであるということになります。宗教家にとって、美しいものは誘惑であり、拒絶すべきものので、否定すべき邪悪な気晴らしです。立派な仕事は愛の代替物ではありません。愛なしには、立派であろうと卑しかろうと、全ての活動が悲しみに通じています。愛情の本質は感受性であり、それなしには、全ての崇拝が現実性からの逃避です。僧侶や托鉢僧にとっては、彼らの条件づけから生まれた神へ捧げられなければならない思考を除けば、五感は苦痛の活動です。しかし、思考は五感から生まれ、思考こそが時間を作り出し、思考こそが感受性を断罪します。思考を超えることが徳行であり、その徳行は愛である高まった感受性です。愛すると罪とは無縁です。愛して行いたいことを行うのです。そうすると悲しみとは無縁です。

三十日

川のない田舎は荒涼たるものです。もし、それを川と呼ぶなら、それは小さな川です。それには石と煉瓦でできたかなり大きな橋*が架かっています。幅があまり広くないので、バスや車はゆっくりと通らなければなりません。そして、裸足の人たちと、お決まりの自転車に乗った人たちがいつもいます。それは川の体裁を取っていて、雨が続くと、水かさを増して満水の川らしくなりますが、雨がほとんど降らない今は、大きな洲の真ん中に沢山の藪が生えている、ただの大きな水溜まりのようです。それは、夥しい生き物と、それらの生命の謳歌と共に、真東にある海に注いでいます。しかし、今は、そこに広い砂州ができていて雨季を待っています。

牛の群れが砂州に向かっていました。数人の漁師が漁をしています。魚はいつも大きめの指くらいで、それらが木陰で売られる時は、ひどい臭いがしていました。夕刻、穏やかな水の中に、全く動かない鷺がいました。川の中にいるのはその鳥だけでした。夕方になると、カラスや他の鳥たちが川にやって来るのですが、その時はその鷺だけでした。それは人の目に留まらざるをえず、夕映えの空の下で非常に白く、全く動きませんでした。黄色い夕日と淡い緑色の海はいくらか遠くにありました。海に近いところに、三本の椰子の樹が、その川と海に面して立っていました。夕日がそれらに当たっていて、先にある海は静止することなく、危険をはらんで、心地よい青さでした。橋から見ると空がとても壮大で、とても近くて、汚れがないように思われました。空港からは遥か遠くでした。その夕刻は一羽の鷺と三本の椰子の樹が全地球であり、過去と現在の時間であり、過去のない生命でした。瞑想は、根を持たずに開花して消滅するものになりました。否定は生の驚くべき活動で、肯定的なものは、生に対する反射的な反応で抵抗に過ぎません。抵抗には死はなく、ただ恐れがあるだけです。恐れは更なる恐れと腐敗を生みます。死は新しいものの開花です。瞑想は既知の消滅です。

人が決して〝知らない〟と言えないのは不思議なことです。本当にそう言って、そう感じるには謙虚でなければなりません。しかし、人は全く知らないという事実を決して認めようとしません。精神を知識で養うのは虚栄心で、虚栄心は願っては落胆する不思議な病です。知らないことを認めるのは、知るという機械的なプロセスを止めることです。

知らないと言う言い方に幾つかあります。印象付けようとしたり、意味ありげに見せようとしたりする見せかけと、そのための微妙で秘かな手法です。知るための時間稼ぎでしかない〝知らない〟ということと、知るための探求をしない〝知らない〟ということがあります。前者は決して学ばず、ただ知識を集めているだけであり、決して学びません。後者は収集蓄積するのを一切止めて、いつも学ぶ状態にあります。学ぶためには自由がなければなりません。そうすると精神は若く無垢でいることができます。収集蓄積することによって精神は堕落し、老けて、衰えて行きます。無垢であることは、経験の不足ではなく、経験から自由であることです。この自由は、あらゆる経験を死んでやり過ごして、頭脳の肥沃な土壌に、経験がその根を下ろさないようにすることです。経験を伴わない生はありませんが、頭脳の土壌に経験の根が蔓延《はびこ》るとき生はありません。

　謙虚は意識的に既知を捨てることではありません。それは成就の虚栄心です。それは死んでやり過ごしている、あの完全に知らないことです。死の恐怖は知ろうとすることの中にのみあって、知らないということの中にはありません。未知なものを恐れることはありません。ただ、既知の変化や既知の消滅のみ恐れます。

　言葉の習慣や、言葉の情動的な内容、言葉の隠れた意味が、言葉から自由になることを妨げます。この自由なしには、人は言葉や結論や観念の奴隷です。もし、ほとんどの人がそうであるように言葉を糧に生きていると、その内面的な渇望は癒されることがありません。人は永遠に耕し続けて、決して種を播こうとしません。そうすると人は、現実性を欠いた世界、見せかけの世界、意味のない悲しみの世界を生きることになります。信念はただの言葉であり、考えられた結論であり、言葉から成り立っています。それこそが腐敗して精神の美を台無しにします。言葉を破壊するということは、安全性の内面的な構造を打ち壊すことです。その構造には現実性が全くありません。安全性が暴力的に引きちぎられて、様々な形の病に陥る安全性の欠如とは違う、安全性の開花からやってくるあの安全性の欠如は、傲慢な精神には決してその力強さを知りえない、謙虚と無垢です。

＊アディヤール川に架かるエルフィンストン橋。彼が滞在していた家は橋の北西側にありました。

一九六一年　十二月一日

道路はぬかるんでいて深い轍《わだち》があり、沢山の人がいました。都会から外れたところで、ゆっくりと郊外ができつつありましたが、今は信じられないくらいに道路が汚れていて、沢山の穴ができ、犬、山羊、飼い主のいない牛がいて、バスや車があり、沢山の人間がいました。色のついた飲料水のビンを売る店、衣料品や食べ物や薪を売る店、銀行、自転車修理店、食べ物を売る店などがあり、山羊がいて、さらに多くの人がいました。道路の両側にはまだ田舎の風景があり、椰子の樹々や水田や大きなため池などがありました。太陽は、椰子の樹々の背後の、はちきれんばかりの色彩と巨大な影をつくっている雲の中にありました。ため池が夕陽で赤く燃え、どの藪も樹も空の壮大さに圧倒されていました。山羊たちは足もとの草を食べ、女性たちは水道で洗濯し、子供たちは遊び回っていました。

人が至る所で活動しているけれど、誰も空や色彩を帯びた雲を見ようとはしませんでした。夕暮れはすぐに消えてしまって、二度と同じ夕暮れはこないのに、誰も気にかける様子はありません。遥か未来にまで広がっていると思いたい目先のものが、殊の外重要でした。将来の見通しは目先のビジョンです。バスがけたたましくやって来て、自信ありげに一インチも譲らず、すれすれのところを通っていきました。誰もが道を空けましたが、大きな水牛がそれを止めました。水牛は道路の真ん中をのっそりと歩いていて、警笛には無頓着でした。警笛がひどく苛立ちながら止みました。

誰もが心の中は政治家で、目先のものに関心があり、全ての生活を無理やり目先のものにしてしまいます。そして、後で、ふとした折に、悲しみに出くわすのでしょうが、それは避けられることになっています。薬や、酒や、寺院や、目先のこととしての家族があります。何かを熱心に信じたり、仕事に没頭したり、何らかの型に嵌った考え方に身も心も捧げれば、全ての悲しみをなくすことができるのでしょう。しかし、人はそれら全てを試みて、身も心もボロボロになりました。そして人はどこか別の場所を探して、そこで再び目先のことに没頭しました。

雲が重く立ち込めて、太陽があったところだけ僅かに色彩がありました。道路に沿って、椰子の樹々、モクマオウの樹々、水田、小屋などを過ぎると、全く思いがけずに、あの他者性が、思考や狂気では恐らく生み出せない純粋性と力強さと共に現れました。それが現れると、心が爆発して、空虚な天空へ喜悦と共に入って行くようでした。頭脳は全く静かで活動していませんでしたが、敏感になっていて見守っていました。頭脳は空虚の中には入って行けませんでした。それは時間を出自としていましたが、時間は止まっていました。それは経験できませんでした。経験は認識であって、経験が認識したものは時間でしょう。従って、頭脳は問いかけや追究を止め、活動しないで、ただ静まっていました。そして、この余すことのない愛――或いはそれを何と呼んでもよいのです、言葉はそれが表現しようとするその当のものではありません――その余すことのない愛が、あらゆるものの中に入って行って消えました。全てのものにはその場所と空間がありますが、それは、そのいずれとも無縁でした。従って、それは見つけられません。何をどのようにしても、人はそれを見つけ出せないでしょう。それは売り買いされるものではないし、どのような寺院の中にもありません。あらゆるものが一つ残らず、拠って立つ全ての土台が根こそぎ破壊されなければなりません。しかし、この空虚は涙とは無縁でなければなりません。そうすると、もしかしたら不可知なものがやってくるかも知れません。それは現れていました。それは美でした。

熟考された変化のパターンは全て変化ではなく、それには動機や目的や方向性があるので、単にそれはそれまであったものの修正された継続です。そのような変化は不毛で、それは人形の着せ替えのようで、機械的で生命が宿っていなくて、脆いままであり、壊されて捨てられます。死は変化の必然的な帰結です。社会的経済的革命は変化のパターンの中の死です。それは革命では全くなく、それまであったものの修正された継続です。変質或いは余すことのない革命は、変化或いは時間的なパターンが誤りであると見られたときにのみ起こります。その余すことのない放棄の中に変質が起こります。

二日

海は荒れていて、遥か彼方からやって来る波が轟いていました。タンクと呼ばれている大きくて深い池の周りにできた村が近くにありました。崩壊した寺院がありました。そのタンクの水は淡い緑色で、そこへ下りていく階段が周囲にありました。村は荒れて汚れていて、道らしい道がありませんでした。タンクの周りに家々があって、タンクの一方の端に廃墟となった古い寺院と、比較的新しい赤い縞模様の壁で囲まれた寺院がありました。家々は朽ちかかっていましたが、村には気さくで親しみやすい雰囲気がありました。海へ通じる道端で、女たちの一団が声を精一杯張り上げて、魚の値段をめぐって言い争いをしていました。誰もがあらゆることに興奮していましたが、彼女たちは笑ってもいて、それは彼女たちの夕方の楽しみでもありました。道端にごみくずが山になっていて、それを村の疥癬に罹った犬たちがほじくっていました。近くの店で飲み物や食べ物を売っていました。赤ん坊を抱いて襤褸《ぼろ》を纏った女性が、店の入り口で気の毒にも物乞いをしていました。凶暴な海が近くで轟いていました。村の先の、夕陽に照らされた良い香りのする平和な水田に、豊作の期待感がありました。夕陽を浴びた雲が、ゆっくりと海を渡ってきました。至る所で様々なことが行われていましたが、誰も空を見上げませんでした。死んだ魚や、騒々しい一団や、深い池の緑色の水や、寺院の縞模様の壁が、夕陽を内に取り込んでいるようでした。水田とモクマオウの木立のそばの、水路に架けられた道を歩くと、顔見知りの誰もが立ち止まって、あなたの面倒は我々が見るから、我々のところに来なさいと、親切にも声をかけてくれます。空が暗くなり、水田の緑色が消え、星々が非常に明るくなりました。

　街の明かりが雲に反射している暗い夜道を歩いていると、あの打ち壊しがたい力強さが、文字通り、息を呑むような豊かさと透明感を伴って現れました。全ての生命はその力強さでした。それは、注意深く鍛え上げられた意志の力強さでもなければ、多くの防御と抵抗の力強さでもなく、勇気の力強さでもなければ、嫉妬や死の力強さでもありませんでした。それにはいかなる質もなく、それを描写するのは不可能でした。しかし、それはあの暗い丘や道端の樹々と同様に存在していました。余りにも際限がなくて、思考はそれを思い描くことや推測することができませんでした。それは理由のない力強さであり、それに何かを加えたり、それから何かを取り除いたりすることはできませんでした。それが知られることはなく、それには姿や形がなく、近づけません。知るということは認識ですが、それはいつも新しくて、時間では計りえない何かです。

　その力強さは一日中現れていました。それは囁きのように不確かでしつこくありませんでしたが、切迫感と、それ以外には何もないというほどの豊饒性とで現れていました。言葉が台無しにされていて、ありふれたものになっています。愛という言葉は市場価値を持っていますが、人気のない道を歩いていると、その言葉が全く違った意味を持ちました。それがあの底知れない力強さと共にやってきました。その二つは花弁の色彩のように分かち難いのでした。頭脳と心と精神は、余すことなく呑み込まれ、それ以外には何も残っていませんでした。しかし、バスは音を立てて通り過ぎ、村人たちは大きな声で喋っていました。スバルがちょうど地平線の上にかかっていました。一人で歩いているときでも、他の人と一緒にいるときでもそれは続いていて、夜明けの光が椰子の樹々の間から差し込むまで一晩中続きました。それは、葉群れの中の囁きのように現れています。

瞑想は何と途方もないものでしょう。もし、思考を順応させたり模倣させたりする何らかの種類の強制や努力があると、それは疲労をもたらす重荷になります。望んだ沈黙は輝きを失います。それがビジョンや経験の追求なら、幻想や自己催眠に陥ります。思考の開花の中のみ、従って思考の消滅の中にのみ、瞑想は意義を持ちます。思考は、知識の拡大し続ける波紋の中でなく、ただ自由の中でのみ開花します。知識は、より大いなる感覚のより新しい経験をもたらすかも知れませんが、何らかの経験を求める精神は成熟していません。成熟は、あらゆる経験からの自由であり、あろうとなかろうと、もはやいかなる影響下にもないことです。瞑想の中の成熟は、精神を知識から自由にすることです。というのは、知識があらゆる経験を形成しコントロールするからです。自己を照らす光である精神には、経験は全く必要ありません。未熟な精神は、より多くのより広い経験を渇望します。瞑想は、知識の世界を巡って知識から自由になり、未知の世界へ入ることです。

三日

心地よい道路沿いの、オイルランプが灯っている小屋で、彼らは口論していました。甲高い金切り声で、女性は何やらお金のことを叫んでいました。お米を買う十分なお金がないのでした。男性は何やら低いおどおどした調子でブツブツ言っていました。遠くからでも彼女の声は聞こえていて、混み合ったバスだけが、彼女の声をかき消しました。椰子の樹々は沈黙し、モクマオウの頂上の羽毛のような葉も静かでした。

月のない夜で、辺りは暗く、太陽はすでに広がってきている雲間に消えていました。沢山のバスや車が、海辺の古代の寺院を目指して通り過ぎました。再び道路は穏やかになり、遥か遠くに独り佇んでいました。穏やかに話しながら通り過ぎた幾人かの村人たちは、一日の労働を終えて疲れ果てていました。不思議な際限のなさがやってきました。それは信じられない優しさと愛情を伴って現れていました。いとも簡単に破壊されてしまう春の柔らかな若葉のように、それは途轍もなく脆いので永遠に破壊されませんでした。あらゆる思考と感情が消えて、認識が止みました。

お金を与える側にとっても、受け取る側にとっても、権力の座にいる者にとっても、貧者にとっても、お金が重要になるというのは不思議なことです。彼らは絶えずお金のことを口にするか、さもなければお金のことを口にするのは無粋であると話を避けますが、彼らはお金のことを意識しています。立派な仕事をするためのお金、党のためのお金、寺院のためのお金、お米を買うためのお金です。お金を持っていても惨めであり、お金を持っていなければ、それもまた惨めです。人々は、地位や、資格、賢さ、能力、どれだけのことを成し遂げたのかを問うように、どれだけの財産があるのかを問います。富者の嫉妬と貧者の嫉妬があり、知識や服装や巧みな会話などの、これ見よがしの競争があります。誰もが人に印象を与えたいと思い、その聞き手が多ければ多いほど嬉しいのです。お金が、権力を除けば、他の何よりも重要です。金と権力、この二つには驚くべき関連性があります。聖者はお金を持っていませんが権力を持っていて、富者と貧者に影響を与えています。政治家は、頂上に登り詰めるために、国や聖者や聖職者たちを利用して、野心の愚かさと権力の冷酷さを説くでしょう。金と権力には終わりがなく、より多く手にすればさらに欲しくなってきりがありません。全ての金と権力の背後には、否定できない悲しみがあります。それを脇へ追いやったり、忘れようとしたりしても、それはいつもそこにあり、言いくるめることができません。それは、何をもってしても癒せない深い傷として、いつでもそこにあります。

誰もそれから自由になりたいとは思いません。悲しみは余りにも複雑すぎて理解できません。それは微に入り細に入り本で説明され、本や言葉や結論が殊の外重要になります。しかし、悲しみは依然として観念の衣を被ったままです。そうして、逃避に意味があるようになります。逃避には様々な深さの違いがありますが、逃避は皮相性の本質です。悲しみはそう簡単に騙されません。悲しみを葬るためには、その正に中心にまで行く必要があります。自分自身の非常に深いところを、一つ残らず掘り起こして、狡賢い思考の一挙手一投足と、あらゆることについてのあらゆる感情と、あらゆる反射的な反応のあらゆる振る舞いを、抑制することなく、取捨選択せずに見つめる必要があります。それは川の源流にまで遡るようなものであり、川自身が、その源にまで案内してくれるでしょう。悲しみの核心に至る、あらゆる糸や、あらゆる手がかりを手繰っていく必要があります。

ただ見守っていて、見て耳を澄ましていればよいのです。全てが露わになり、明らかになります。人は、月へではなく、神々のもとへではなく、自分自身の中へ赴く必要があります。一瞬のうちに自分自身の中へ踏み込んで行って、一瞬のうちに悲しみを葬るのか、悲しみを長引かせて無為に時を過し、怠惰に、無感動になってしまうのかのどちらかです。悲しみを葬るためには熱気が必要です。熱気は逃避からは得られません。逃げるのを止めたとき、それが生まれます。

四日

樹々の下は非常に穏やかでした。多くの鳥が呼び合ったり、囀ったり、お喋りをしたりしていて、彼らは少しもじっとしていませんでした。それらの枝は、巨大で、形が綺麗で、光っていて、しなやかでした。それらを見るのは非常な驚きです。それらには穏やかな曲線と優雅さがあり、見ていると涙が出てきました。地上にあるものの不思議さに驚嘆しました。地上には樹木よりも美しいものはありません。樹木は枯れ果てても依然として美しく、あらゆる枝が剥き出しになって、大気と太陽に曝されます。鳥たちがその剥き出しの枝に止まって羽を休め、その深い穴が梟たちの棲み処になります。高いところにある穴が、キイキイ鳴く明るい色をしたオウムたちの巣になります。赤い鶏冠を直立させたキツツキがやって来て、幾つかの穴を穿つでしょう。勿論、縞リスたちは枝を走り回り、何かに不平を言いながら、いつも興味津々です。

枝の天辺に、威厳を湛えた白色と赤色が混じったワシがいて、独り大地を見渡しています。赤と黒の沢山の蟻がいて、枝を駆け上がったり駆け下りたりしています。彼らに刺されると非常に痛いのです。今、その樹は生きていて、驚嘆すべきものでした。沢山の影ができ、焼けつくような太陽の日差しは入ってきませんでした。何時間もそこに座って、樹の内と外の、あらゆる生きているものや死んでいるものを見て耳を澄ますことができました。人は、自己の中を見て回ることなしには、外のものを見たり、耳を澄ましたりできません。事実、外のものは内のものであり、内のものは外のもので、それらはほとんど分けることが不可能です。その壮大な樹を見ていると、誰が何を見ているのかと不思議で、しばらくすると、見ている者が全くいなくなります。あらゆるものが、とても強烈に活動していて、生命だけが存在し、見ている者は、あの落ち葉と同じように死んでいます。樹木と、鳥たちと、木陰に座っている人間と、豊饒な大地との間の分断がなくなります。徳行は思考を脱落させて起こるので、そこに秩序が生まれます。秩序は永遠なものではなく、一瞬一瞬、現れるだけです。

あの際限のなさが、夕陽と共に、非常に気さくに自由に、歓迎的にやってきます。暗くなってきたので、鳥たちは沈黙し、あらゆるものが夜に備えて次第に穏やかになっています。頭脳——素晴らしい、敏感な、生き生きとした頭脳——は全く静まり、反射的に反応する瞬間も、記録することも、経験することもなく、ただ見守って、耳を澄ましているだけです。ただ見て耳を澄ましているだけです。際限のなさと共に愛があり、破壊があります。その破壊は近寄りがたい力強さです。これらは全て言葉であり、あの死んだ木のように、かつて存在していたものの今は全く存在していないもののシンボルです。それは言葉から去って離れて行きました。言葉は死んだものであり、それがあのすさまじい何もないことを捉えることは決してないでしょう。際限のない空虚からのみ、愛は無垢と共に現れます。どうして、頭脳が愛に気づけるでしょうか。非常に活動的で、知識や経験で塞がれていて、知識や経験が重荷となっている頭脳が、どうして、この愛に気づけるでしょうか。それが存在するためには、あらゆるものが否定されなければなりません。

習慣はどんなに便利でも、感受性を破壊します。習慣は安心感を与えます。習慣が育まれているときに、どうして、気を抜かない警戒心や感受性が生まれるでしょうか。安全の欠如が、気を抜かずに警戒する気づきをもたらすのではありません。楽しみ同様、悲しみなどあらゆるものが何とたちまち習慣になるのでしょう。そしてすぐに退屈になり、レジャーと呼ばれる、奇妙なものが始まります。四十年間働いてきた習慣の後にレジャーを手にします、或いは一日の終わりにレジャーを手にします。習慣の後にくるのはレジャーの役回りで、それがまた習慣になります。感受性なしに、愛情や、矛盾する存在に駆り立てられた反射的な反応ではないあの高潔なものは存在しません。習慣を成り立たせている装置は、いつも安全性や決してかき乱されない安楽な状態を追い求めている思考です。この永久的なものを追い求めることこそが、感受性を否定します。感受性が鋭敏であると決して傷つきません。避難先が苦痛の原因になるだけです。余すことなく鋭敏でいることは、完全に生きていることで、それが愛です。

思考は非常に狡賢くて、もう一つの思考である追究者をやり過ごすでしょう。思考はもう一つの思考を追究できません。人は思考が開花するのを見て耳を澄ますことができるだけです。自由の中で開花するものは枯れて後に何も残さず消滅します。

五日

夜明けから鳴いているカッコウはカラスよりも小さく、全体的に灰色で、長い尾と輝く赤い眼をしていました。それは、半分隠れている小さな椰子の樹に止まり、はっきりした柔らかな調子で仲間を呼んでいて、尾と頭が見えていました。相手のカッコウが小さな樹に止まっています。それはもっと小さくて臆病で、なかなか見えませんでした。オスが、見通しの良い枝の上に現れたメスの方に向かって飛んで行きました。二羽はそこにいて、オスが鳴いていましたが、しばらくすると彼らは飛び去りました。

空には雲がかかっていて、柔らかな微風が木の葉を揺らしていました。一日の後半から夕方にかけて大いに揺れ動く大きな椰子の樹は、今は静かで、気だるく無頓着でした。夜中に雨が降ったようで、土が濡れて砕けました。一日がまだ始まっていなくて、庭は平穏でした。大きな樹々は眠たげでしたが、小さな樹々はよく目覚めていました。二匹のリスが、枝から枝へ追いかけ合って遊んでいました。夜明けの雲に代わって昼の雲が出てきて、モクマオウの樹が揺れました。

どの瞑想の働きにも、同じものは一つもありません。瞑想には、いつも新しい息遣いや、新しい破壊があります。しかし、それは古い習慣に替わる新しい習慣というような、新しいパターンの形成ではないので、打ち壊すべきパターンは存在しません。習慣は、どんなに新しくても全て古いものです。習慣は古いものから形成されますが、瞑想は、新しいパターンのために、古いパターンを破壊することではありません。それは新しくて破壊的で、古い領域の中にはない新しさで、古い領域へ入ったことは全くありませんでした。それは、古いものを全く知らないので新しいのでした。それはそれ自身破壊的ですが、何かを打ち壊しているのではなく、それ自身が破壊でした。それは破壊したので新しく、不可思議な創造がありました。人を夢中にする、或いは人が夢中になる玩具は、瞑想の中にはありません。それは、ビジョンや観念や瞑想体験などのあらゆる玩具の破壊です。本当の瞑想の基礎を築かなければなりません。そうしないと、様々な形の幻想に陥ります。瞑想はもっとも純粋な否定で、反射的な反応の結果ではない否定です。否定して否定の中に否定したままでいることは、動機を持たない行動であり、それが愛です。

六日

カラスくらいの、灰色でまだら模様の鳥がいました。その鳥は少しも臆することがないので、いつでも好きな時にその鳥を見ることができました。その鳥は、木の実を非常に注意深く選びながら食べていました。木の実は緑色と銀色の大きな房となって垂れ下がっていました。しばらくすると、そのまだら模様の鳥と同じくらいの大きさの鳥が二羽来て、他の房に取りつきました。その二羽は昨日のカッコウで、昨日のような柔らかな調子では鳴かずに、慌ただしく木の実を食べていました。普通カッコウは用心深い鳥ですが、その二羽は、人が数フィートの近さで見ていても構わないようでした。シマリスがやって来て彼らに加わりましたが、三羽は飛び去りました。リスが木の実を貪欲に食べていると、カラスがやって来て鳴き出しました。シマリスにとってそれは穏やかではない出来事で、シマリスは走り去りました。カラスは木の実を全く食べませんでした。恐らく、カラスにとっては、他のものが楽しそうに食べているのが気に入らなかったのでしょう。涼しい朝でした。太陽が、生い茂った樹々の背後から、ゆっくり昇ってきました。長い影ができていて、柔らかな朝露がまだ草の上に残っていました。

小さい池に、芯が金色の青いユリが二つ咲いていました。それは白色がかった金色で、その青は春の空の青で、浮葉は丸くて強い緑色でした。小さなカエルが、その葉の一つに座って、動かずにじっと眼を見開いていました。二つのユリが庭全体の歓喜を表現していました。大きな樹々も、それらに影を落とさずに見下ろしていました。それらは繊細で柔らかく、自分たちの池の中に静かに佇んでいました。それらを見ていると、あらゆる反射的な反応が止んで、思考と感情が消え去り、それらだけが、その美と穏やかさの中に佇んでいました。あらゆる生物がそうであるようにそれらは強烈でした。年がら年中、我が事に没頭している人間が唯一の例外でした。

その二つのユリを見ていると世界が変わりました。しかし、それは専制支配がより軽減されてより自由が増し、或いは貧困が解消されてより良い秩序の社会へ変わったのではなく、苦しみや悲しみや不安の去来がなくなって、退屈の苦痛がなくなったのでした。金色の芯をした青色のユリがそこにあって、世界が変わりました。それは美の奇跡でした。

その道は、我々全員にとって見慣れた光景になりました。村人がいて、一人の男が一つの牛車ごとについて歩き、総勢で十五から二十の牛車が列をなしていました。犬や山羊たちも後についていきます。稔った水田がありました。その夕刻は、道が開けっ広げに微笑んでいて、空が非常に近くに感じられました。辺りは暗くなってきて、空の明かりが道路に反射し、夜が迫ってきていました。

瞑想は努力を宗とする行為ではありません。あらゆる努力は矛盾し、抵抗します。努力と取捨選択はいつも葛藤を生み、そうなると瞑想は事実や現実からの逃走になるだけです。しかし、その道で、瞑想は他者性に席を譲り、穏やかな頭脳を完全に沈黙させました。頭脳は、その計り知れないものの通路でしかありませんでした。急峻な土手に囲まれた深くて広い河のように、この不思議な他者性は、方向と時間を脱落させて流れていました。

七日

窓から、若い椰子の樹と、緑の葉に囲まれて大きなピンク色の花弁を付けた花が沢山咲いている樹が見えました。椰子の葉が重たそうに、ぎこちなくあらゆる方向に揺れていて、花々には動きがありませんでした。遥か遠くに海があり、一晩中、深くて耳にしみ込む音が聞こえていました。繰り返し押し寄せてくる重たい波音は、決して変わることがありませんでした。その音の中には、威嚇や飽くことのない運動や凶暴な力が含まれていました。夜明けと共に海の轟きは収まり、鳥や車やドラムなどの音がそれに取って代わりました。
瞑想は、全ての時間と距離や、成し遂げられた成果や、経験を焼き尽くす炎です。そこにあるのは、唯一、壮大で限りのない空虚だけですが、その中には活動があり、不可思議な創造があります。思考は創造的ではありえません。それは、ものをカンバスに描いたり、言葉にしたり、大理石に刻んだり、或いは驚くべきロケットの中のものを作ったりできますが、思考はどんなに洗練されていても、どんなに繊細であっても、時間的な境界の中の働きです。それは、ただ空間を覆うだけで、それ自身を超えることができません。それはそれ自身を浄化することができず、それ自身を探究することができません。もし、それ自身を妨げないのなら、それはただ開花して消滅するだけです。あらゆる感情は感覚です、そして経験はそれから生まれます。そして、思考を伴った感情が、時間的な境界を築き上げます。

九日
遥か遠くから、休みなく轟き渡っている海の波音が聞こえていました。それらは無害な波ではなく、危険で凶暴で冷酷でした。海は静かに夢を見ているようで辛抱強く感じられましたが、波は高くて巨大で恐ろしいのでした。人々が呑み込まれて溺れ死にました。強い海流が流れていました。海の波は決して優しくなく、高くうねった波は、遠くから見ると壮麗で見事ですが、凶暴な力と残忍性が潜んでいました。黒く日焼けした男たちが乗り込んだ、とても華奢な二連小船が、少しも恐れることなく、無頓着に、呑気に、波の中へ入って行きます。彼らは遥か地平線にまで行き、そして、恐らく大漁になって、その日遅く帰ってくるでしょう。その日の夕方の波は特に凄まじく堰を切ったようで、岸辺に打ち寄せるその音が耳をつんざくようでした。岸辺は南北に伸びて、波に洗われた砂が美しく黄色みを帯び、陽に焼かれていました。太陽も優しくはなく、いつも焼けるように暑いのでした。海の向こうから昇り始めた早朝や、雲間に沈むときだけそれは穏やかで、心地よいのです。

凶暴な海と焼けつく太陽が大地を痛めつけていました。人々は貧しく、痩せていて、いつも食べ物が不足していました。惨めさがいつも付き纏い、死が日常茶飯事で、それが子供の誕生に勝り、無関心と退廃を生んでいました。富者たちも無関心で怠惰でした。例外なのは、金もうけや権力や橋づくりです。彼らは、その種のことに非常に狡賢くて、絶えずより多くを――より多くの知識や、より多くの才知を――傾けますが、いつも敗北していて、死があります。死は最終的なもので、それを欺くことはできません。どんなに巧妙で狡猾な議論を繰り出してもそれを押し止めることはできません。それはいつもそこにあり、人は、それに対して壁を築くことはできませんが、生に対してはそれができます。人は生から逃げたり生を欺くために、寺院へ行き、聖者を信じ、月へ行ったりできます。人は、生に関して何でもできて、悲しみがあり、死があります。悲しみから隠れることができても、死から隠れることはできません。

その距離からでも、轟き渡る波の音が聞こえていました。椰子の樹々が、背中に夕陽を浴び、ため池と水路が煌めいていました。

あらゆる種類の動機が我々を駆り立てます。あらゆる行動に動機があるので、我々は愛を失います。我々は、我々が行っていることを愛してもいません。我々は動機を持たないで行動することも、存在することも、生きていくこともできないと思うので、自ら自分自身を怠惰でつまらない存在にしてしまっています。我々は、機能を地位の獲得のために使っています。機能が、他の何かのための手段にしかすぎなくなっています。物事そのものへの愛が存在しないので、あらゆるものが見かけ倒しになり、関係性がおぞましいものになっています。何かにしがみつくことが、我々自身の底の浅さや、孤独感や、不足感を満たす唯一の手段になっています。嫉妬は憎しみを生むだけです。愛には動機がありません。愛が欠落しているので、あらゆる動機が這い寄ってきます。動機が脱落している生を生きることは難しいことではありません。それには観念や信念に順応しない高潔性が必要です。高潔性を持つということは、自己に批判的に気づいていることであり、現実の自分に一瞬一瞬、気づいていることです。

十日

椰子の樹々の間に浮かんでいるように見える非常に若い月がありますが、昨日はそこにいませんでした。恐らく、恥ずかしがって、雲の後ろに隠れていたのでしょう。というのは、それが優美な金色の曲線の切れ端だからでした。それは、暗くて厳粛な椰子の樹々の間にある、歓喜の奇跡でした。雲が彼女を隠そうと集まってきましたが、彼女は開けっ広げで、優しくて、非常に近くに見えました。椰子の樹々は、沈黙していて厳格です。水田が黄色に変わってきていました。

夕方になると、樹々の葉の囁きが辺りに満ちて、海が数マイル先で轟いていました。村人たちは夕刻の美しさに気づいていませんでした。彼らはそれに慣れてしまっていました。彼らは、貧困、飢え、埃、汚れ、集まってくる雲など全てのものを受け入れてしまっていました。人は、悲しみや幸せなど全てのものに慣れてしまいます。もし慣れなければ、もっと惨めになり、もっと取り乱すでしょう。問題をより多く抱え込むよりも、無感覚で鈍感な方が良いのです。そうしてゆっくりと死んでいけば、その方が安楽なのです。人は、こうしたこと全てを説明する経済的、心理的な理由を見つけることができます。しかし、富者にとっても、貧者にとっても、会社や工場などへこの先三十年間通うことの退屈さや、不毛に慣れてしまうことの方が、より安易であるという事実は残ります。人は生きていかなければならないし、責任を負っているので、あらゆるものに慣れてしまった方がより安心です。我々は、愛や、恐れや、死に慣れて、習慣が善事になり、徳になり、逃避や、神々にさえなります。習慣の中に埋もれた精神は、底の浅い、理解力が鈍磨した精神です。

十一日

夜明けがゆっくりとやってきました。星々はまだ輝いていて、樹々はまだ活動していません。鳥の鳴き声は聞こえず、夜中に、騒がしく樹から樹へ飛び回っていた梟も静かでした。波の音を除けば奇妙なほど穏やかでした。大気は非常に穏やかで、至る所に花々と落ち葉と、湿った土の匂いがしました。大地は、夜が明けて一日が始まるのを待っていました。期待感と辛抱と奇妙な静けさがありました。瞑想は、静けさと共に続いていました。静けさは愛でした。それは何かを愛することでも、誰かを愛することでもなく、イメージやシンボルや言葉や絵画を愛することでもありませんでした。それは、単純に、感傷や感情なしの愛でした。それはそれ自身で完全に満ち足りている何かで、むき出しで、強烈で、それには出自も方向性もありませんでした。あの遠くの方で鳴いている鳥の声が、その愛でした。その声には、その場所を示す方向と距離はありましたが、それには時間と言葉が脱落していました。それは情動ではありませんでした。情動は色褪せるものであり、残酷です。シンボルや言葉が代用されたとしても、言葉やシンボルはその当のものではありません。それは、剥き出しで途轍もなく脆いので破壊されません。それはあの他者性、あの不可知なものの近寄りがたい力強さを備えていました。それが樹々の間を通り抜けて、海の彼方からやってきました。瞑想は、あの空虚から呼ぶ鳥の声であり、岸辺を打ちつける海の轟きです。愛はただ余すことのない空虚の中にあるだけです。遥か彼方の地平線が白み始めました。暗い樹々が一層暗くて強烈でした。瞑想の中には、習慣の持続のような繰り返しはありません。そこにあるのは既知の全ての死と、未知の開花です。星々が消えて、雲が朝日で目覚めました。

経験は明晰性や理解を破壊します。経験は感覚であって、様々な種類の刺激に対する反応です。あらゆる経験は、どんなに広く拡大しても、その内向きの壁を厚くします。知識の収集蓄積は機械的です。全ての加算的な過程は機械的です。それは機械的な存在のためには必要ですが、知識は時間に縛られています。感覚にきりがないように、経験の欲求にはきりがありません。野心の残忍性は、力を感じて経験を強化することや、能力の中で冷酷になることです。経験は、徳行の本質である謙虚をもたらすことができません。謙虚の中でだけ学びます。学ぶことは、知識の獲得ではありません。

一羽のカラスが朝鳴きを始めました。庭のどの鳥もそれに加わり、全てのものが突然目覚めました。微風が樹々の葉の間に起こり、辺りが輝きました。

十三日

長く伸びた雨雲が、地平線から地平線まで南北に広がっていました。その中に割って入る白い雲もありました。雨が北から降り出して、ゆっくりと南へ広がっています。川に架かる橋の向こうに、黒い地平線を背にして白く長い線と化した波が見えました。バスや、車や、裸足の人たちが橋を渡っていました。雨が凄まじくなってきました。

普通は、この時期のその川は渇いていますが、今は雨雲と同じ色の黒い水が流れていました。あの可愛らしい鷺さえもいなくて、閑散としていました。川の向こうは大きな街の一部で、混雑していて、騒々しくて、汚くて、勿体ぶっていて、繁栄していました。その少し左先に、土でできた小屋や、壊れかかった建物や、小さい汚れた店や、小さな工場や混雑した道路があり、牛が道の真ん中に寝そべっていて、バスや車がそれを避けていました。赤色の明るい幾筋かの光線が、西から差していましたが、それらも近づいてきた雨に覆われました。

警察署を通り過ぎて狭い橋を渡ると、水田の中を縫って、騒々しい汚い街から遠ざかる、南に延びた道路がありました。雨が降り出し、その急な土砂降りが瞬く間に道路に水たまりを作り、乾いていた大地の上を流れ出しました。それは、大地を洗い、汚れを落として浄化する、爆発的で凄まじい雨でした。村人たちは、ずぶ濡れになっても気にしないで、水たまりに裸足で立ったまま、笑ったり、お喋りをしたりしていました。オイルランプの小さな小屋が雨漏りしていました。バスが唸りをあげて通り、誰もがその水しぶきを浴びました。自転車が弱々しい灯りを付けて、ベルをチリンチリン鳴らしながら、激しい雨の中へ入って行きました。

過去も現在もあらゆるものが洗い清められ、時間も未来もありませんでした。歩く足元から時間が消えて、時間の産物である思考が止みました。思考は、前に進むことも、後ろに引返すこともできずに立ち消えていました。その凄まじい雨の一滴一滴は河であり、海であり、氷河でした。余すことのない完全な空虚が存在していて、その中に不可思議な創造と愛と死があり、それらは分離していませんでした。足元に注意する必要がありました。バスが、当たるかと思われるほどの近くを通り過ぎていきました。

十五日

美しい夕刻でした。幾つかの雲が夕陽の周りに集まっていました。赤く燃えた厚い雲が移動していて、新月がその中にありました。モクマオウの樹や椰子の樹の間を通ってくる間に、海の轟きの猛威が和らぎました。真っ直ぐに高く伸びた椰子の樹々が、明るくバラ色に燃えた空を背景にして、黒い影になっていました。細い脚を後ろに真っ直ぐに伸ばしてゆっくりと羽ばたく白い水鳥の群れが、次から次へと北へ飛んで行き、薪と伐採したモクマオウの木を積んだ牛車が、キイキイ音を立てながら、長い列をつくって街へ向かっていました。

道路は、しばらくの間混んでいましたが、先へ行って辺りが暗くなると、道路は閑散としました。日が落ちると、大地に、優しさや、浄化作用のある奇妙で平和な感覚が穏やかに広がります。それは反射的な反応ではなく、あらゆる騒音、汚れ、慌ただしさ、雑踏が入り混じった街の中にあります。それは荒れ放題のあの狭い土地の一画の中にあります。それは色鮮やかな凧が引っかかっている、あの樹の周りにあります。それは寺院の向こうの、あの人気のない道の中にあります。それは至る所にあり、人がただ一日から解放されなければならないだけです。

その晩、道路上にそれは現れ、人を優しく説いて、人を、あらゆるものとあらゆる人から引き離しました。辺りがより一層暗くなると、それはより一層強烈に、一層美しくなりました。星々が椰子の樹々の間に見えました。地平線から昇ってきたオリオンが、それらの中にありました。スバルはそれらから遥かに遠くにあって、既にその四分の三の旅程を終えていました。村人たちは我々を知るようになっていて、我々と話したがったり、我々を仲間にするために、我々に土地を売ろうとしたりしていました。宵闇が迫ってきたときも、あの他者性が、爆発的な至福と共に現れました。頭脳は、一枚の葉さえ静まり返っているそれらの樹々のように、微動だにしませんでした。あらゆる色彩や形など、何もかもがより一層強烈になりました。淡い月光に照らされた道端の全ての水溜りが生命の水になりました。あらゆるものが、やり過ごされ、拭い去られていなければなりません。それを受け取るためではなく、それを見守るために、それを見るために、頭脳が余すことなく静まっていて、鋭敏でなければなりません。乾燥して焼けた大地を覆う洪水のように、それは溢れる歓喜と透明感となってやってきて、留まりました。

十七日＊

夜明けにはまだかなり間があるとき、鳥の鋭い鳴き声が夜の静寂を少しの間破りました。そして、その鳴き声の活気が薄れました。樹々は暗く微動だにしないで、辺りに溶け入っていました。柔らかい穏やかな夜で、生命の息遣いが絶えませんでした。起きて活動しているものがありました。完全な沈黙の中に、深い蠢きがありました。

沢山の犬がいつも吠えている隣の村でさえ穏やかでした。それは、恐ろしいほど力強くて、破壊的な生命力を秘めた不思議な静けさでした。その余りの生命力と静けさのために、動くのが恐ろしくなり、体が凍りついて動かなくなりました。鳥の鋭い鳴き声で目覚めた頭脳は、感受性を高揚させたまま静まっていました。雲一つない空に星々が煌めいていて、非常に近くに見えました。南十字星が樹々のちょうど上に現れ、暖かい大気の中で光っていました。何もかもが非常に穏やかでした。

瞑想は決して時間の中にはありません。時間は変質を生み出せません。時間が生み出せるのは、全ての改革と同様に、再び変化が必要となる変化です。時間から生まれる瞑想には、いつも拘束するものがあり、その中に自由はありません。自由がないと、いつも取捨選択と葛藤があります。

*彼のトークの最終日。

Rajghat, Benares

十八日

近づき難い高峰の巨岩から浸み出して、樹木や藪のない剥き出しの岩の間を流れる細流がありました。それは、ほとんど水流とは言えない微かな水の滴りでした。それが下ってくると、サラサラと音を立てて流れる滝となり、更に下って谷の中の水流となり、そして、そのころになると力強い音を立てていました。その先の長い道のりには、町や谷や森や平原などがあるでしょう。それは抵抗し難い河となって岸を越え、流れながら自らを浄化し、岩にぶつかり、遥か遠くまで流れて、絶え間なく海に注いでいました。* 大事なのは海へ注ぐことではなくて、とても広く、とても深い、豊かで壮麗な河であることでした。それは海に注いで、底知れない壮大な水の中に消えるでしょう。しかし、海はまだ何千マイルの遥か先でした。今からその時まで、河は生命であり、美であり、終わることのない賑わいでした。何ものもそれを止めることはできないでしょう。何ものも、工場やダム群でもそれを止めることは不可能でしょう。それは広く深い河で、両岸に都市を抱え、とてものんびりと自由に流れていて、決して自暴自棄にならない、本当に驚くべき河でした。生命の全て——緑の平原、森、点在する家々、死、愛、そして破壊が両岸にありました。

優美で頻繁に使われている長くて広い橋がそれに架かっていました。他の河川がそれに合流していましたが、河が全ての小さい川や大きい川の主でした。河はいつも水を大量に湛えていて、絶えず自らを浄化し、雲の中の色彩が深まるとその水面が金色になり、それを見るのは夕刻の至福でした。巨岩が懸命に絞り出しているかのような、遥か彼方のあの水の滴りが生命の始まりで、それは最後に岸や海を越えて行きました。

瞑想はその河のようでした。ただ、瞑想には始まりも終わりもありませんでした。それは始まり、そして、終わりが始まりでした。理由はなく、その活動はその再生でした。それはいつも新しく、決して収集して古くなりませんでした。時間の中に根を下ろしていないので、それは決して汚されることがありませんでした。力づくでなく、いかなる努力もしないで、微かな水の滴りのように始まり、時間と空間を超え、思考と感情の入る余地のない、経験とは無縁の瞑想は善事です。

＊彼はベナレスにいて、かつて訪れたことがあるガンジス河の源流を思い出していました。彼は、ベナレスのちょうど北にある、ガンジス河岸のラージガートに滞在していました。そこにクリシュナムルティ学校があります。インドの人たちはベナレス、バナラス、或いはヴァーラーナシーと言います。

十九日

かなり涼しい朝で、夜明けはまだずっと先でした。家の周りの数本の樹々と藪が、夜中に森になって、沢山の蛇と野生動物を匿《かくま》っているようでした。夥しい影をつくっている月光が、その印象を強くしました。樹々は大きくて家の遥か上にまで伸び、静かに夜明けを待っていました。突然、樹木の間を通って、遠くから歌声が聞こえてきました。それは祈祷歌で、声量豊かなその歌い手は心をこめて歌っていました。月夜の中、その歌声は遠くまで響き渡っていました。それを聞いてその歌声に乗り、その歌声の一部になり、歌声を超え、思考や感情を超えて行きました。すると、微かにではあるけれども、はっきりとした楽器の音色が聞こえてきました。

二十六日

河は、この辺りで広くなっていて壮観です。それは湖のように深くゆったりとしていて、さざ波も立っていません。漁船と思われる船が数隻と、砂を街へ運んでいる、破れた帆を張った大きな船が、橋の向こうに見えています。本当に美しいのは、東に延びている水の広がりと反対側の岸辺です。河は巨大な湖のようで、空と張り合わんばかりの、言うに言われない美と空間に溢れています。そこは平坦な土地で、空が大地を覆っています。地平線は樹木の先の遥か彼方にあり、樹木は、最近種まきを終えた対岸の小麦畑の向こうにあります。緑色の畑が広がる先にも樹木があり、それらの中に村々が点在しています。

河は雨期になると大いに水かさを増して豊かな沈泥をもたらし、水が引くと、冬の小麦の種がまかれます。それはとても豊かで、驚くほどの大量の緑です。長くて幅広い岸辺が、魅惑的な緑の絨毯になります。こちらの岸からは樹木が底なしの森のように見えていますが、その中に村々が点在しています。根をむき出しにした一本の巨樹があり、それが岸辺の栄華となっています。その巨樹の下には小さな白色の社《やしろ》があり、その神々は巨樹を支える大河の水を象徴しています。

巨樹には先の長い葉が群生していて、それが河を越えてやって来る鳥たちの夜の寝床になっています。それは他の樹木を圧倒していて、こちらの岸辺からでも、注意して歩いていればその巨樹を見ることができ、それには美の風格や独存するものの威厳が備わっています。小さな村々は、ぎゅうぎゅう詰めに混み合って汚れていて、人間が周りの大地を汚していますが、こちら側から見ると、樹々の中の村々の白い壁は新しくて穏やかで、大変美しく見えます。

美は人の手になるものではなく、人の作るものは感情や感傷を呼び起こしますが、それらは美とは何の関係もありません。美は決して作り出せるものでも、建立されるものでもなく、美術館の中にもありません。愛は美であるので、人はそれら全てを、あらゆる個人的な嗜好や取捨選択を超えて行かなければなりません。人からあらゆる情動が洗い落とされていなければなりません。

河は壮大なカーブを描きながら東に流れて、村や町や深い森を通り過ぎます*。この町と橋を過ぎる辺りに来ると、この河と対岸はあらゆる河と岸辺の本質を現します。どの河にも河独自の歌や歓喜や災害がありますが、この辺りにくると河はその大いなる沈黙によって天と地を包み込んでいます。この河は、全ての河がそうであるように聖なる河です。しかし、やはりこの辺りにくると、この河は、遥か彼方から曲がりくねってきた河として、際限のない深さと破壊の優しさを湛えています。この河を見れば、その成熟した年月と、その静寂に人は魅惑されるでしょう。そして、人は全ての天と地を忘れるでしょう。

静かな沈黙の中にあの他者性が現れ、瞑想はその意味を失いました。それは、遥か彼方から勢いを増しながらやってきて、岸辺に当たって打ち砕け、目の前にある全てのものを一掃してしまう波のようでした。時間と距離がないだけでした。それが底知れない力強さと破壊的な生命力と共に現れていて、それは愛である美の本質でした。いかなる想像力でもこのようなことを呼び起こすことは不可能ですし、どのような深い潜在的な衝動でもこの際限のなさを生み出せません。あらゆる思考と感情、あらゆる欲望と衝動が完全に消えていました。それは経験ではありませんでした。経験は、認識や収集蓄積する中心、記憶、継続を意味します。それは経験ではなく——未熟な精神だけが経験を渇望して、その結果、幻想に囚われます。それは単純に、夕日や死や湾曲して流れている河と同じで、出来事であり、ハプニングであり、事実でした。記憶が、それを網の中に捕えてそれを保持し、その結果、それを破壊してしまうことはできません。時間や記憶はそれを保持できないし、思考もそれを追い求めることはできません。それは、その中で全ての時間と永遠性が消滅して、記憶であるいかなる灰も残さない閃きでした。瞑想は、精神を完全に余すことなく空虚にすることで、それは受け取るためでも、獲得するためでも、到達するためでもありません。それは動機とは無縁のむき出しの状態で、精神から、顕在意識であろうと潜在意識であろうと、既知やあらゆる経験や思考や感情をなくして、精神を実際に空虚にすることです。否定は自由の正に本質です。主張や肯定的な追究は呪縛に陥ります。

＊ラージガートは、ベナレスの北にありますが、下流にあたります。ガンジス河が、この地点で北東に向きを変えて、再び南下するからです。

三十日

二羽のカラスが争っていました。喧嘩は険悪なもので、二羽とも地面に降り、凄まじい声を出していました。一方が優勢で、硬くて黒い嘴で他方を突っついていました。窓から叱る声がしましたが効き目はなく、もう一方が殺されようとしていました。そこへ、突然他のカラスがやって来て喧嘩に割って入り、地面の上の彼らよりも大きな声で叫び出しました。それは、争っている二羽のカラスの近くに舞い降りて、その黒く光る翼で彼らを叩きました。すぐに、五、六羽か、それ以上のカラスがやって来て猛烈に鳴き出し、そのうちの何羽かが、翼と嘴で本気になって殺し合いをしている二羽を分けました。彼らは、他の鳥や生き物を殺したりしますが、お互い同士の殺し合いはしません。それは自分たちの破滅になるでしょう。その二羽はまだ争いたかったのですが、他の鳥たちが彼らを叱りつけました。

しばらくすると彼らは飛び去って、河のそばの樹木の中の小さな空間に穏やかさが戻りました。午後遅くになって、太陽が樹々の背後にきました。本当の厳しい寒さは去って、鳥たちは、一日中囀ったり、呼び合ったりして、持ち前の心地よい歌声を響かせていました。オウムたちが、夜に備えて、けたたましく鳴きながら飛んで来ました。夜にはまだ少し早いけれども、彼らはやって来ました。大きなタマリンドの樹が彼らたちを沢山迎え入れます。オウムたちの色は、ほとんど葉の色と同じですが、彼らの緑色はより一層強烈で生き生きとしていました。注意して見るとその違いが分かります。噛んだり登ったりするときに使う湾曲した光る嘴も見えます。枝の中にいるときの彼らは、ややぎこちなく枝から枝へ飛びましたが、その飛ぶ様子は天上の光でした。彼らの声は荒くて鋭く、彼らは決して真っ直ぐに飛びません。彼らは春の大地の色彩をしていました。

早朝、樹の枝に止まっていた二羽の小さな梟が、昇ってくる朝日を浴びて日向ぼっこをしていました。彼らはとても静かだったので、気づかなかったのかもしれません。彼らは枝と同じ灰色の斑模様でした。もし、偶然でないなら、彼らがタマリンドの樹の彼らの穴倉から出て来るのを見ました。例年になく厳しく冷え込んだので、二羽の金緑色のヒタキが、寒さで樹から落ちて死んでいました。メスとオスの番いだったはずです。彼らは同時に死んでいて、触れるとまだ柔らかいのでした。彼らは実際に金色と緑色で、長い曲がった嘴をしていました。彼らはとても繊細で、まだ生き生きとしていました。色彩は非常に不思議です。色彩は神です。この二羽は光の栄華です。生命の活動は止んでも色彩は残るのでしょう。色彩は心臓よりも生き続け、時間と悲しみを超えていました。

しかし、思考は決して悲しみの痛みを解決できません。人は、あれやこれや理屈を付けることができるでしょうが、それは思考の複雑な長旅の後でも、依然として現れるでしょう。思考は決して人間の問題を解決できません。思考は機械的であり、悲しみは機械的ではありません。悲しみは、愛と同様に不思議ですが、愛を遠ざけます。悲しみは完全に解決することができますが、愛は招き入れることができません。悲しみは、あらゆる不安や恐れや罪悪感を伴う自己憐憫で、それらは思考では洗い流せません。思考は思考する者を生み、それらの間に悲しみが生まれます。悲しみの消滅は既知からの自由です。

三十一日

沢山の漁船が出ていて、太陽がだいぶ西に傾きました。河が笑い声と甲高い話し声で突然目覚めました。河には二十三隻の船が出ていて、一隻ごとに二、三人が乗っています。川幅が広くなっている辺りで、二、三の船が水上を管轄しているようでした。彼らは子供のように声を張り上げて先を争い、叫んだり、お互いを呼び合ったりしていました。彼らは非常に貧しく、汚れた粗末な衣服を着ていましたが、今は何も心配する必要がなく、大声を出していて、笑い声が辺りに響き渡っていました。河は光っていて、微風が水面に波紋をつくっていました。カラスたちは河を越えて、彼らの住み慣れた樹木の中へ戻って来ました。ツバメが低く飛んでいて水面に触れるかのようでした。

一九六二年　一月一日*

曲がりくねった川が大河に合流していました。川は、考えられるあらゆるもので汚染された街の汚い個所を流れてきていて、すっかり疲弊して大河に注いでいます。大河と一緒になる辺りに、竹とロープと藁で作られている、壊れかかった橋が架かっています。橋が崩れそうになると、彼らは川床の柔らかいところに杭を打ち、もっと沢山の藁と泥を、あまり太くないロープでそれに結わえつけます。ロープには沢山の結び目が付いていています。それらは全て急場しのぎの仕事でした。橋は、かつてはかなり真っ直ぐに架かっていたはずでしたが、今は、だらだらと流れる川に触れるかと思わせるほど落ち込んでいます。その上を歩くと、泥と藁が水の中に落ちて行くのが聞こえます。しかし、その橋は相当に強くできているのに違いありません。

狭い橋なので、反対側から来た人に触れないで渡ることがほとんどできません。自転車に乗った人たちが、ミルク缶を荷台に乗せて楽しそうに渡って行きますが、彼らは、自分たちにも周りの人にも少しも気を配りません。橋は、街と村を往来する人たちでいつも賑わっています。彼らは、彼らの生産物を街へ運び、夕方になると、火箸、爪、油、材木、岩板など、村では手に入らないものを何かしら手に持ち、疲れ果てて帰って来ます。彼らは粗末な服を着て、汚れていて、病気がちで、忍耐強く、裸足でどこまでも歩いて行きます。彼らには、反乱を起こして、全ての政治家を国から追い出したりするエネルギーはありません。しかし、もし彼らにそのエネルギーがあったら、その時は彼らが自ら政治家になって、人を食い物にしたり、狡賢く立ちまわったりして、人々を破壊する邪悪な権力にしがみつくための手段と方法を忽ち発明するでしょう。

　我々は、巨大な水牛と、数台の自転車と、行き交う村人たちと一緒に、その橋を渡りました。橋は今にも崩れ落ちそうでしたが、我々全員どうにか渡り終えました。その厄介な動物は、全く何も気にしていないようでした。土手を上がってよく踏み固められた砂の道を通り、古代の井戸のある村を過ぎると、開けた平坦な土地に出ました。マンゴウとタマリンドの樹と冬の小麦畑がありました。それは平坦な田園地帯で、悠久の昔から聳え立っている、遥か彼方の山脈とその丘の麓まで、何マイルも何マイルも広がっていました。その道は何千年という歴史がある古代の道で、途中に廃墟となっている幾つかの寺院があり、数え切れないほどの巡礼者が、その道をこれまで歩いてきました[**]。

　道が曲がるところから、遠くの樹木の間に河が望めます。

　涼しくて静かな素晴らしい夕刻でした。空が無限に広がっていて、その際限のなさを樹木や大地が包み込むのは不可能でしょう。どう言えばよいのか……地平線がなくて、樹木と限りなく平坦な土地が、広がる空に溶け込んでいました。空は淡い優美な青色で、地平線があるはずのところに夕陽が金色の靄をつくっていました。鳥たちが彼らの寝床である樹木から鳴き、山羊たちが鳴いていました。遠くから汽車の汽笛が聞こえてきました。幾人かの村の女性たちが火を囲んでいて、不思議なことに彼女たちも沈黙していました。

　アブラナの黄色い花が満開になって広がっていて、畑を越えた先の村から、煙が真っ直ぐ空中に立ち昇っていました。沈黙が不思議なほどに染み渡っていて、人の中に染み透り、人を超えて行きました。それは動くものでも、波でもありません。人は、その中を歩き、それを感じ、それを呼吸し、それを出自としていました。それは、頭脳のいつもの小細工によって、人が作り出した沈黙ではありません。それは現れていて、人はそれを出自としていました。人はそれを経験していなくて、経験し、回想し、収集する思考は存在していませんでした。人はその沈黙から分離していなくて、観察したり、分析したりしていませんでした。それだけがあって、他には何もありませんでした。時計時間で暮れてきていました。この奇跡的な沈黙は、時計時間でおよそ三十分続きましたが、時間的な持続感や時間的な感覚はありませんでした。

我々はその沈黙の中にいながら、古代の井戸と村を通り過ぎて、先ほどの狭い橋を渡り、我々の暗い部屋に戻って来ました。それは現れていて、それと共に他者性が現れ、抗しがたいほどに我々を歓迎してくれました。愛は言葉でもないし感情でもありません。愛が、底知れない力強さと、いとも簡単に壊されてしまう若葉の優しさを伴って現れていました。スバルがちょうど頭上にあり、オリオンが樹上にかかり、宵の明星は河の中でした。

＊彼はこの日、ラージガートでの七つのトークのうちの最初のトークを行いました。
＊＊巡礼の道は、ラージガート私有地を通り、カーシーと、仏陀が悟りを開いた後に最初の説法を行ったサールナートとを結んでいます。

二日

村の少年たちが岸辺で凧揚げをしていて、あらん限りの声を張り上げ、叫んだり、笑ったり、追いかけ合ったりしていました。落ちた凧を拾うために河へ入って行く子供たちの興奮ぶりは、堤の高いところで見ている大人たちに伝染して、大人たちも子供たちに向かって叫んだり、励ましたりしていました。それは、全村を挙げての夕方の楽しみのようで、疥癬に罹っている餓えた犬たちでさえも叫んでいました。誰もがその賑わいに参加していました。彼らは餓えていて、太っている人は年配の人の中にさえいませんでした。彼らは、年を取れば取るほど痩せていて、子供たちでさえもひどく痩せていましたが、それでも大量のエネルギーを持っているようでした。彼らは擦り切れている汚れた服を着ていて、それらの服には、さまざまな色違いの布が継ぎはぎされていました。彼らは誰もが、老人や病んでいる人たちでさえ快活で、自分たちの悲惨さや、身体的な脆弱さを気にかけていないようでした。というのは、彼らの多くが重い荷物の束を運んでいるからでした。彼らは驚嘆すべき忍耐強さの持ち主でした。死や生の苦悶がとても身近なので、彼らはそのようにならざるをえないのでした。あらゆるものが同時に存在していました——死、誕生、性、貧困、飢餓、感興、涙です。村では、死者を埋葬するための場所を、廃墟となっている古い寺院から遠くない、堤の上の方の幾つかの樹木の下に所有していました。*

飢餓や不潔な体の臭いや死の臭いなどが、多くの赤ん坊たちを待ち構えています。河はいつでもそこに存在していていて、時にはその村を恐怖に陥れますが、今は静かに澄み渡っていて、ツバメが、その水面に触れるかと思われるほどの低空を飛んでいました。川面が夕陽の柔らかな赤い色に染まっていました。河が全てでした。村人たちは、時折河で沐浴しました。彼らは、河で洗濯したり、痩せた体を洗ったりしました。彼らは河を礼拝して、花が手に入れば、畏敬の念から花を河に投げ入れていました。彼らは河で漁をし、河のそばで死にます。河は、彼らの喜びや悲しみには極めて無頓着で、非常に深くて、大いなる容量と力を秘めていて、恐ろしい生命力であり、とても危険でした。しかし、今それは静かで、さざ波も立っていませんでした。ツバメが水面にその影を落としていました。彼らは遠くまで飛ばず、百フィートくらいの高さを上昇しては下降し、その低空飛行を、陽が落ちるまで繰り返していました。素早く飛ぶ小さな水鳥たちがいて、尾を上下に振っていました。ほとんど湿地の色の、灰色がかった茶色をした大ぶりの鳥たちが、水際を出たり入ったりしていました。

それら全ての中で驚嘆すべきなのは、非常に壮大で、際限がなくて、地平線が見えない空でした。午後遅くて、光は柔らかく澄んでいて、非常に優しく、辺りに影を残しませんでした。どの藪も、樹木も、鳥も独存的でした。日中煌めいていた河が今は魅惑的で、夢見心地の空の色になり、美と愛の中に浸っていました。泣いていた心や狡猾であった頭脳など全てのものが光の中に消えて苦楽は去り、透明で穏やかで優しく撫でるような光が唯一残っているだけでした。それは光で、思考や感情は関与していませんでした。思考や感情は決して光を灯せません。思考や感情はなくて、ただこの光だけがあり、太陽はすっかり街並みの背後に隠れ、空には雲一つありませんでした。時間とは無縁な瞑想の活動を知らなければ、この光を見ることはできません。思考の消滅がこの活動です。愛は思考や感情の在り方ではありません。

非常に穏やかで、一枚の葉も揺らぎませんでした。辺りが暗くなって、川面を満たした満天の星が夜空にこぼれていきました。頭脳は完全に静まっていましたが、非常に生き生きとしていて見守っていました——見守っている主がいるのでもなく、中心から見守っているのでもなく見守っていて、いかなる感覚も生じませんでした。他者性が、思いも及ばない内面の深みに現れました。それは全てを拭い去って、それまであったものや、現にあるものの痕跡を一つも残しませんでした。境界のある空間も思考を生む時間も存在していませんでした。

＊村人たちはイスラム教徒です。

三日
奥深い田舎の道を一人歩くと、奇妙に心地よいものがあります。その道は数千年にわたり巡礼者たちによって使われてきた道で、途中に、とても古いタマリンドとマンゴウの樹がありま す。道は幾つかの村を通り抜けて緑の小麦畑の中を通り、地面はきめの細かい粉状の土で柔らかくなっています。それは雨期には重たい粘土状になるに違いありません。柔らかい、きめの細かい土が、そんなに多くはないけれども、足や鼻や目に入ってきます。古代の井戸と寺院と崩れかかった仏像があり、土地は手のひらのように平らで、地平線にまで延びています——もし地平線があればですが。道は何度も何度も方向を変えて、数分でコンパスを一周します。空があけっぴろげで、親しみやすい道の後を付いてくるようです。

道にはそれぞれ固有の魅力と美がありますが、このような道は世界中にも数えるほどしかありません。「クシュタートにある」その道は、谷を通り、なだらかに登りながら、冬の牛の飼料として刈られる肥沃な牧草地の間を通り抜けていて、雪で白く覆われますが、その時「彼がいた時」は、花が満開の夏の終わりで、周りに雪山があり、谷には渓流のざわめきがありました。その道を歩く人はほとんどいなくて、人は静寂の中を歩きました。そして、もう一つ「オーハイ」の道は、乾いていて埃っぽい崩落のある山肌を急登して、岩肌が荒れている滑りやすい道で、近くには樹も藪さえもありませんでした。孵ったばかりの雛を十羽以上連れているウズラに会いました。そして、さらに登ると、とぐろを巻いて飛びかかる態勢を取っている恐ろしいガラガラ蛇に出くわしました。しかし、それは自衛のための警告音を、しっかりと発していました。しかし、今、この道は他の道とは違い、埃っぽくて、あちこち人間によって汚されていました。廃墟となった古い寺院と仏像があり、巨大な牛が、誰にも咎められずに、稔っている穀物畑の中に入って、思う存分食べていました。猿たちや、空の配色をなぞったオウムたちもいました。その道は、何千年にもわたって、数知れない人たちの道でした。その道を歩くと我を忘れ、何も考えずに歩きました。信じられない空があり、葉で厚く覆われた樹木があり、鳥たちがいました。道には素晴らしいマンゴウの樹があって、その樹はとても古く、葉が厚く群生していて枝が見えません。その道を歩き続けると、感情が全く起こらなくなり、思考も止んで、ただ美だけが残ります。それが、あらゆる木の葉と、萎れていく草の葉と、大地と空を満たします。それが何もかもを覆い、人はそれを出自とします。それら全てを感じるように仕向けられるのではなく、それが現れます。人がいなくなるので、それが現れます。言葉や活動が起こりません。人は沈黙と薄れゆく光の中を引き返します。

あらゆる経験は痕跡を残し、あらゆる痕跡は経験を歪めます。そのように、これまでに起こらなかった経験というものはありません。あらゆるものが古くて、新しいものは一つもありません。しかし、これはそうではありません。あらゆる経験の、あらゆる痕跡が拭い去られ、過去の貯蔵所である頭脳は完全に静まって動きがなくなり反射的に反応しません。それは非常に生き生きとしていて感受性が鋭くなり、過去を脱落して、再び新しくなっています。

それが、あの際限のなさが現れていて、そこには過去や未来がありませんでした。それは現在さえも知ることなく現れていました。それは部屋を満たして計り知れなく広がっていました。

五日

太陽が樹々の間から昇り、街の向こうに沈みます。樹々と街の間に全ての生命があり、全ての時間があります。河はその間を流れ、深く生き生きとしていて静まっています。沢山の船が行き交い、木材や砂や切り出した岩や、ときには男女を乗せて村へ帰ってくる幾つかの大きな帆を付けた船があります。しかしそれはほとんどが小さな漁船で、痩せた浅黒い人たちが乗っています。彼らは着古した服を着ていて、食べ物に不足し、必然的に子沢山になっていますが、それでも彼らは幸せそうで、よく喋り、お互いを呼び合ったり、叫び合ったりしています。彼らは読み書きができませんし、村の外の遊び場や映画館などには行きませんが、歌ったり、合唱したり、祈祷歌を詠唱したり、宗教的な説話を語ったりする楽しみは知っています。彼らはとても貧しくて、生きていくのが非常に厳しく、死と病が、大地や河のようにいつもそこにあります。

その夕方は、いつもより沢山のツバメが水面に触れるかのように低空を飛んでいて、水面が沈んでいく夕陽の色に染まっていました。何もかもがとても生き生きとしていて強烈でした。四、五匹の太った子犬が、痩せて腹を空かした母犬の周りでじゃれついていました。沢山のカラスの群れが、対岸の堤へ帰って行きました。オウムたちがキイキイ鳴いて、素早く身を翻しながら樹木の中へ戻って行きました。汽車が橋を渡っていて、その音が下流の方まで響き渡っていました。女の人が冷たい河の水で体を洗っていました。あらゆるものが、生きるためにもがいています。それは正に生のための戦いです。そして死がいつもそこにあり、生の一瞬一瞬をもがいて死んでゆきます。夜明けから、街の家並みの背後に太陽が沈むまでの間に時間が全ての生命を呑み尽くしました。過去と現在の時間が人の心を食い尽くしました。人は時間の中に存在しているので悲しみを知りました。

河沿いの狭い道を、数珠つなぎになってその男の後を歩いている村人たちは、どういうわけか、前を歩いている男の一部でした。村人たちは八人いました。その男のすぐ後ろを歩いている老人が、絶えず咳をしたり、唾を吐いたりしていました。他の村人たちは、多少とも沈黙して歩いていました。村人たちの前にいる男は、村人たちの存在や、彼らの沈黙や、咳や、長い一日の後の彼らの疲労に気づいていました。村人たちはざわついているのではなく、穏やかで、どちらかといえば快活でした。男は、夕陽に照らされた河や、穏やかな夕陽や、寝床に帰る鳥たちに気づいているように、村人たちの存在に気づいていて、見たり、感じたり、観察したりする中心はどこにもありませんでした。それらは全て言葉や思考を意味します。思考は全く存在していなくて、これらのことがただ起こっているだけでした。彼らはみな足早に歩き、時間が止んでいて、村人たちは彼らの粗末な家へ帰って行くところでした。その男は彼らと一緒に歩いていて、彼らは彼の一部でしたが、彼が彼らを彼の一部と気づいているのではありませんでした。彼らは河のように流れ、鳥のように飛び、空のように途轍もなく広がっていました。それは想像力のせいではなく、事実でした。想像力は見かけ倒しであり、事実こそが紛れもない現実です。彼ら九人は、どこから来てどこへ行くともなしに、果てしなく歩いていました。それは果てしのない生命の行進でした。不思議なことに、時間と全ての個性が止んでいました。先頭の男が引き返そうとして振り向くと、村人たち全員が、とりわけ一番近くにいた老人が、彼とは長年の友人同士であるかのように挨拶しました。辺りが暗くなってきて、ツバメの姿はもうありませんでした。長い橋に明かりが灯っていて、樹々が闇の中へ引き籠り始めました。遥か遠くで寺の鐘が鳴っていました。

七日

緑の小麦畑の中に、一フィートくらいの小さな水路があります。水路に沿って畦道があり、しばらくのあいだ、人に会わずにそこを歩くことができます。その日の夕方は特に穏やかで、驚くほど緑色が輝いている太ったカケスが水路で水を飲んでいました。それは淡黄褐色で、翼が青く輝いていました。それは、苛立ち紛れに鳴いて去っていく他のカケスとは違っていて、そのカケスのかなりそばまで近づいても苛立って鳴いたりせず、不思議そうに人を見るのでした。人もあらん限りの爆発的な愛情を放ってそのカケスを見ました。それは太っていて、ゆったりしていて、非常に美しいのでした。それは、人が次に何をするのかを見守っていて、人が何もしないと一層穏やかになり、しばらくしてから、一声も鳴かないで飛び去りました。人は、今に至る生きとし生ける全ての鳥を、その鳥の中に見ていました。愛情の爆発がそうさせました。それは、前もってよく考え抜かれた爆発ではありませんでした。その衝撃で時間が止まってしまうほどの強烈さと凄まじさを伴って、愛情は自然に起こりました。

狭い畦道を歩き、花々や荒々しく色を塗られた仏像が供えられていて、寺院のシンボルとなっている樹木を通り過ぎました。その寺院は何か他のもののシンボルで、その何か他のものもまた巨大な何かのシンボルでした。言葉やシンボルが、国旗と同様に驚くほど重要になっています。シンボルは精神に食わせる灰で、そのような精神は不毛であり、思考はその灰殻から生まれます。それは、不毛な何もないものから出てくるあらゆるものと同様に、狡賢くて発明的です。しかし、そこにある樹は見事で沢山の葉が茂り、多くの鳥の棲み処となっていました。樹の周りが綺麗に清掃されていて、土製の仏壇が樹の周囲に作られ、仏像が太い幹に立てかけてありました。葉は朽ち果てても石像は朽ち果てることなく持ちこたえて、精神を破壊するのでしょう。

八日

朝日が水面に反射していてひどく眩しく、漁船が光っている朝日の道を横切っていきました。対岸の樹木の間に少し靄が出てきました。河は決して静まることがなく、いつも夥しい数の波の運動です。今朝は河が非常に活発で、樹木や藪が重たげで鈍く見えました。ただ鳥たちだけは呼び合い、鳴いていて、オウムたちがキイキイ鳴きながら飛んでいました。オウムたちは、家のそばのタマリンドの樹木を棲み処にしていて、一日中、そこを出たり入ったりしながら、休みなく飛んでいました。彼らの淡い緑色の体が日の光で輝いていて、彼らが空中で翻ると、湾曲した赤い嘴がより一層その赤味を増しました。彼らは素早く機敏に飛び、よく注意して見ると、彼らが緑の葉の中にいるのが分かります。いったん樹木の中に入ると彼らはぎこちなくなり、飛んでいるときほど騒々しくはなくなりました。早朝でしたが、太陽が水面を照らす遥か前に、全ての鳥は外に出ていました。そんな時間でも、河は、空の明るさと共に活動を始めていました。

瞑想は、精神の際限のなさを鋭くすることでした。精神は決して眠りませんし、決して完全に気を抜きません。精神の切れ切れがそこかしこで、葛藤と苦痛によって鋭さを増したり、習慣や一過性の満足によって鈍くなったりしました。あらゆる快楽が切望の跡を残しました。しかし、それら全ての暗い通路は、全精神のための空間を残しませんでした。それらが途轍もなく重要になり、そして、それらはいつも目先のことに意義を見出し、矮小なことや目先のことのために際限のなさが脇へ置かれます。目先のものは思考的な時間であり、思考は、機械的な事柄を除いていかなる問題も解決できません。瞑想は機械的な活動ではありません。どこかへ到達するためにそれが作り出されることはありえません。それは向こう岸へ渡るための船ではありません。岸も、到達するということもなく、愛と同じようにそれには動機がありません。それは、時間の中にあっても、時間を出自としていない行動の果てしのない活動です。全ての目先の行動や時間的な行動が悲しみの土壌であり、葛藤と苦痛以外は何ものもそこから育ちません。瞑想はその土壌に気づくことであり、いかに楽しかろうと、いかに辛かろうと、取捨選択することなく、その土壌に種が決して根を下ろさないようにすることです。瞑想は経験をやり過ごすことです。そうすると、自由が、見ることの中にある透明性が存在するだけです。瞑想は売り買いできない不思議な歓喜で、どのようなグルや弟子もそれを出自としているはずはなく、全ての引導と追随が、枯れ葉の落下するように、苦もなく自然に止むのでなくてはなりません。

際限のないものが現れていて、微細な空間から全空間まで余すところなく満たしていました。それは、そよ風が水面を渡るように優しくやってきましたが、思考はそれを捉まえることができず、過去や時間は、それを計ることができませんでした。

九日

煙が川の向こうに真っ直ぐ立ち昇っていました。それは空の中へ突入していく単純な運動でした。空は無風で、河にはさざ波が全く立っていなくて、どの葉も静かで、オウムたちのさっと飛ぶのが、唯一音のする動きでした。小さな漁船でさえも水音を立てませんでした。煙を除いて何もかもが静寂の中にじっとしていました。煙は空の中へ真っ直ぐに伸びていましたが、その中に、何か賑やかなものと、あらゆる行動の自由がありました。煙と村の先に夕陽に燃える空がありました。涼しい一日で、空が広がっていて、数多くの冬の光がありました。それは短くて、染み透って広がっていて、人の行くところにはどこへでも付いてきて人から離れようとしませんでした。それは、香りのように全く思いがけないところにまであり、人の中の最も秘かな隅々にまで入り込んでいたようでした。それは影を残さない光で、あらゆる影が深みを失いました。そのために、あらゆる物質が厚みを失いました。それは、人がまるであらゆるものを見抜いて、壁の向こう側にある樹木の中を見抜いたり、自分自身の中を見抜いたりするかのようでした。自己が、空のように半透明に広がっていました。それは強烈で、それと共にあることは熱気を帯びることでした。それは感情や欲望の熱気ではなく、決して萎えたり、朽ち果てたりしない熱気でした。それは不思議な光で、あらゆるものを剥き出しにして脆くしました。そして守ることをしないのが愛でした。人は現にある通りではいられず、焼き尽くされて一塵の灰も残らず、思いもよらないことに、その光以外は何一つ存在していませんでした。

十二日

十歳か十二歳くらいの少女が郵便受けに寄りかかっていました。彼女は汚れていて、髪を何週間も洗っていなくて、梳かしていない髪に埃が付いていました。衣服は擦り切れていて、彼女同様、洗った様子がありませんでした。少女は、長い布の切れ端を首に巻いていて、ベランダでお茶を飲んでいる人たちを見ていました。何が起こっているのかには全く無関心で、彼女から感情と思考が消えていました。彼女の視線は階下の人たちに注がれていて、キイキイ鳴きながら飛び去るオウムたちや、彼女のすぐ近くにいる柔らかな土色をした鳩たちにも全く無関心でした。彼女は餓えていなくて、その場所に馴染み、よく成長していたので、恐らく、そこで下働きをしている人たちの中の誰かの娘でした。少女は自信に満ちていて、若い大人の女性のように振舞っていました。そして、彼女の周りに奇妙な孤高感が漂っていました。河や樹木を背にした彼女を見ていると、突然、人は、何の情動も起こさずに、何を思うこともなく、何が起こってもあらゆることに全く無関心な自分が、お茶を楽しんでいる人たちを見ているのを感じました。そして、彼女が、河を見下している樹の所へ歩いて行くと、歩いて行って、汚れた土塊の上に座ったのは自分でした。棒切れを拾って土手の向こう側に投げ、独りで、笑いもせずに、投げた棒がどうなったのかを全く気にしないのは自分でした。しばらくすると、自分は立ち上がり、家の周りをぶらぶら歩きました。そして、不思議なことに、自分は鳩たちであり、樹を駆け上がっているリスであり、あの着たきり雀の汚れている運転手であり、あのとても穏やかに流れている河でした。

愛は悲しみではないし、嫉妬から成り立っているのでもありませんが、破壊するので危険です。それは、人が自分の周りに築き上げたもの全てを破壊します――煉瓦は別ですが。それは寺院を立てたり、腐った社会を改革したりできません、それは何もできません。しかし、愛なしに何をどのようにしようと、何ものもなしえません。

コンピューターやオートメーションは物の形を変えることができて、既に多くの問題が山積しているときに、新規の問題になると思われるレジャーを人に提供します。愛はいかなる問題も抱えません。そして、それが、そのとても破壊的で危険である理由です。人は未解決で継続する問題を抱えて生きていて、それらなしにはどうしたらよいのか分からなくなり途方に暮れます。茫然自失した中からは何も得ることはないでしょう。そうして問題は限りなく膨らみ、一つの問題が解決すると、次の問題が起こります。

死はもちろん破壊であり、愛ではありません。死は老齢であり病であり、コンピューターでは解決できない様々な問題です。それは愛がもたらす破壊ではなく、愛がもたらす死ではありません。それは用心深く熾《おこ》された火から出る灰で、その死は休みなく作動し続けるオートメーションの雑音です。愛、死、不可思議な創造は分離不可能で、一つを手にして他を否定することはできません。それは市場で買うことも、教会で手に入れることもできません。市場や教会が、恐らく、それを見つけようとする最後の拠り所です。もし、そのように見ることを止めて、問題をただの一つも抱えなければ――恐らく、それは人が違う方向を見ているときにやってくるかも知れません。

それは未知なものであり、人の知っているあらゆるものが、一塵の灰も残さずに燃え尽きていなければなりません。過去は、豊かであろうと惨めであろうと、あの少女が土手の向こうに棒切れを投げていたように、いかなる動機も持たずに、何気なくやり過ごされていなければなりません。既知を焼き尽くすのが未知の働きです。

遥か遠くからあまり上手くないフルートの音が聞こえてきます。大きな赤い火の玉となった夕陽が、街の家並みの背後に沈んで行きます。川面が柔らかな赤い色に染まり、鳥たちが夜の寝床に帰って行きます。

十三日

夜が明け始め、鳥たちはすでに起きだしていて、呼び合ったり鳴いたりして、一つか二つの調子を限りなく繰り返し、カラスが一番大きな声を出していました。沢山のカラスが互いに鳴き合っていて、他の鳥の鳴き声を聞き分けるためには注意して聞いていなければなりませんでした。オウムたちはすでに飛びながらキイキイ鳴いていて、彼らが翻ると、薄明の中に彼らの可愛らしい緑色が輝きました。どの木の葉も静まり、河が銀色の幅広い広がりになっていて、まだ夜の深みを帯びていました。夜が河に何かを加えていて、河が豊かになり、大地の深さとなって大地との区別がなくなりました。それは、その純粋性の中で、破壊的な強烈さと共に生き生きとしていました。対岸はまだ静かで、樹木と小麦畑の緑の広がりは、依然として神秘的で穏やかでした。遠くの方で寺の鐘が単調に鳴っていました。今やあらゆるものが起きだしてきて、昇ってくる太陽と唱和していました。全てのカラスの鳴き声がひと際大きくキーキー鳴いていて、あらゆる葉と花が色彩を湛え、大地の匂いが強くしました。朝日が樹木の葉に映え、水面に金色の道ができました。美しい朝です、美は辺りに留まるでしょうが、記憶の中には残らないでしょう。記憶は見かけ倒しであり、死んだものであって、決して美や愛を保持できません。それはそれらを破壊します。記憶は機械的であって、その限りでは有用ですが、美は記憶からは生まれません。美はいつも新しく、新しいものは時間に根ざした古いものとは何の関係もありません。

十四日*

新しい月でしたが、影をつくるには十分でした。沢山の影ができていて、それらはとても静かでした。狭い道に沿って、どの影も生きているように互いに囁き合っていて、影のような木の葉同士が、互いに言葉を交わしていました。木の葉と太い幹の影が大地にはっきりと映り、河の下流が銀色で、幅広く、静かで、深い流れが水面下にありました。午後のそよ風が止み、夕陽の周りに雲はありませんでした。空の遥か上の方に、バラ色をした雲が独り囁くようにじっとしていて、陽が落ちると消えて行きました。タマリンドとマンゴウの樹は夜に備えて引き籠りました。鳥たちは静かになり、樹木の奥の寝床へ帰って行きました。一羽の小さな梟が電線の上に止まっていました。その下へ行くと、それは途方もなく静かな羽ばたきをして飛び去りました。

牛乳配達を終えて、自転車に乗っている人たちが空の缶をカラカラ鳴らしながら帰って来ました。彼らは、一人であったり集団であったり、大人数で、彼らのお喋りや騒音を除けば、あの開けた田園の奇妙な沈黙と際限のない空はそのままでした。その夕刻は、何ものも、鉄橋を渡る貨物列車でさえも、それを壊すことはできませんでした。右手に、緑の畑の中をうねるようにして作られている狭い畦道があり、人々の顔や涙など全てのものから遠く離れてそこを歩いていると、突然、何かが起こっていることに気づきます。それが想像力や欲望のせいでもなければ、空想を膨らませたせいでもなく、過去の忘れていた経験を呼び覚ましたせいでもなく、かつての楽しいことや希望を蘇らせたせいでもないことを人は分かっています。今起こっていることが、こうしたことでないことを人は知っています。それらが何であるかは既に経験済みなので、人はそれらを問答無用に払い除けて、何かが起こっていることに気づいています。それは、夕方の暗がりの中からいきなり現れるあの大きな雄牛のように思いがけない出来事です。どのような言葉やシンボルによっても捉えようがないあの他者性が、底知れない存在感と際限のなさを伴って現れているのです。それは、空と大地と、その中のあらゆる微細なものにまで満ちています。人と、あの何も言わずに通り過ぎた小柄な村人は、それを出自としています。その時間とは無縁のときに存在しているのはあの際限のなさだけであり、思考でも感情でもありません。頭脳は完全に静まっています。

あらゆる瞑想的な感受性が止んで、あの信じがたい純粋性だけが存在しています。それは底知れなくて近づき難い力強さの純粋性であり、それが現れていました。何もかもが静まっていて、どのような活動も蠢きもありませんでした。列車の汽笛の音でさえもその静けさの中にありました。それは人が部屋に戻ると人に付いてきました。それは人から決して離れないのでそこにも現れていました。

＊彼は、七回のトークのうちの最後のトークをその朝行いました。

十六日

我々は、重たい荷物を背負ったラクダと一緒に、細々と水が流れている川に新しく架けられた橋を渡りました。自転車に乗った人たち、街から帰ってくる村の婦人たち、疥癬に罹っている犬、長くて白いあごひげを生やした偉そうな物腰の老人などがいました。崩れかけていた古い橋が取り払われて、太い杭と、竹と藁と泥でできている新しい橋が架かっていました。橋は頑丈につくられていて、ラクダも躊躇することなく渡りました。ラクダは先の老人よりも横柄で、頭を高く上げて尊大に振舞っていましたがかなり臭いました。我々は橋を渡り、ほとんどの村人は下に降りて川沿いを歩いていきました。ラクダは彼らとは別の道を歩きました。それは乾燥した土が細かい粒子状になっている埃っぽい道で、ラクダは幅広の大きな足跡を残し、促されても自分のペースより速く歩こうとはしませんでした。ラクダは穀物の袋を積んでおり、周りのものには全く無関心のようでした。それは古代の井戸や廃墟となった寺院を通り過ぎ、御者が素手で叩いて速く歩かせようと一生懸命でした。

右へ折れる別の道は、カラシナの黄色い花やエンドウの花が咲いている畑と、豊かな緑の小麦畑を通り過ぎて行きます。その道はあまり使われていなくて、心地よく歩くことができます。カラシナは微かに香り、エンドウの方がやや強く香っていて、穂の出始めた小麦にも独特の香りがあり、それら三つを合わせた香りが夕方の大気の中に漂っていました。それらはそれほど強くなくて心地よく、押しつけがましいところがない香りでした。美しい夕刻で、夕陽が樹木の背後に沈んで行きました。その道を歩いていると、人はあらゆる場所から遠く離れた存在になりました。村々が周りに点在していましたが、人は遥か遠くにいて、何ものも人に近寄ることができませんでした。それは空間や時間や距離の中ではなく、人は遥か遠くに離れていて、計ることをしませんでした。その深さは、計り知ることができない深さでした。奥行きや周辺のない深さがありました。時折、村人が街で買ってきた僅かばかりの安価なものを手に持って通り過ぎました。彼が体に触れるほどの近さを通っても、彼が人に近づくことはありませんでした。人は次元のない未知の世界のどこか遥か遠くにいました。たとえ人が知ろうとしても、それを知ることはできませんでした。それは既知の世界から途轍もなく離れていて、既知の世界とは何の関係もありませんでした。それは人が経験するものではなく、経験されるものは何もありませんでした。さらにまた、全ての経験はいつも既知の世界の中にあって、それまでにあったことによって認識されます。

人は計り知れないほど遠くに離れていましたが、樹木や黄色い花々や小麦の穂が驚くほど人に接近していて、思考よりも近くにあり、決して萎えることのない強烈さと美を伴って、不思議なほど生き生きとしていました。死、不可思議な創造、愛が現れ、どれがどれか分からず、人はその一部でした。それらは分離不可能であって、分断されて議論の対象にされるような何かではありませんでした。それらは分離できず密接に関連し合っていて、言葉と行動、表現の関係ではありませんでした。

　思考はそれを形に表すことができず、感情はそれを持て余しました。それらは余りにも機械的すぎて、余りにも緩慢で、既知の世界に根を下ろしています。想像力は思考と感情の領域の中であり、想像力は決してそれに近づくことができないでしょう。愛、死、不可思議な創造は、彼らが堤の下で火葬に付しているあの死体のように事実であり、現実でした。その樹木や、その炎や、その涙は、現実で否定できない事実でしたが、既知の現実であり、既知からの自由であり、その自由の中に、それら三つが存在します――分かちがたく。しかし、人は非常に遠くに行かなければなりません、それでも人は非常に近くにいなければなりません。

　自転車に乗った男がややしゃがれた疲れた声で歌いながら、空のミルク缶を鳴らして街から帰って来ました。彼は誰かと話したがっていました。彼がそばを通った時、何かを言いましたが、躊躇し、思い直して過ぎ去りました。月が、暗くほとんど透明な影を投げかけていて、夜の匂いが深まりました。道が曲がっている所にある川が、水の中から夥しい数の蝋燭の光を灯しているようでした。その光は柔らかな銀色と淡い金色で、月に魅せられたように動きませんでした。スバルが頭上にあり、オリオンがかなり高く昇っていました。汽車が橋の手前の勾配に差しかかり、勢いをつけて登っていて、美が愛と死と共に現れていました。あの新しい竹橋の上には誰も、一匹の犬さえもいませんでした。小川に星が溢れていました。

二十日

夜明けまではまだだいぶ間があって、星がはっきり見えました。川面に、向こう岸がようやく見える程度の靄が出ています。汽車が、橋の勾配を登るためにばっぱっと勢いをつけていました。貨物列車は、いつも勾配に差しかかると、蒸気を長くゆっくりと強く吐く独特のやり方で登って行きます。一方［旅客］列車は、早くて短い破裂をさせて、ほとんどあっという間に橋の上に出ます。貨物列車は、あの壮大な沈黙の中で騒音を轟かせ、いつにもまして騒々しかったのですが、全ての活動が消えている沈黙を、何ものもかき乱すことができないようにも思われました。それは底の知れない沈黙で、はっきりと、力強く、辺りに染み渡っていて、時間では作り出せない切迫感がありました。

白んだ星々がはっきりと見えていて、樹木はまだ暗がりで眠っていました。瞑想は、それら全てに気づいていることであり、それら全てと時間を超えて行くことでした。時間の中の活動が思考です。それは自らにかけた時間の呪縛を超えて行くことができず、決して自由ではありません。夜明けが樹木や河の上に訪れました。それはまだ微かな夜明けの証ですが、星々は輝きを失い始め、すぐ近くの樹木の中で、夜明けを告げる鳥の鳴き声が既に始まっています。あの際限のない沈黙が依然としてありました。それは、鳥たちの鳴き声と人間の騒音が続いても、いつもそこにあるでしょう。

New Delhi

二十一日*

寒さが特に厳しく氷点下になりました。垣根は茶色く変色し、茶色くなった木の葉が落ちていて、芝生は土と同じ灰色がかった茶色でした。幾つかのパンジーとバラを除いて、庭は土が剥き出しになっていました。余りの寒さで、貧しい人たちがいつものように病んで死んで行きました。人口が爆発的に増えていて、人々が死んで行っています。ほとんど着るものもなくて、汚れた布に包《くる》まって震えている人たちを目にします。頭から足先まで全身を震わせている老婦人が、両手で自分の体を抱きしめながら、残った僅かばかりの歯をがちがち言わせていました。若い婦人が、冷たい河［ジュンナ河］で、体と擦り切れた衣服を洗っていました。老人が深く激しい咳をしていて、子供たちは笑ったり叫んだりしながら遊んでいました。例外的に寒い冬だと言われていて、多くの人たちが死んで行っています。

赤いバラと黄色いパンジーには強烈な生命力があり、色彩が弾けていました。目を離すことができないそれら二つの色彩が、他には何もない庭に広がって充満しているようでした。子供たちがはしゃいでいるにもかかわらず、あのような震えている老婦人を至る所で目にしました。

信じられない黄色と赤色と、避けることができない死でした。色彩は神でした。死は人造の神々を超えて至る所にあり、色彩もまた至る所にありました。その二つを分離することはできません。もしその二つを分離すると、生命は存在しませんでした。同じように、愛を死から分離することはできませんでした。もしこの二つを分離すれば、それはもはや美ではありませんでした。あらゆる色彩が分けられて重んぜられるけれども、ただ一つの色彩があるだけで、あらゆる異なった色彩をただ一つの色彩として見るとき、色彩が光輝を放ちます。赤いバラと黄色いパンジーは異なった色彩ではなく、無味乾燥な庭を光輝で満たしている色彩でした。空は淡い青色で、晴天続きの寒い冬の青でしたが、それはあらゆる色彩の青でした。人はそれを見て、それを出自としていました。街の騒音は薄れましたが、色彩は死滅することなく持続していました。

悲しみは敬意を表されてきて、それについて数知れない説明がなされてきました。それは徳や悟りへ通ずるものとされ、教会の中で祭り上げられ、あらゆる家庭の中で重んじられて、尊厳を与えられてきました。それは至るところで、涙と祝福と共に同情を誘います。そうして悲しみは継続します。我々は心でそのことを知っていて、それと共に生きたり、それから逃れたりします。そうすることが悲しみをより強くして、我々の心を華やかに飾ったり、暗くしたりします。しかし、悲しみは計り知れない記憶を伴った自己憐憫の在り方であり、記憶の中に――過去の死んだものの中に根ざしています。しかし、過去がいつも非常に重要視されます。それこそが生に意義を与える仕組みです。それは既知や所有物の愚にもつかぬ豊かさです。思考の源は、過去の中に、悲しみの生に意味を与える過去の中にあります。過去こそが悲しみです。精神から過去を洗い流さなければ、悲しみはいつも存在するでしょう。人は思考によってそれを洗い流すことができません。というのは、思考が過去の継続だからであり、従って同じように、多くの思想や理想も過去の継続だからです。過去の喪失が自己憐憫の始まりであり、悲しみの鈍さです。悲しみは思考を鋭くします、しかし思考は悲しみを生みます。思考は記憶です。この全ての過程に、取捨選択することなく、自己に批判的に気づくことが、精神を悲しみから自由にします。その複雑な事実を、意見や価値評価を交えずに見ることによって悲しみが消滅します。未知なものが存在するためには、既知が努力なしに消滅しなければなりません。

＊彼はニューデリーにいて、一月二十一日から二月十四日まで八回のトークを行いました。彼はベナレスからニューデリーへ、空路で一月二十日に来たはずです。

二十二日

彼女は一見したところ高度に洗練されていて、髪の毛のどの線もどの曲線も研究済みでよく整い、あらゆる仕草や笑いが抑制されていて、全ての立ち居振る舞いは鏡の前で点検済みでした。彼女には何人かの子供がいて、髪には白いものが混じっていました。彼女は裕福であるに違いなく、ある種の気品と気高さがありました。車もよく磨かれていて、車体のクロムが朝日を浴びてキラキラ光っていました。白い車体の中に収まっているタイヤには汚れが一つもなく綺麗で、座席には染み一つありませんでした。その素晴らしい車は、恐らく、カーブを上手に高速で曲がるのでしょう。

この強烈で爆発的な発展は、安全性と皮相性をもたらし、悲しみと愛が極めて安易に説明されて抑えられ、いつも新規の精神安定剤と異なった神々が用意されていて、新しい神話が古い神話に取って代わります。

明るい寒い朝で僅かに残っていた霧は朝日が昇ってくると消えて、大気は静まっていました。黄色がかった足と嘴をしている太った鳥たちが狭い芝生の上で賑やかにはしゃいでいて、盛んにお喋りをしていました。その羽は黒と白で、体は暗い淡黄褐色でした。彼らは快活に歩き回り、お互いを追いかけ回していました。そこへ、喉元が灰色のカラスたちが現れると、太った鳥たちは苛立ち紛れにけたたましく鳴いて飛び去っていきました。カラスたちの長くて重い嘴が光り、体が輝きました。彼らは、周りのあらゆる動きを観察していて、どんな動きも見逃しませんでした。彼らは、垣根を通って大きな犬が入ってくることを、犬が彼らに気づくより先に知っていました。カラスたちは鳴きながら飛び去り、小さな芝生はがらんとしてなにもなくなりました。

精神は、愚かなことであろうと重要なことであろうと、いつも何かしらに占領されています。それは、あの猿のように落ち着きがなく絶えずお喋りをしていて、一つのことから他のことへ休む暇なく動き回り、必死になって落ち着こうとしています。空虚であること、完全に空虚であることは恐ろしいことではありません。精神が、無理やりにではなく、何ものにも占領されていないで空虚になっていることが、この上なく重要です。というのは、そのときのみ、精神が未知の深みへ入っていくことが可能だからです。精神を何かで塞ぐということは、それが何であれ、先の夫人やいわゆる聖者たちと同列で、極めて皮相的なことです。何かに占領されている精神は、決して精神自身の深みや、精神の未踏地へ分け入ることができません。この空虚こそが、精神に空間を与えます。時間はこの空間へ入れません。この空虚から、愛が死である不可思議な創造が生まれます。

二十三日

樹木は剥き出しで、あらゆる葉が落ちていました。細い優美な枝さえも折れていて、樹木には寒さが堪えていました。樹木の中には葉をつけているものもありましたが、それらの葉の緑色は弱まっていて、中には茶色く変色しているものもありました。この冬の寒さは例外でした。ヒマラヤ山脈の低い所にも数フィートの積雪があり、二、三百マイル離れた平地がかなり冷え込みました。大地に厚い霜が降り、花々は咲くのを止め、芝生は霜枯れしました。その色彩が狭い庭に満ちている二、三のバラがあり、黄色のパンジーが咲いていました。しかし、道端や公共施設に貧しい人たちがたむろしていて、擦り切れて汚れた襤褸を纏い、裸足で歩いていました。彼らは頭からすっぽりと布を被っていて、彼らの暗い顔はほとんど見えません。女性たちは、あらゆる色柄の汚れた布を纏い、銀の腕輪をしたり、足首や手首に飾りものをつけたりしていました。彼女たちは自由気ままに歩き、ある種の優雅さを漂わせていて、立ち居振る舞いはしっかりしたものでした。多くは労働者で、彼らが自分たちの家へ——といっても小屋ですが、その家へ帰る夕方には、笑ったりふざけ合ったりしていて、若い子たちが年配者よりも遥か先を歩き、叫んだり、笑ったりしています。一日の終わりで、彼らは一日中重労働をしてきました。彼らは瞬く間に体を消耗させ、自分たちが住んだり働いたりすることには決してならない住宅やオフィスを造ってきました。あらゆる大物が、自分たちの車に乗って彼らの横を通り過ぎましたが、貧しい彼らは、車に誰が乗っているのかを決して見ようとはしません。太陽が、飾り立てられた建物の背後の一日中かかっていた靄の中へ沈んで行きました。建物には色彩も温かさもなく、国々の国旗もはためかずに萎えていました。国旗はただの色の付いた布切れですが、何と大切にされていることでしょう。カラスが二、三羽水たまりで水を飲んでいるところへ他のカラスがやって来て、彼らも水を飲み出しました。空は淡い色になり夜に備えていました。

あらゆる思考やあらゆる感情が去り、頭脳が完全に静まっていました。音一つしない真夜中、辺りは冷えていて、月光が窓から差し込み、壁に影をつくっていました。頭脳は、反射的に反応することや経験することを止めて、非常に覚めたまま見守っていました。頭脳は、それ自身の中には何の動きもありませんでしたが、鈍感になっていたわけでもないし、記憶の中に没頭していたわけでもありませんでした。突然、あの不可知の際限のなさが現われました。それは部屋の中と部屋を超えて現れただけではなく、以前は精神であった、最も深い内奥にも現れていました。

思考には境界があります。それはあらゆる種類の反射的な反応によって生み出され、あらゆる動機が、感情の場合と同様にそれに形を与えます。経験することは、全て過去に由来し、認識は全て既知のものに由来します。しかし、その際限のなさは、何の痕跡も残さずに現れていて明瞭で力強く、底が知れなくて、その強烈さは一塵の灰も残さない炎となって近寄りがたいのでした。それと共に至福があり、それを経験してはいないので、それもまた記憶としては一切残りませんでした。それがやって来るにしても去って行くにしても、それを追求することも、それを思い出すこともなく、それはただ現れているだけでした。

過去と未知なものはいかなる点でも出会うことがなく、何をどうしようと一緒にはなりえず、それらを結びつける橋も道もありません。両者は、これまでに出会ったこともなければ、これから先も出会うことはないでしょう。不可知なものや、あの際限のなさが存在するためには、過去が消えていなければなりません。

一九六二年　一月二十四日*

空が強烈に青く、その青は全てのものに色彩を与える青でした。その朝は至る所に色彩がありました。鳥たち、明るい赤色のズボンをはいた隣の子供たち、民族衣装のサリーと庭の幾つかの花々、そして黄色いパンジーなどです。それらは全て途方もないのでした。それらを毎日見て、それらの繊細さと天真爛漫さには驚かされてきましたが、今朝はその色彩が庭を覆っているようでした。その黄色は本当の黄色で、茶色がかった黄色でもなく、赤や緑がかった黄色でもありませんでした。それらの純粋さは青空の歓喜で、それらの色彩が目に溢れました。

美は個人的な嗜好を超えていて、嗜好の反射的な反応ではありません。嗜好は積み重ねられたものの世界であり、知識のように育成されることが可能で、それを鋭くすることも洗練させることもできます。しかし、美は思考が弄ぶ対象ではないし、感傷的な空想の産物でもありません。美は、愛と同様に、精神の気まぐれによって作り出されるものではありません。空とそれらの花々が出会った束の間の瞬間は永遠でした。時間が完全に止んで、空間がなくなりました。それだけがあって、他には何もありませんでした。その束の間の瞬間は、不可知の瞬間でした。どのような精神も、それを計ったり、形に表したり、想像したりできず、言葉は存在していませんでした。

頭に鶏冠のある黒い鳥が門の上で囀っていました。大きな茶色い鷲たちが空中を旋回していて、彼らの鋭い鳴き声が地上にまで達していました。美しい朝でした。樹木の向こうの地平線に、雲が幾つか集まってきていました。

悲しみを乗り越えていることは愛することです。悲しみは、抵抗と不安の壁を精神の周りに築いていている虚しい精神の孤独です。この孤独こそが悲しみを生み、この孤独が差しだす同情や思いやりは逃避的な行為です。それはそれ自身が貧しくて貧しさからは新しいものが生まれません。愛は新しく、悲しみは愛に出会いません。悲しみは避難所や逃げ場所や慰めの言葉を探しますが、灰は愛ではありません。愛は危険で破壊的で、言葉は慰めです。そして、悲しみは庭の雑草のように絶えません。それは繁茂して寺院や教会や専制国家を作ります。言葉や結論をやり過ごして、あらゆる事実に面と向き合うことや、思考を、従って感情を抜きにして見ることや、歪めることなくあらゆる事実を見ることが、生のあらゆる局面に立ち会うための本質的なエネルギーを生みだします。

静かな夜で、あの不思議な他者性がその際限のなさと共に現れていて、それは一塵の灰も残さない炎でした。

＊初版のクリシュナムルティ・ノートから欠落していたページがここから始まります。

二十五日

動物園のライオンの吠える声、大通りの交通の騒音、夜の穏やかな雑音が聞こえてきます。夕陽と共に止んだ微風が、また少し出てきました。どの樹木も藪も夜に備えて静まりましたが、花々だけは例外で、昼夜を問わずに起きているようでした。闇は光と同様に必要で、鳥たちも夜に備えて静まりました。交通量が少なくなり、夜が深まりました。晴れていて寒い夜でした。飛行機が着陸しようとしていました。それは大きな飛行機だったようで窓がガタガタ揺れました。再び穏やかになりました。騒がしさの対極としてではない静寂があり、精神はその中で、時間的な計りごとを越えて遥か彼方へ旅立ちます。それは自由な旅立ちで、障害物も、境界も、自らに課す抑制もありません。全ての抵抗はこの旅立ちを妨げます。抵抗や献身的行為ではこの静寂はもたらされません。というのは、この静寂が自由から、最初にある自由から生まれるからです。あらゆる才能、あらゆる専門化、あらゆる野心が、この自由を妨げます。自由がないとき、そこには死と退廃があります。それは最初から自由であることで、抵抗や献身的行為の後にやってくると言われるあの想像上の自由ではありません。そこには自由は全くありません。萎えた規律化された精神は、決して自由ではありえません。それは、若々しさや、無垢性を失っています。自由は最初にあるのであり、最後にあるのではありません。

欲求不満や罪悪感によって何らかのパターンに嵌められることなく生を巡ることは、深い広大な河が自ら浄化して清く澄んで流れるように、その正に活動が浄化作用です。人は自由のために働くことができません。自由のために働こうとするとそれは政治的になり、取引の対象、育成されるべき対象、作り上げられるべき対象になってしまいます。作り上げられたり征服されたりするものは、いつも破壊されます。人はそれを見なければならないのであり、それについて行動を起こす必要はありません。もし人がそれを見れば、それは破壊されることなく、決して消滅することなくそこにあります。もし人がそれを見なければ、どのような努力をしても、どのような陰謀を企てても自由はもたらされないでしょう。それはそこにあるのであり、人はただそれを見るだけです。

深夜に犬が吠え出しました。奇妙な鳴き方をしていて、数回短く鳴いてから、長く引く呻き声になり、二、三回短く鳴いて終わりました。他の犬たちもそれに加わりましたが、その太い鳴き声は、リズムを変えないでおよそ半時間続きました。その鳴き声からしてその犬は街の野良犬ではなく、その吠え声の中には、それに交じって聞こえてくるライオンの唸り声と同じような迫力と力強さがありました。それは数回繰り返される低い唸り声でしたが、それは吠え続けました。その鳴き声に乗って、人は再び時間の境界を遥かに越えて、遥か彼方へ旅立ちました。

あの他者性が、あの信じがたい際限のなさが、部屋と部屋の壁を超えた空間を満たしていたので、頭脳は再び完全に静まり、あらゆる思考と感情が完全に消えました。至福感がありました。

二十六日

朝になると、軽いふわふわした雲が集まり出しました。あらゆる方向から集まってきたそれは、主に南西からの雲でした。太陽がその中を動いていて、影が大地を覆っていました。夕方になると空は暗くなり、雨になりました。二つの道路をつないでいる家のそばの道路は、主要道路ではありませんでしたが、夕方になると、沢山の子供たちがいました。子供たちは汚れていて、襤褸をまとい、裸足か、破れた靴を履いていました。一人、二人は笑っていましたが、残りの子供たちは厳しい顔をしていて、悲しそうで、寒そうでした。小さな子が鉄製の机の部品で遊んでいて、幾つかの結び目が付いている紐に、それを結び付けていました。彼が紐を持って走ると、その小さなシリンダーが後を追いかけてきました。それが後に付いてくるかどうかを確かめるために、彼は何度も後ろを振り返って、それを確かめるたびに喜んでいました。彼は笑ってそれに話しかけ、そして再び走り出しました。彼は黒ずんで痩せていて、栄養失調で、汚れた布で頭を覆っていました。彼の眼は遠くを見たままで、決して近くに戻ってきませんでした。

彼らは、いつも貧しく、いつも働いていて、いつも餓えていました。軍事的、国家的な大行進の際に彼らが敬礼を受けることはなく、彼らはさしたる抵抗もせずに死んで行き、惨めな生活を余儀なくされ、教育を受けることもなく、途方に暮れます。自分たちが支配している新聞にいつも顔を出して、自分たちが世界を動かしていると考えている大物たちは、決して彼らに目を向けることはないでしょう。愛情も涙もなく、涙は人が死んだときだけでした。子供たちはほとんど笑わず、たとえ笑っても、彼らの目は決して笑ってはいませんでした。それは悲しい世界で霧雨が降り出しました。それは、一面に立ち込めていた埃を沈めて、樹木の葉の汚れを落とし、乾燥していた大地に心地よい雨の匂いをもたらしました。鳥たちは夜の寝床へ帰っていました。水牛たちも濡れていましたが、彼らからはあまりよい臭いがしませんでした。突然、二筋の稲光が闇を裂き、落葉している樹木の枝と、真っ直ぐな電柱と、樹の下にしゃがんでいる男の人が、はっきりと「浮かび上がりました」。今や、雨が夜に向かって本降りになりました。紐で遊んでいた少年はもう道路にはいませんでした。

気をつけていることは、見ることです。見ることは、耳を澄ますことと同様に、気をつけている霊妙な働きです。しかし、人はほとんど耳を澄ますことや見ることをしません。誰もが自分のなすべきことにかかりきりで、とても忙《せわ》しなくしていたり、自身の喜びや問題や涙で塞がれていたりしています。人は見る時間を持っていませんが、しかし、時間が人に見ることを与えるのではありません。時間は、見ることと耳を澄ますことを妨げます。時間は経験するための空間であり、経験は精神と心を鈍くするだけです。精神が塞がれていて、心が散逸しているので、見ることができません。知識に当たるのは本の中だけで、精神の中であってはなりません。知識は、解釈したり、取捨選択したり、彩りを添えたり、意見をものにしたり、比較考量したり、批判したり、選んだりしていて、見ることになりません。精神がそんなに塞がれていて心が悲しみで滅入っているときに、どうして見ることができるでしょうか。人が見るのは、自分自身が思い描いたものであり、自分自身の欲望であり、自分自身の恐れであって、人は現実を見ません。時は過ぎて行き、人は自分自身で作り出した玩具を手にしたまま途方にくれます。しかし、人が正に見て、正に耳を澄ますとき、その行動は変質をもたらす奇跡です。それは精神と心から過去をなくして、それらを空虚にする奇跡です。人は何もする必要がないのです。思考にはこの奇跡を起こせません。見ることは、耳を澄ますことと同様に愛です。人は、それらを努力によっても、訓練的な鈍感さによっても、何らかの取引によっても、解答不能な設問の衝撃によっても手にすることができません。見るためには空虚がなければなりません。耳を澄ますためには静寂がなければなりません。

夜がかなり更けてきて、雷と雨の音が酷くなってきました。再び、頭脳は雷と窓に当たる雨に気づいていましたが、活動を止めて驚くほど静かになりました。というのは、あの際限のなさが、透明感と近づき難い力強さを伴って現れていたからでした。

二十七日

曇り空の静かな朝で、音一つしていませんでした。鳥や人間にとってはまだ早すぎる時刻で、何もかもが眠っていました。夜明けにはまだ数時間ありました。一日中曇っていて、厚くて黒い雨雲が途切れることなく現れていました。雲はかなり壮観で、不思議な形を作っては一心不乱に空を横断し、北西へ流れていて、一瞬それが山々や、渓流や、河や、人間が作った都市に見え、動いているのは大地であるという印象を抱きました。それらの雲が、塔や、峰々や、青い河のように見えました。太陽が一マイルほどの青空の隙間から現れて光り輝きました。どの木の葉も雨で洗われ、キラキラする水滴が付いて光っていました。どの鳥も外へ出て来て、囀ったり、鳴いたり、飛んだりしていました。電線に止まっているカラスの一団は三十七羽いました。オウムたちがキイキイ鳴きながら、空を飛び交っていました。それは、透明で信じられないほど豊かな光の驚くべき瞬間でした。遥か遠くから、ラッパの音とバイクの轟きが聞こえてきましたが、青空はそのままで、夥しい数の影ができていました。

光の中には、空間や、辿るべき距離や、満たすべき何ものも、欲求不満の心痛もありません。その透明な光の中には、死もなければ、獲得すべき時間もありませんでした。驚くべき瞬間でした。それは、いつもそこにあって、思い出したり、追い求めたりする対象ではありません。それはそこにあるけれども、人は、財産や、家族や、仕事や責任をやり過ごして、脇道へ逸れる必要があります。人は孤独に陥ることなく独存する必要があります。瞑想は目的のための手段ではありません。瞑想には獲得すべき何ものもありません。瞑想は、生活から離れてではなく、生活の中で絶えず開花することです。
その朝、あの深い沈黙の中であらゆるものが静まっているとき、恐らく瞑想的精神のみが理解できると思われる活動が現れていました。それは時間の中の活動ではなく、思考はそれを追うことができませんでした。思考は、過去に形作られたそれ自身のパターンをただなぞるだけです。過去を消そうとすることは、瞑想の始まりからかけ離れています。もし過去を消そうとし始めても、過去にはきりがありません。過去を、時間の構造を焼き尽くす炎は、見るという行動です。見ることは、完全に気をつけていることです。

二十八日

雨の後の澄み渡った清々しい朝で、大きな水滴ができていて、木を燃やした臭いや、草や、雨に洗われた木の葉の独特の匂いなどが微かに漂っていました。深い影と軽い影がくっきりとできていて、早朝の空はすでに強烈な青でした。貧困と、汚穢と、政治家の抜け目なさにもかかわらず、平和な雰囲気が漂っていました。それは人を誘い出して、触ることのできない美と、老いることのない愛情の宿る物事の核心へ人を招き入れる朝でした。瞑想が時間の境界を越えて広がり、善事が開花し、思考が止んでいる朝でした。あらゆる小さなものが、ありふれているものの持っているあの奇妙な美を湛えていて、途轍もなく生き生きとしていました。人の目が研ぎ澄まされて、バラの痩せこけて黒ずんだ葉が見え、その葉の中にはあらゆる樹木の葉と、あらゆる藪の葉が含まれていました。鳥たちの声が聞こえました。それは大地の声でした。瞑想は、何らかの幻想的なビジョンへの空想的な飛躍ではなく、事実を見ることであり、事実を超えて、死と愛の地平へ出ることです。というのは、この二つが分離不可能だからです。死は破壊であり、最終的で、絶対的です。そして愛も同様です。愛は、人の中の従順な飼い慣らされたものでもなければ、思考によって称賛されるものでもないし、伝統の中で培われもしません。それは新しくて危険であり、思考の産物ではありません。それは記憶や自己憐憫の灰を一塵も残さない炎です。死が問答無用なのと同様に、愛を心の隅に幽閉しておくことはできません。それらはいつも背中合わせになって待機し、見守っていて、歓迎的です。瞑想が時間の扉を開ければ、それらに出会うでしょう。時間に縛られていてはその扉にたどり着けません。その扉を破壊しなければなりません。過去は拭い去られなければなりません。伝統の眼差しを捨てて知識を抱かずに見るとき、それは拭い去られます。眼差しは若くなければならなくて、遥か遠くを見つめると、分離不可能なものがそこにあります。そうすると、そこには、それらを含んでいて、それらを遥かに超えた何かがあります。

このような朝は、黄色くなった竹の葉と、高い樹の黒ずんだ葉が、それらのそばにある美を仄めかしています。オウムたちがキイキイ鳴きながら空を飛び交っています。彼らは決して真っすぐに飛ばずに横に翻って、緑色の煌めきを残して素早く飛んでいました。カラスの一団がやって来て、まだ沢山の朝露で濡れている、狭い芝生の上に降り立ちました。彼らは嘴と爪を朝露で洗っていて、体が黒光りしていました。芝生のそばの道に、雨水でできた小さな水たまりがあり、それが光と天災に溢れていて、見ると、それは空と大地でした。それは計りえるものと計りえないもので、両者は決して一緒になりません。

　頭脳が完全に静まっているとき、頭脳は研ぎ澄まされ、感受性が非常に鋭くなります。頭脳を静めることはできません。もし頭脳を静めようとすると、それは鈍くなり、知識の型に嵌め込まれてしまいます。それが静まって開花できるのは自由の中だけです。抵抗と欲望は、ただ頭脳を疲弊させ、頭脳に加齢と重量をもたらす葛藤を生みだすだけです。頭脳が余すことなく静まっているとき、善事が唯一開花できる気をつけている働きは、精神を計り知れないところへ運ぶあの爆発的なエネルギーです。

二十九日

　赤いズボンと赤い服を着た少年が、枝葉の繁茂した大きな樹の下で一人遊んでいました。他には誰もいなくて、彼は独りで自分の世界に浸っていました。五、六歳くらいの幸せそうな丸顔の少年で、ほとんど目を閉じて樹の周りを回りながら、その輪を段々と大きくしていって、独り言を言ったり、時折ジェスチャーを交えたりしていました。突然、彼は立ち止まって樹を見上げ、大きな幹の樹へ戻ってくると、樹を優しく触ったり、可愛がるように摩《さす》ったりしていました。彼は、家へ帰り始めましたが立ち止まって振り返り、樹に手を振り、門の中へ消えて行きました。樹と少年は親友同士なのに違いありません。樹の傍にいると、彼は完全に寛いでいて、幸せそうでした。暗い葉が茂っている樹と赤い服が、朝日に照らされて美しいのでした。魅惑的な朝で、彼らはそこにある花と空のように朝の一部でした。空は真っ青で、雨に洗われていて綺麗で、雲一つありませんでした。軍用機が音を立てて現れ、消えて行きました。その樹と少年と花は時間と思考を超えたままで、どの草の葉も木の葉も、時間とは無縁の空間の一部でした。

既知から自由な中の完全に空虚な精神だけが、言葉ではなく事実を内に含むことができて、事実を超えることができます。事実は、そうすると何の意義もありません。瞑想は、精神から既知や知識や事実をなくして、精神を空虚にすることです。事実や現実こそが思考を開放します。思考はそれ自身を自由にできません。思考は既知の言葉であって、事実を覆うことができませんが、事実は思考に終止符を打ちます。知識は事実を経験することですが、事実は知識でもなければ言葉でもありません。思考は知識から生まれ、知識は精神を事実から自由にすることができません。瞑想は、この複雑さに取捨選択することなく気づくことであり、精神から既知をなくして精神を空虚にすることです。

抵抗や恐怖や野心の狡猾なやり方で規律化された思考は、いつも既知の奴隷です。規律は順応であり、恐怖の理解を阻む隠れ蓑です。それは抑圧なので、頭脳を鈍化させる葛藤を温存します。規律化された思考は従属的で、いつも従うことを宗としています。理解すると破壊的な規律が姿を消します。

三十日

霧が深く立ち込めていて、通りの向こうが見えない朝でした。落葉している背の高い樹も、その繊細な枝も見えませんでした。葉から朝露が滴り落ちていて、幾つかのパンジーは、その水滴の重みで形を崩していました。厚い霧のために飛行機が飛べないので、いつもの飛行機の轟音は聞こえてきませんでした。鳥たちは静かでしたが、カラスたちだけは出て来ていて、低空で餌を探していました。間もなくすると太陽が出てきて、細い影や太い影をつくるでしょう。

言葉やイメージや絵などの影やシンボルが、何と重要視されているのでしょう。真実は遥か遠くに置かれます。それは危険すぎます。しかし、シンボルはとても近くに置かれていて慰めになります。人はいつもシンボルを崇めることができ、シンボルについてひどく熱狂的になり、シンボルによって人を殺したり、殺されたりするほど暴力的になれます。人はシンボルの名の下で平和について語り、搾取もできます。しかし、事実や真実の前では、騙したり騙されたりすることはありえません。それはとても直接的で、とても危険です。従って、言葉や、本や、イメージが、殊の外重要視されます。

その朝は、霧が、汚れや、美しさや、青空や、萎れかかっているバラなど全てを隠しました。通りの向こうで、汚れた襤褸に身を包んでいる人々が、腕を硬く組んで、震えながら陽が差すのを待っていました。赤ん坊が泣いていて、ガニー製の袋を背負った水牛たちが強烈な不快臭を発していました。太陽がゆっくりと躊躇いがちに顔を出すと、霧の弾幕がそれを隠しました。間もなくすると全ての霧が晴れて、朝の青空が現れました。その青は花々の青であり、花々の純粋さでした。全ての鳥たちが外へ出て来ました。禿鷹たちが、空高く、ほとんど羽ばたきをしないでゆっくりと旋回を繰り返していました。

瞑想は、精神を知識から自由にすることです。というのは、知識が問題を生んで、それにはきりがないからです。一つの問題が別の問題を生みます。既知からの自由が問題の消滅です。思考は既知の反射的な反応なので、精神を既知から自由にすることができません。思考は悪循環に陥り、それが断ち切られるのは、あらゆる追求が既知から始まって既知に帰ることを見てとって、あらゆる追求やあらゆる探究を完全に止めたときだけです。そうすると、問題を全く抱えることなく、問題の根を精神の中に下ろさずに問題に向き合える精神が現れます。

三十一日

雲のない晴れた夕方で煙が真っ直ぐに立ち昇っていて風はありませんでした。人々が道路に出て来ていて、何千もの勤め帰りの人たちが横に五、六人ほど並んで道路に溢れ、車が彼らを避けていました。自転車と車との白兵戦で、、歩行者たちはそれらを避けていました。かなり寒かったのですが、自転車に乗っている人の中には毛糸の手袋をしていない人もいました。彼らは疲れた顔をして家路を急いでいました。我々は左に折れて、大きなホテルを過ぎ、立ち並ぶ大使館を横目に見ながら登り始めました。ギヤを数段変速しなければなりませんでした。牛車の列があり、そのうちの何台かが登るのを止めて休んでいました。パンクした空のバスが放置され、沢山の兵士を乗せた軍用トラックが爆音を轟かせて登って行き、顔だけを出して全身を衣服で包んでいる男が、疲れ切った様子で下って行きました。道路の両側は手付かずの荒れ地で、棘のある藪と、岩と牛の道でした。道路を登るにつれて、何マイルにもわたって広がっている街が見えてきました。古代と現代のドーム、小塔、尖塔があり、遥か遠くの地平線に古代の円柱が見えました。大地と空の境がはっきりとしていて、雲一つなく、途轍もない美しさの素晴らしい夕刻でした。

ドーム状の建物群が見下ろせる荒れ地に、彼らは花やサボテンや一面の緑の芝生をあしらった岩の庭園を造り、その中に水路を張り巡らして、ここを新しい公園にしようとしています。花々と樹木と岩が沢山ある、素敵な公園になりそうです。女生徒たちの一団が、歌ったり、叫んだり、軍人の真似をして足踏みをしたりしていました。彼女たちは幸福な子供たちではないのですが、陽気で賑やかでした。太陽が沈みかけていて大きなオレンジの火の玉となり、独り輝いていました。

独存していることは不思議なことで、切り離されているのでもなく、引き籠っているのでもなく、孤立しているのでもなく、孤独でもなく、全く独りです。それは、思考することなく、連想することなく、記憶とは無縁に独存しています。影響というものが、既知のものであろうと、隠れているものであろうと全て理解されていて、それらが脇へ置かれ、独存しています。これが本当の愛です。遁世者や僧侶は彼らの穴倉や隠遁地にいて、決して独存していません。彼らは、過去、伝統、神々、経験、知識などを依然として引きずっています。彼らは独存的ではありません。彼らの心中は思考や決意で一杯であり、彼らはビジョンを描き、規律を打ち立てています。彼らは名前や衣服を変えていますが、彼らに独存性の面影はありません。しかし、人はあらゆる影響を排除して、求めもせず、抵抗もしないで、独存していなければなりません。

人は自分自身の周りに、信念の壁や、知識の壁や、活動に没頭する壁を作ることができますが、その壁が自分自身の牢獄となります。人は、その牢獄を絶えず拡大したり、飾り立てたりしますが、計り知れないものをその牢獄の中に招き入れることはできません。人が招き入れることができるのは自分自身の観念であり、自分自身で思い描いたものであり、自分自身のイメージでしょう。人は、それらと闘ったり、心に温めたりできますが、依然としてその壁の中にいます。この事実だけが、その壁を打ち壊すことになるエネルギーをもたらします。

独存性の中に至福があり、それは虚ろなものでも、思考が欠如している乾いた無味乾燥なものでもありません。思考は無味乾燥であり、乾いています。思考が脱落していること、或いは独存していることは、何もない砂漠ではありません。思考が感情と共に消滅するとき、それは現れ、人はそれに出会うでしょう。どのような薬を使っても、どのような祭壇に跪《ひざまず》いても、それを手にすることはできません。それなしに愛は存在しません。

二月一日

樹木は、葉を一枚も残さずに落葉して、大気に曝されていました。冷たい北風が吹いていて、山々に新雪がありました。そこは二、三ヶ月の間雪模様で、雪が数フィート積もっていました。樹木が落葉していて、この辺りでもそれを感じることができます。常緑樹にさえもその影響が現れていました。稀に見る厳しい冬だと言われていて、それが長く続いています。草や垣根の植物や藪が寒さで茶色く変色していました。鳥たちは暖かい南の地へ移動していました。

そして、いつものように、貧しい人たちが苦しんでいました。悲しみがいつもそこにあって、死だけが、それを拭い去ることができました。しかし、死もまた——生きて行くにしても、死んで行くにしても——より一層の悲しみでした。大邸宅に住む金持ちや権力者も、生と死からは逃れられません。彼らにとって重要なのは数年の権力と金だけで、彼らは一日一日を僅かなものでやり繰りして生きるのでした。死はいつも待ち受けていて、見守っています。死を祭って崇めても、死からは逃れられません。多くの信仰と多くの希望があり、多くの医者がいましたが、いつも、どの家にも、どの小屋にも、死はありました。どこに住んでいようと、病と健康と共に、死はそこにありました。人は河の堤で焼かれたり、大理石でできた埋葬室に安置されたりしました。死にとっては、若い人も、老人も、生まれたばかりの赤ん坊も同じでした。涙も、最新の薬も、花々も、死を押し止めることはできません。それは最終的で絶対的です。しかし、死が間近に迫るまで、誰が死を考えるでしょうか？ 人は死を避け、死から目をそらします。他の人が「死んで」、人は、たまたま運よく生き続けているのです。毎日死と向かい合うことを人は決してしません。街頭の中に、うず高く積まれた花輪の中に、豪奢な車や黒の喪章や、川辺に運ばれて行く竹製の華奢な担架の中に死を見ますが、人は、死と向き合うことを決してしません。死は他人事です。棺の中や、その河堤の場所に置かれた人たちにとっては、それは恐ろしいほどにリアルですが、他の人にとっては、それは単なる観念であって、事実ではありません。最後の瞬間まで、それは決して事実ではありませんが、最後のその時では遅すぎます。その時、人は何もできません。他の人たちは叫んだり、泣きじゃくったりするでしょうが、人はもう何も聞こえず、もうそこにはいません。

しかし、生きることは死ぬことであり、それらは分離できません。一方をどんなに愛しても、他方なくしてもう一方はありえません。一方を他方から切り離して、他方を欺きながら一生を送ることはできません。それは、夜も昼も、寝ても覚めても、影のように付きまといます。家は多少とも長く残って、国なり家族の誰かしらが相続するでしょう。人の名前は家族の者が引き継ぎますが、家族たちも、受け継いだ信念や恐れや罪悪感と共に死んで行きます。永遠なものは何一つありません。最後の瞬間まで持っていたいかもしれない預金通帳でさえも、永久ではありません。永遠なものは何一つないので、人は自分に言い聞かせます――〝今日を生きよう〟と。しかし、その今日も、悲しみと様々な影でいっぱいです。人は、皮相的になればなるほど死んだも同然ですが、そんな人にも、頭の回転の速い人にも、死は待機していて、何をどうしようと誰もそれを避けられません。

しかし、死は生と共にあるのですから、それと共に生きて、毎日生きるように毎日死ぬことです。あらゆる悲惨を、あらゆる快楽を死んでやり過ごすのです。一つを心の奥底にしまい込んだままにしないで、あらゆるものを死んでやり過ごすのです。記憶を、若さを、神々を、救済者たちを、家族をも、死んでやり過ごすのです。あらゆるものに対して傍観者になることです。知っているあらゆるものを、明日にではなく、今日死んでやり過ごすのです。そうすると、死の影である恐怖がなくなり、生と死が別物でないことが分かるでしょう。終わりが始まりなのです。そうすると精神は時間を超えています。恐怖は時間であり、思考が恐怖を生み出します。経験や、記憶や、新旧の伝統などの過去の死によって精神が新しくなり、未知なもの、計り知れないものが現れます。

依然として北風が吹いていて、雲が空を暗くしています。やがて雨になるでしょう。冷え込んで、いつものように、貧しい人たちが苦しむのでしょう。病と死と恐怖がやってくるのでしょう。新型の飛行機が空を横切って着陸の態勢に入り、軋む音と轟音を遥か後方に残して行きました。美しい光景でした。

二日

光と深い影に満ちた鮮やかな一日でした。それは奥まった所や隠れた場所に入って行く光で、日の光の下にあっても、葉の裏側や、樹の幹の暗部を露わにする浸透力を備えていました。それは、人が許すなら、心と精神を暴いて見せました。たとえ、人が無関心で注意を払っていなくても、それは思考の周辺を照らして、束の間の喜びをもたらしました。もし、人が望むなら、その光は、かつて一度も覗いたことはないけれどもその周辺を徘徊したことがある、未踏の精神領域へ入って行きました。今、何ものかが隠れることのできる影が消えて、人はその全容を見ていました。秘密の場所はどこにもありませんでした。人は驚き、露わになり、脆くなりました。無垢性がありました。

あらゆる木の葉が光で輝き、小さな鳥や、大きな鳥や、彩り豊かな鳥や、単調な色の鳥など、全ての鳥たちが狭い庭の中で囀っていて、恐れる様子もなく、立ち去ろうともしませんでした。

夕方になると巨大な雲が地平線の上にかかり、その中には白い無地の幻想的な雲があって、その雲を背景に、四羽の禿鷹が羽ばたきをせずに旋回していました。その中の一羽は、巨大な雲の中心から決して離れず、旋回し続けて、自分の選んだ領域を去ろうとしませんでした。それは二十分以上旋回していました。四羽は、ゆうに千フィート以上の高さを飛んでいて、その間、彼らは羽ばたきをしませんでした。他の鳥たちが去っても、真ん中の禿鷹は残りました。そこには、この上なく楽で、何の努力もいらない運動と自由がありました。白い壮大な雲を背にして飛んでいる黒い鳥を、そこにいる限りずっと見ていました。午後の陽光を浴びて、沢山の鳥が飛んでいましたが、その鳥が注意を引きました。人は庭にいましたが、人は巨大な雲を背景にして何の努力もせずに飛んでいる鳥でした。それは、人が上空にいるのを頭の中で考えているのでも［なければ］、虚しい空想や想像のせいでもありませんでした。人は実際に上空にいて、自分自身を鳥と一体化させているのではなく、人はその鳥であり、地上を見下ろし、風に乗っていました。それがもし空想や想像でしたら、それは思考の産物でした。その鳥が雲から去ったとき、人はあらゆるものでした。道路にいる襤褸をまとった男であり、尾を上下に振っている黒と白の鳥であり、窮状をしきりに訴えかけてくる男でした。人はあらゆるものでしたが、それでも、何ものでもありませんでした。人が何ものでもないので、人はあらゆるものでした。しかしこの何ものでもないのは、精神の産物ではありません。思考はただ思考を生むだけで、知識によって自分自身を広げたり、自己憐憫によって自ら卑しくなったりするだけです。しかし思考は自分自身を何ものでもないものにはできず、ただ観念や言葉で自分自身を形に表すことができるだけで、決して事実や何ものでもないものではありえません。

午後遅く、その際限のない雲は繊細なバラの赤色をしていて、目には見えない純粋性を備えていました。それは今、夕陽の色に染まっていますが、それが全てではなく、依然として白い曲線や黒色や茶褐色の影がありました。そして美がありました。道路上には、喧騒、雑踏、煙、騒音があり、白い衣服や果物が売られていて、沈黙と際限のなさを伴った雲が街を覆っていました。

頭脳は、時間と経験の産物である頭脳は——経験は時間ですが、余すことなく静まり、経験することなく、感受性が高まっていました。というのは、時間を超えているものが現れていて、部屋を満たし、計り知れなく部屋を超えていたからでした。

三日

路上にいる彼女は、貧しく汚れていて、何日も体を洗っていなくて、黒く日に焼けていました。足首に飾りものを付けた彼女は栄養失調で、周りで起こっていることに無頓着でした。彼女は、破れた継ぎの当たっている明るい婦人服を着ていて、他の路上生活者たちと同じように、労働と子育てとで疲れ果てていましたが、他の人たちとどこか違っていて、我が道を行っていました。彼女は背筋を真っ直ぐに伸ばしていて、彼女の周りには、悲惨や喜びがもたらすあの奇妙な無関心と共に、一風変わった威厳がありました。彼女は真っ直ぐに前を向き、目は遥か遠くを見ていました。彼女は、最近ではなく何年も前に、全てを失ったのに違いありません。

今、彼女はその中に埋没していて、雇用や男や何ものも彼女をそこから抜け出させることはないでしょう。

彼女は、あまり綺麗ではない布切れに何かを包んで、それを頭の上に乗せ、片手で支えて、もう一方の手を自由に、優雅に動かしていました。そして、頭の上に載せたもののバランスをとりながら、今は両手を自由にしていました。彼女は、他の人たちがいることを気にせずに道路を歩いていました。彼女は考えているのではなくて、ただ単に、どうしたらよいのか分からないだけでした。何かを考えると、何らかの表情が顔に出ますが、彼女にはそれがありませんでした。彼女はスカートを何枚も重ね着して、汚れたブラウスを着ていましたが、一番上には色柄のものを羽織っていました。彼女はいろいろな明るい色のものを着ていましたが、それらは洗濯されていずに汚れていて、汗と埃が付いていました。彼女は整った顔立ちをしていましたが、顔から生気がすっかり抜けていました。彼女の服装の色や歩き方や顔や威厳は同じ雰囲気を持っていて、異なる時期に別々に作られたものではなく、死以外に、それらを引き離すものは何もないでしょう。彼女は死も恐れていなくて、生きるのも死ぬのも同じで、そのどちらも意味を失い、何ものもそれらに再び意味を与えることはできないでしょう。同情も慰めも言葉も必要なく、彼女は独りで、この先もそうでしょう。

道路際の壁の上から、一輪の花が色彩と美を湛えて張り出していました。その白壁は白色の塗料で最近塗られていました。そして、その花は、薄暮の中で、滅びやすくて、脆い、芳しく匂う生命の現実性でした。その女性は、花には全く気を留めず、目もくれないで通り過ぎましたが、花はそこで独存していて壊れやすいのでした。

空は晴れていて、レンガ色の大きな太陽が、雲一つない西の空にひっそりと沈んで行きました。樹木は落葉し、何百という鳥たちが、寝床へ帰る前にそこで休んでいました。彼らは賑やかでしたが、日暮れ前の葉群れの中にいるときの騒がしさほどではありませんでした。

愛は同情でもなければ、嫉妬や不安や罪悪感を抱えた関係性を受け入れることでもなく、心温まる経験で芽生えた親切心を育むことでもなく、人に差し出す救いの手でもありません。それは、そのようなものではありません。もし、人がそれを知るなら、それは愛ではないでしょう。

車という車が、大きなホテルへ入って行きました。そこで何らかの会合があるようで、大勢の大物たちと金持ちたちが入って行きましたが、あの花とあの婦人は入って行きませんでした。

経験は過去を強めるだけであり、経験しようとすることを条件づけます。知識を伴った経験は、決して知恵の在り方ではありません。あの際限のなさが、どのような過去も脱落して、純粋に、底知れなく、独存的にやってきました。

四日

厚いレンガの壁に囲まれた広い敷地の真ん中に、均整のよく取れている背の高い古い墓があります。その四隅には塔が立っていて、周りに緑の芝生と樹木と花々があり、かつてはそこに噴水と水路がありました。それは今もとても美しいのですが、墓が丁重に扱われていたときにはもっと美しかったのに違いありません。壁の中の敷地の広さは何エイカーもあるのに違いなく、至る所に人がいました。ピクニックに来ている人たちや、学生たちです。少年少女たちが遊んでいました。日が樹木に差している心地よい午後でした。そのドーム状の墓は大理石ででできていて、玉ねぎのような形で、人がいるにもかかわらず、そこにはあまり使われていない庭の静かな独存感がありました。平日にそこへ行くと、カメラを持った数人の観光客以外はほとんど人がいないのですが、その独存感に驚かされるでしょう。

午後遅くになり、長い影ができ、青空は北の空の青さでした。鋭く曲がった赤い嘴の、緑色のオウムたちが周りにいて、大理石の墓の周囲の壁の中に巣を作っていました。彼らは、周辺の山野からやって来て、キイキイ鳴いたり、ジグザグに飛んだりしています。壁の上に止まっていると、彼らは動かない光で、長い尾は早春の緑であり、翼は晩春の緑で、赤い嘴が夕陽に照らされると、更に赤くなりました。上空高く飛んでいる彼らは、驚くほど美しくて儚いのでした。

雲が太陽の周りに集まっていて、独存感がありました。それは探したものではなく、鮮やかに存在していて、人を取り囲んで放しませんでした。その中にいても、それはその純粋性を保っていました。騒音、子供たちの笑い声、通り過ぎる観光客など何ものもそれを損なうことはありませんでした。人はその中にいて、それとは一線を画していました。街角を曲がった途端に旧友に出くわすように、人は思いがけなく、それに出くわしました。依然として、人はそれとは別の自分の世界にいましたが、すぐにその一部になり、それとの壁が消えて、思考が止みました。全意識や、どのような仔細な感情の動きも、それに取って代わられました。それは玩具が子供を夢中にさせるようには人を夢中にさせませんでした。それが人から去ることは二度とないでしょう。人がそれを失うことはありえず、それは、それを失わないようにしている人の所有物ではありませんでした。全ての過去が消えていて、それは経験ではありませんでした。経験が起こるのは、死んでいるものが生きているかの如くに立ち現れて、再び元の死んだ姿に帰るときのみです。経験は変化する認識であり、認識は既知の一部です。既知の持続は、悲しみと、時間の苦痛をもたらします。しかし、それには、獲得すべき経験も、過去に付け足すべき経験も一切ありませんでした。それは、そこに存在していて、あらゆる木の葉も、鳥も、草の葉も、それとは異なる何かではありませんでした。愛は、その独存感で、いつも独存的です。

太陽が火の玉となって沈んで行き、どの雲も赤く燃えていて、全ての雲が太陽の周りに集まり「〝来て〟が〝集まり〟の上に書かれている」、全ての雲が一つ残らず赤く燃えていました。全ての光がそこにあり、鳥たちは夜に備えて沈黙しました。再び、あの信じがたい際限のないものが天地を満たしました。

五日

曇っている寒い朝で、木の葉は静かでした。樹木に靄がかかり、芝生に水滴がつき、どの花弁も湿っていました。かなり早い時間だったので物音がしませんでした。犬も鳴いていません。不思議なくらいに活動的で、動きに満ちた沈黙があり、人はその一部でした。それは出所のない活動で、目的もなく現れていました。一羽の鳥も起きだしていないその静けさの中では、微かな音でさえも爆発であり、体は静まって、思考や感情が起こりませんでした。思考は決して自由ではなく、反射的な反応は自由ではありえず、そのあらゆる行動は、それがとても活動的に見えても、行動とはいえない行動です。行動と呼ばれる、この行動とはいえない行動から、混乱と悲惨が生まれます。それこそが災いと凡庸性が育まれる土壌です。

遥か遠くの方で、フルートの音が爆発しました。吹いているのは初心者でした。単調な調べでロマンチックではありませんでした。それは専門家の作った曲ではなく、楽しむために演奏されているのではありませんでした。その沈黙の中に、深さや、純粋さや、今までに聞いたことがない旋律の質がありました。その曲は、夜が明けて鳥たちが歌いだすまで、何度も何度も繰り返し吹かれていました。しかし、その沈黙は執拗で、深さを増しながら広がっていました。それは、より増す、ということではなく、比較とは無縁で、活動している今には時間の境界がありませんでした。飛行機が着陸態勢に入っています。一日が始まりました。

七日

その古樹には四羽のオウムがいました。彼らは、枯れかかっている樹の幹の中に巣を作り、キイキイ鳴きながら飛んできて、枝に止まると静かになりました。彼らは絶えずそわそわしていて、赤い嘴を使って枝を登ったり降りたりし続けていました。彼らは葉の色よりも薄い緑色で、長い尾はほとんど新緑の緑でした。ひとたび彼らが葉群れの中に入ってしまうと、彼らを見つけるのは難しくなります。光は色彩であり、色彩は光でした。他の樹木にも鳥はいましたが、朽ちかかっている樹の上の四羽が、天空の光を全て集めているかのようでした。彼らは強烈で、いつでも即座に飛び立つ用意ができていて、枝の上で一心不乱に遊んでいました。この距離からでは彼らの目は見えませんが、赤い曲がった嘴が朝日で光っていました。通りの喧騒が聞こえるその窓から見ていると、彼らは人間社会には全く無関心のようなのですが、古い墓の跡や、人間が植林した樹木の中に寝床を求めて、周りの野原や木立から群れをなしてやって来ました。彼らから目を逸らすことができず、彼らの正に存在の中に歓喜がありました。歓喜を願う動機が、歓喜の芽を摘み取ります。彼らは天空の花々で、苦痛が漂うこの部屋から彼らを見ていると、そのような緑の鳥たちの存在が信じられませんでした。至る所に悲しみと苦痛と腐敗と堕落があり、樹木の葉群れの中のその光は、痛みを知らず休みなく動き回る美でした。彼らは死んだり、殺されたり、籠に入れられたりするでしょうが、彼らには明日があり、時間とは無縁で、今日を生きるのでも明日を生きるのでもなくただ生きていて、天空の緑の歓喜でした。死は時間であり、あらゆる思考が時間性を強めます。多くの過去が思考を形作り、明日を紡ぎ出すために思考を型に嵌めてきました。しかし、愛には明日もなければ昨日もありませんでした。それだけが、唯一、時間とは無縁で、それはそこの冬の葉群れの中の緑でした。悲しみと愛は共存できません。悲しみには動機があり、それは自己憐憫であり記憶です。あらゆる涙は、時間から、思い出から生まれ、悲しみは時間の土壌の中で育ちます。人は時間から自由にならなければ、悲しみから自由になれません。それらは、あの電柱と影のように分離不可能です。悲しみは影の中にあるのであって、事実や現実の中にあるのではありません。事実は時間とは無縁です。事実についての思考が時間を生みます。オウムたちや、車の往来や、苦痛に気づいていると、その広がって気をつけている中に事実だけが残り、時間がなくなって、事実さえも消えて意味を失い、あらゆるものがその中に存在するこの気をつけている働きだけが［ありました］。というのは、それが時間を超えていて計り知れないからでした。

しかし、人は、その窓や他のどの扉からも、そこへ辿り着くことができないでしょう。そこへ至るどのような道もありません。永遠への扉は、涙や時間によっては開かないでしょう。人は、努力することや泣き叫ぶことを止めて、死んでやり過ごさなければなりません。そうすると、人が通りを曲がると、恐らくそれはそこにあるでしょう。しかし、それは……ではありません。

九日

晴れていて香りが満ちている素晴らしい朝で、空は非常に青く、今朝はさらにその青さが増していて、大地がとても近くにあります。それは、幾つかの花々と、朝露を含んだ芝生のある小さな庭のとても近くにあります。どの花も、空に向かって、樹木の上にちょうど今昇ってきた朝日に向かって花開いていました。ほとんど影はなく、花々は朝日が自分たちに注ぐのを待っていました。ジェット機が爆音を轟かせて上空を猛スピードで横切り、青空があらゆる美と、人がもたらす災いを包み込んでいました。大地が、その青や、その際限のなさの中に呑み込まれていました。

犬が一頭迷い込んできました。それは毛が綺麗に整えられ光っていて、尾を振り、非常に人懐っこくて、人を正面から真っすぐに見ました。

人は犬であり、花々であり、天空でした。二羽のムクドリが芝生の上を闊歩し、男の人が声を張り上げて、商品を売り歩きながら通り過ぎました。それは、遥か遠くにまで広がっている朝の一部で、あらゆるものが、この香りに気づいていました。その繊細な香りが至る所に漂っていて、何ものも傷つくことがなく、あらゆる悲しみや、罪や、明日への恐れが消えていました。それは空想的な神秘主義でもないし、精神の悪戯でもなく、二羽の鳥や、あの人懐っこい犬がリアルであるように、とてもリアルな出来事でした。そこに居合わせれば、誰でもそれに気づくでしょう。それは、思考に痕跡を残したり、既に知られているものに、更に付け加えようとしたりする経験でもありません。あらゆる経験は、既知の反射的な反応であり、既知や過去の無数の日々によって認識されえるものです。あらゆる経験は、生の今を暗くして、記憶を肥大化します。それは、昨日と明日の間にある何かではありませんでした。あらゆる経験は時間に囚われています。それは繰り返される経験ではありませんでした。繰り返しは、過去や既知が投影されたものです。しかし、それには中心がないので、絶えず収集したり、経験したり、尋ねたり、探し回ったりしている既知がないので、既知ではありませんでした。香りはそこに漂っていましたが、それは言葉でもなく、店で買える品物でもなく、教会や寺院にある、感覚を刺激する香でもありませんでした。人はそれを捕まえて、記憶のかび臭い片隅に保管しておくことができません。それはそこに漂っていて、心と精神はそれを出自としていました。人はそこにいないので、それが人から去ることはありません。際限のないものが現れていました。それは不可知で経験できないもので、時間が止んでいました。これらは取捨して選択する想像力の産物ではありません。頭脳は——時間の産物である頭脳は、よく知られているその活動を止めて、完全に穏やかになり、全精神が完全に静まっていました。それは、力強さと美の中に現れていて、近づき難いのでした。
犬はいなくなり、一日の騒音が始まりました。郵便夫が手紙を持って来ました。

十一日
十羽ほどのオウムの一団が低く飛び、夕陽に向かってキイキイ鳴いていました。彼らは、一羽であろうと集団であろうと、飛ぶ時はいつも賑やかで、その夕刻は、いつもより一層大きな声で鳴いていました。彼らは一日を周辺で過ごしてから、街の樹木の中にある寝床へ帰って来て、戻ってくると非常に興奮するようでした。素晴らしい一日でした。春の気配があり、二、三の雲が空をより一層青くしていました。古代のドームと現代のドームが空に溶け入っていて、樹木は依然として剥き出しになったまま天空に曝されていました。その夕刻は全てのものが天空に曝されていて、精神のどこにも秘密はありませんでした。精神の隅々が暴かれていて、精神の中に形を成すものがありませんでした。精神のあらゆる領域が、新しさの始まりでした。
三十から四十羽のカラスが、葉の落ちた枝の至る所に止まっていて、彼らの黒い嘴が夕陽を反射していました。他のカラスたちは、下の水たまりで水浴びをしていて、鳴いたり、呼び合ったり、苛立ったりしながら、嬉しそうに鳴いていました。ムクドリたちが水たまりの周辺で様子を窺っていて、カラスたちの隙を見ては水浴びをしようとしていました。樹木や鳥たちの中に大いなる歓喜があり、通り過ぎた何人かの人たちは、各々の用事にそれほどかかりきりではありませんでした。新しい若い月の切れ端は、ただの曲線のようでもあり、ただの光の仄めかしのようでもありました。過ぎた一日の美がありました。

緑色のサリーを着た女性が、頭に大きな荷物を載せて、脇の両手を自由に振っていました。人は、この取りつく島のない美に気づくためには、全てのものを死んでやり過ごす必要があり、それを捜し求めても決して見つけることはできないでしょう。美は美術館の中にも、本の中にも、人の顔の中にもありませんでした。笑顔は色褪せますし、涙があります。それを捉えようとし始めると、それは決して見つからないでしょう。人は、これまでに追い求めてきた全てのものを死んでやり過ごす必要があります。人は知ることなく、死んでやり過ごす必要がありますす。人は、目的を持たずに、動機を持たずに、死んでやり過ごして、過去とは無縁に一日で成熟し、一日で朽ち果てる必要があります。

頭上で飛行機がブーンと音を立てていました。誰かが飛行訓練をしていて、その上で、禿鷹たちが羽ばたきをせずに、何度も何度も旋回を繰り返していました。彼らの飛翔には喜びがありましたが、すぐに彼らは降りてきて、夜の闇の中へ消えて行くでしょう。

人は、何かのために生き、何かのために働き、いつも何かのためのものです。人は、社会の役に立たなければなりませんでした。あらゆるものが何らかの役に立ち、なかでも人は、最高に役に立ちます。――教会のため、政府のため、革命のために。あの木の葉や、あの花や、あの日暮れの水浴びをしている鳥たちは何の役に立ったのでしょうか？　その美は役に立たず、それには何の価値もなく、そのための市場はありませんでした。全ての生は労苦であり悲しみです。その美がなければ、愛はありえません。

雲が太陽の周りに集まっていて、空ががらんとなりました。あらゆる鳥が今は沈黙し、樹木が夜に備えて引き籠りました。月はとても若くて、影を落としていませんでしたが、月齢を重ねるごとに影を落とすでしょう。無垢と若さは、常に死と共に、思考の消滅と共にありました。そして、死と共に、あの近寄りがたくて、計り知れない際限のなさがやってきます。それが現れていました。

Bombay

十七日*

それらは刷毛で刷いたような小さな雲で何百とあり、翼を持っているかのように移動しながら、西の空を満たしていました。海では、小さなさざ波が舞っていて、太陽が巨大な火の玉となって輝いて沈んで行きました。しかし、夕刻を魅惑的にしていたのは、それらの翼をもった小さな雲たちで、それらは極めて薄い雲で、形を変えることなく、一様に北へ飛んでいて、一つ一つがそれぞれの空間を作り、一つ一つがそれぞれの美を湛え、移動しながら空間を支配していました。それでも、それら一つ一つには動きがなく、地平線と大地の近くの雲を除いて形を変えませんでした。沢山の住宅が立ち並んでいる湾岸には微風がありましたが、それらの魅惑的な雲は、形を変えずに飛んでいて、空間を圧していました。太陽が海の向こうへ沈むと、それらの雲が、夕陽の深い赤色や、淡いピンク色や、白色に染まりました。そして、それらは依然として飛んでいて、あらゆる天と地の色彩を湛え、繊細で生まれたばかりであるにもかかわらず、空間を破壊するあのエネルギーを持っていました。

それらの雲と海面のさざ波を見ていると、人はいなくなり、人はそれらを見ていなくて、それらがそこにあって、人がそこにいないだけでした。それらが存在していて、他には何も存在していなくて、空間や時間さえも存在していませんでした。思考や感情が起こらないので経験していませんでした。未熟の本質は経験することです。どのような形の経験も、全て過去の網の中にあり、時間の呪縛の下にあります。

それらの雲は、色彩の光の中を飛んでいて、そこには空虚がありました。見ることは驚くべきことで、空虚が存在しているときのみ見ます。空虚から見ることによって、空間が溶解し、時間が消滅します。地平線、躍る海、飛び続ける雲、不動の大地が、時間とは無縁の活動の中にありました。天空の輝きが岩の中にあり、その上に一羽のカモメが止まっていました。

車の中の男が、何か口汚い言葉か、威嚇的な言葉を叫びました。交通が渋滞していて、少女が笑っていました。飛んでいた雲が消えかかっていて、月が透明な影を作っていました。窓やお店に明かりが灯りました。高性能の車が疾走して来て、他の車が進路変更してその前を塞ぐと、車は急ブレーキをかけました。埃っぽい混雑した道路で、人が至る所にいました。貧しいと思われる人たちだけが、歩いているか、長い列の中で、バスを待っていました。思考や感情が脱落し、見て、観察し、耳を澄ましながら歩いたので、人は、何の痕跡も、何の傷跡も残さずに、あらゆるものを見ました。

＊彼はボンベイにいて、三月十三日までトークを行う予定です。

二十日

満月でした。長く仕切られたバルコニーから見る彼女は、ちょうど大きな樹木の上にかかって、澄み渡っていて綺麗で、非常に近くに見えました。柔らかい静まり返った影が、数知れずできていました。非常に朝早いので、街は沈黙していました。大きなネズミが、見られていないふりをして、窓の桟を静かに通り過ぎました。鳥のざわめきは全くなく、埃で汚れている木の葉にも動きはありませんでしたが、影たちが囁き出して、赤ん坊が泣きだしました。

瞑想は歓喜です。瞑想は精神集中ではないので、気の逸脱は起こりませんでした。それは何ものでもないので、その中にあらゆるものが存在する活動です。それには中心がないので、始まりも、従って終わりもありません。人はその活動の中へ入っていけません。人というものを、職場や教会や寺院に置いてこなければなりません。人は、経験や知識を抱えて、その活動の中へ入れません。人というものが、存在していてはいけません。

月は、通りの向こうの家の背後に出ていて、影が濃くなり、夜明けと共に消えて行きました。鳥たちが一斉に鳴き出し、叫んだり、歌ったり、囀り合ったりし始めました。耳を澄ましていましたが、人はそこにいませんでした。椰子の樹が揺れ始めるのを見ていましたが、人はそこにいませんでした。月が沈んで行くと、東から朝日が大地を覆い始めました。不思議なことに、人はあらゆることに気づいていましたが、人はどこにも、本の中にも、通りにもいませんでした。人は途方に暮れていたのではなく、人はいるのを止めていて、その沈黙の目覚ましい朝の間だけではなく、人は自分自身を再び見つけ出すことが極めて難しくなっていました。そうすることに価値がないので、人はそれを見つけ出そうとはしないでしょう。人は生きていましたが、生きていたのは人ではありませんでした。生きることとは全く異なることで、計り知れない活動であり、思考や感情では決して捉えることができない喜悦です。

母親が、洗った髪を梳かしてもらった小さな女の子を腕に抱えて現れました。そして、そのそばに、その幼子よりも年上の女の子が寄り添っていました。母親の腰の周りにいるお下げ髪の少女に、幼子が話しかけていました。彼女は、とても嬉しそうに、計り知れない愛情を籠めて、柔らかい声で話しかけました。それは、その中に、天と地と涙が含まれている愛情でしたので、人はそれを感じて涙がこぼれました。三人は洋の東西を超えた全生命であり、その際限のなさでした。彼女たちは、汚れた路地へ入って行き、時間が止みました。そして、騒音と共に一日が始まりました。人々は騒音を好みます。登校する子供たちが、笑ったり、叫んだりしていて、少年がブリキ缶を叩き、頻りに音を出していました。丘を登る車が、凄い音を出して変速しました。朝日が、樹々の頂上に、微かに、そっと触れていたので、木の葉が震えていました。隣の庭の花々の香りが一層強くなり、それらの色彩が鮮やかに輝いていましたが、人は決して戻ってくることはないでしょう。

二十一日

少年が、長くて赤い紐の付いた石を投げていました。彼が、それをマンゴウの樹の上の方に投げると、何と、紐が枝に巻きつきました。枝には、大きな小石くらいのマンゴウの実が幾つか付いていました。彼が紐を引くと、紐が解け、彼は猿のように壁を登って、紐を結び直してから壁を下りて来ました。そして、今度は紐を優しく引きました。三、四個の小さなマンゴウの実が落ちました。彼は、それらをポケットに入れると、紐をグイッと引いて、あっという間にいなくなりました。それは午後遅くで、太陽はまだ日差しが強くてギラギラしていました。

二羽のオスとメスの雀が、部屋の中に入って来て、囀り始めました。彼らは、隙を見つけては入って来て、囀りまくり、興味津々でした。彼らに話しかければ、彼らも応えてくるのでした。彼らはすっかり人懐っこくなりました。壁に姿見がかけてあり、オスが鏡に映った自分の姿と戦っていました。それは終わりのない無駄な戦いでした。メスは、小さなテーブルの上に止まって、小さな鳴き声で彼を励ましていました。彼らは文字通り押し出されなければなりませんでしたが、戻ってくるのでした。メスが最初に鏡の前に来て、それからオスが来て、その戦いは続いていました。太陽が樹木の後ろに隠れ、路上は埃っぽく、汚れていて、人で混み合っていました。至る所に人がいて、彼らは絶えずお喋りをし、貧しく、貧相で、空腹を抱え、疲れ切っていました。そして、休みなく活動している海があり、海面は夕陽で赤く燃え上がりました。至る所に活動があり、あらゆる色彩が生き生きとしていて、そこにある黒い岩々が強烈でした。

行動は、生きることと分離している何かではありません。行動の観念と行動は二つの異なるものです。観念は行動ではありません。観念を基礎にした生は、絶えず葛藤と悲惨を生む、行動とはいえない行動です。観念は葛藤の中の思考の発明品であり、思考の働きを基礎にした行動は、ただ矛盾に陥るだけで、そのことからくる緊張感が、たとえ書物や絵画や神々やビジョンを生んだとしても、それは行動とはいえない行動です。生きることは行動であり、記憶ではありません。記憶の灰は、生命の炎ではありません。思考の働きは、それらの灰から生まれます。一瞬一瞬を時間とは無縁に生きることと死ぬことが行動です。継続や永遠は、その維持のために葛藤を余儀なくする、行動とはいえない機械的な行動です。葛藤と悲しみや、自己憐憫と記憶が、行動とはいえない行動の原動力です。完全に生きることが、余すことのない行動です。

海面上の夕陽が、やせ細って一筋の線と化し、思考や感情では捉えきれない美がありました。それは美術館の中にはありえないし、壁にかけておくことができません。それは、あのカップルたちでもなければ、あの沢山の子供たちを連れている家族でもありません。生命は海面上をひたすら躍っているのですから、愛、美、死は分離できません。

二十二日

そのかわいそうな少年は、彼には長すぎる、汚れていて破れているシャツを着て、車の往来に目をやりながら道路を横切りました。彼は、非常に痩せていて、黒ずんでいて、整った、端正な顔立ちをしていました。彼は、道の反対側にしばらく立ち止まってから、我々の前をあてもなく歩き続けました。彼は七、八歳ぐらいで、目が輝いていて、すぐににこにこ笑い出し、裸足で、頭が大きくて、途轍もなく悲しそうでした。彼には悲しみが何なのか分からないでしょう。彼には十分な食事と、心行くまでの安眠と、清潔な衣服が必要でした。誰も彼と話をせず、通りにいる他の少年たちが彼と喧嘩をしたか、相手にしないのかのどちらかに違いありませんでした。彼は孤独でしたが、その意味もまた彼には分らないでしょう。彼の両親はどこかで働いているはずで、恐らく、あの果てしなく続く、彼らが住むことにはならない集合住宅の建設を手伝っているはずです。彼は急に踵を返し、我々と鉢合わせになりました。彼はたびたび叩かれていたはずで、一瞬、彼は戸惑いと不安と痛みを感じました。彼はそこに立ち止まり、非常に驚き、笑っていました。彼はその汚い道路を根城にしていて、息盛んで、すぐに泣きました。彼の荒れた小さな手は汚れていて、何かを盛んに掴もうとしていました。我々は彼と一緒に歩きました。彼は英語が話せなかったので、我々は言葉を交わしませんでしたが、言葉は必要ありませんでした。手をつないで歩いている二人以外は、何もかもが忘れ去られていました。車の往来も、人々も、汚穢もなくて、海が遥か地平線にまで、穏やかに広がっていました。彼は何かを言いたそうで、言葉が通じないことは分かっていても、言葉が出てきてしまうのでした。彼は立ち止まって手を離し、我々は、海や、椰子の葉や、紐で繋がれている子犬や、けたたましく音を立てて通り過ぎるバスを見ていました。

晴れていて雲のない夕刻は暖かく、茶色の鷲たちが、がらんとした上空を旋回していました。瞑想は、精神から時間と思考をなくして、精神を空虚にすることです。感情は歪曲し、あらゆる経験が思考を形作って、それを鈍く無感覚にします。時間がないときには経験することはなく、経験することは未熟の本質です。余すことのない否定は空虚であり、その中にのみ不可思議な創造がありますーー絵画や書物のことではなく、完全に何もないことです。それが愛です。頭脳は活動を止め、感受性を鋭くし、記録しないで見て、収集しないで耳を澄ましていました。集合住宅に明かりが灯り、男が長い竿を使って、街頭のガス灯に灯を点していました。夜が忍び寄ってきて、埃まみれの木の葉が夜に備えて静まりました。笑ったり、叫んだりしている沢山の子供たちを乗せた車が通り過ぎて行きました。髪にジャスミンの花飾りをつけた女性が通り過ぎました。その香りは大地であり、人々であり、あの少年でした。精神は空間と時間を脱落していました。際限のないものが現れていました。

二十四日

二羽のオウムが、いつものように飛びながらキイキイ鳴いて、凄いスピードで空を横切りました。彼らは、鳥だけに備わっていると思われる不思議な美と優雅さに満ちた緑色の光で、重さがないように見え、夕空の中の閃光でした。彼らは、疲れを知らず、暗くなった葉群れの奥の、夜の寝床へ帰って行きました。彼らは、ギラギラした光と、あらゆる騒音がする街の中を好みました。恐らく、街中の方が、周辺の山野よりも安全でした。二羽は、家の後ろのマンゴウの樹の中へ消えて行きましたが、空に彼らの光が残りました。

角を曲がったすぐそばに門があり、その後ろに四つの駕籠が置いてあって、一つずつに緑色のオウムが飼われていました。四羽はお互いを呼び合っていて、太鼓腹の太った男が、腰の周りに僅かばかりの布切れを巻いただけの裸同然の姿で、簡易寝台の上に座り、そばに立っている女性に向かって何か喋っていました。鳥籠はオウムたちには小さすぎて、尾が鳥籠からはみ出していました。それらは汚れていて、優美さが消えていましたが、それでも、とても美しく、艶があり、肥えていて、嘴が赤く輝いていました。その太った男にとっては、オウムたちが彼の生活の中のただ一つの美です。彼はオウムたちが好きだったのに違いありません。彼の同伴者はオウムたちであって、彼のそばに立っている女性ではありませんでした。彼女は、彼の子供たちを生んだだけでした。しかし、四羽のオウムは彼の喜びであり、彼の大切なものであると感じました。彼は、自分が犯している罪の計り知れなさや、鳥を鳥籠の中に閉じ込めるという暗愚を理解することは決してないでしょう。鳥たちが、目で見ることができる彼の所有物の証でした。彼の子供たちは去って行ったり、死んでしまったりするでしょうが、鳥たちは彼の元に残ります。彼は体を掻きながら鳥たちを見ていました。

煌めく水面に触れている夕陽が、川面にやや赤みがかった金色の道を作っていて、一艘の帆船が夕陽を背にして浮かんでいました。その夕刻、瞑想は頭脳の完全な静寂でした。頭脳は空虚になり、周りのあらゆる動きに完全に気づいていましたが、自身の静寂の中で感受性が鋭くなっていました。理由も動機もない活動でしたので、思考や反射的な反応が起こらず、始まりも終わりもありませんでした。経験するための観察者がいませんでした。それは継続性のない活動で、活動している今だけでした。夕陽が今や水面下に没し、鳥たちは街の上空を、星が輝きだすまでの間ひたすら旋回していました。

彼らは詠唱していました。喉の奥から発している彼ら四人の声は軽やかで、辺りに満ちていました。それらは、古代の教会や寺院の詠唱を彷彿とさせましたが、部屋の中からでした。そして、突然あらゆるものが穏やかになって、重苦しくなくなり、詠唱は続きました。それには熱気と深さがあり、何もない中へ高揚して入って行きました。人はそれに乗り、それは人を運んで行きました。実際に、人はそこにいなくて、ただその何もないことがあるだけでした。あるとかないとかの、何もないことではありませんでした。それは時間の境界がない空虚で、その空間を計る手立てがありませんでした。それは、精神と同じように計り知れない空虚でした。その何もないことから分離している精神はなく、ただそれがあるだけでした。それは、あらゆる探究や追究や回想を超えて現れていました。思考はそれに触れることができないので、それは腐敗しませんでした。

二十五日

その道路沿いには、集合住宅、一般住宅、空き地があり、門衛がいて手入れがよく行き届いている、艶々した緑の芝生の庭のある邸宅がありました。一般住宅と集合住宅の中は綺麗かもしれませんが道路は汚れていて、道路の中央だけが比較的綺麗で、沢山の車とバスが通っています。人が歩くところは舗装されていなくて、非常に汚れていて、バナナ、オレンジの皮、紙くず、唾、犬の糞など考えられるもの全てが落ちていました。人々は毎日そこを歩いて、それらを気にしていません。彼らはほとんどが貧しい人たちで、裕福な人たちは車に乗り、ゴルフコースを持っていたり、車で海岸まで行って散歩したりしています。騒音と汚れがあり、誰もが悲しみや、貧困や、侮辱や、死に慣れてしまうように、彼らはこれらに慣れています。人々は道路の埃がありったけ入ったコーヒーを売っていたり、小さな店でバナナや穀物を売っていたりしていて、沢山の蝿がいます。幾つかのマンゴウの樹があり、今が満開です。微かな香りが漂っていて、一酸化ガスが混じっていますが、その香りを嗅ぐことができます。誰も花々を見ようとはしませんが、彼らはその果実を食べます。それらは素敵な、やや桃色がかった花々で樹上高くにあり、暑い日差しを受けながら咲いています。今日、夕陽がそれらの上に優しく降り注いでそれらを赤く染め、微かな潮風がそれらを揺らしていました。男の人が、婦人たちの結い髪に差す、小さなジャスミンの花飾りを売り歩いていました。その汚れた道路で、ジャスミンの香りが全く思いがけずに、束の間の際限のなさや、空虚の楽園への魅惑的な庭の扉を開けました。ほとんど盲目の哀れな老人が、人を押しのけながら通りましたが、誰も気に留める様子はありませんでした。誰もがお喋りに忙しかったり、バスを待っていたり、家路を急いでいたりしていました。

瞑想は習慣の破壊です。習慣は継続であり、永遠の閃きを妨げてしまう機械的な惰性です。閃きは時間とは無縁であって、それは火花でしょう。思考は、それを継続するものや、ひと続きの関連する思考や習慣にしてしまうことはできません。思考は関係性を築き上げます。それは物事や、人々や、観念に慣れてしまうことです。この関係性は時間であり、時間を通じては、何をどうしようと、あの閃きは決して起こりえません。瞑想は思考の消滅であり、空虚の始まりです。空虚の中に人の取りつく島はなく、経験としての思考が、時間の始まりである根をその中に下ろすことはありえません。この空虚から死が不可思議な創造である愛が生まれます。
沐浴したての少女が長いお下げ髪に花を挿して、清潔なブラウスとワンピースのドレスを纏い、物思いに耽っている太った母親の後について通り過ぎました。三匹の小さな茶色い猿を連れた曲芸師が、小さな太鼓を叩きながら通り過ぎて行きました。太陽が快晴の地平線に沈んで行きました。そして、それが近くにあって、その状態が永遠に続くかと思われました。大きな車に乗った大物が車から出て来て、我が物顔で道を歩いていました。彼は重要人物でした――少なくとも、彼は、自分のことをそのように考えていました。そして、海沿いの僅かばかりの大地は、彼の散歩のためにあるのだと考えていました。薄暮が消えて、夕闇が瞬く間にやってきました。思考は静まり、夜はあの空虚でした。

二十六日
四、五歳の少女が、汚れた道路わきに座っていて、彼女のそばに二歳以下と思われる幼子がいました。その子は、恐らく、彼女の妹でしょう。二人とも小さくて、汚れた衣服を纏い、髪を梳かしていませんでした。しかし、その子たちには笑顔と優しさが溢れていました。年上の子が年下の子を膝の上に乗せようとしていましたが、年下の子は、車や、バスや、トラックが行き交う、すぐ脇の、硬くて汚れている道路に両足を組んで座りたがっていました。人々にとって、それは見慣れた光景で日常茶飯事でした。彼女たちは非常に容貌の整った子供たちで、まだそれほど陽に焼けた肌をしていませんでした。彼女たちはそれほど痩せていなくて、髪はぼさぼさでしたが、楽しそうに笑っていました。特に年上の女の子がそうでした。彼女たちは澄んだ眼をしていて、その瞳が美しくて汚れがなく瑞々しいのでした。年上の子が、年下の子の手を取って、何か言っていました。彼女たちは、車の往来や、人々や、生の苦悩とは別世界にいました。年上の子が、年下の子の髪を梳かして整えていました。彼女は、年下の子を母親のように世話していて、悲しみはどこにもありませんでした。警官がやって来て、言葉と身振りで、もっと壁の方へ寄るように言い、彼女たちは言われた通りにしました。そして、幼子は年上の子の膝の上に乗り、溢れるばかりの愛と共に、平和が訪れました。

壁の上からマンゴウの樹がはみ出していて、満開になった花々から、香りが漂っていました。それには小石くらいの実が付いていました。空間と魅惑とが溢れている夕刻で、何もかもが非常に間近に迫ってきているように思えました。

地平線に触れることができそうで、あらゆるものの美を浮かび上がらせる、あの光がありました。それは暴いてみせる光で、その中には美も醜もありませんでした。思考には継続性があり、それは美でも醜でもありません。思考には関係性があり、愛には関係性がありません。愛は時間の中にありません。時間と思考は相関的で、一方は他方なしに存在しません。それら二つが愛を破壊します。というのは、愛が感情でもなければ、思考によって形作られるものでもないからです。思考が生み出す愛は、悲しみです。愛は悲しみとは無縁であり、継続性である記憶の反応ではありません。美と醜の閃きは二つの異なったものから生まれるのではなく、その光が関係性とは無縁に暴きます。しかし思考がそれらを結びつけます。それは明瞭性であり、美しいのでも醜いのでもありませんでした。それは、あらゆるものが生きていると思われる、うち震える海のような光で、大きなものは小さなものではありませんでした。

瞑想は、精神から思考と感情である時間をなくして、精神を空虚にすることであり、その空虚は光です。

暗くなったので、あの少女たちはいなくなり、街灯に灯が入り、車の数が減ってきました。しかし、彼女たちがいたところに、マンゴウの花々の香りが漂っていました。

二十八日

帆船が一つも見えず、海上はガラガラでした。海は休みなく揺れ動いていて、幅広く広がっていました。それはとても活動的で、あらゆるさざ波がひそひそ囁いていていました。潮が、黒色の岩々にとっては見慣れた執拗さで、優しく打ち寄せていました。小さな湾の一方の端に椰子の樹々があり、反対側には建設中の建物の埃と騒音がありました。黒色の岩々の上に、洗いたての、明るく輝いている色とりどりのサリーが干してありました。それらが夕陽を浴びていて、人はこの世を忘れました。ただ色彩だけがあり、光がその上に当たっていました。それは、空想的な光でもなければ、忽ちのうちに消えてしまう夕陽の光でもありません。それは色彩の神だけが放つ光です。黒色の岩々は数知れない年月と嵐に耐えていて重厚でした。この古代を彷彿とさせる黒色の上に色彩があり、それは目にすることができるあらゆる色彩でした。車の往来が止み、隣で、立ちながら安価なタバコを吸っていた男がいなくなりました。人は色彩と共にあり、人は色彩でした。それは、うち広げられている沢山のサリーの色彩ではなく、色彩そのものでした。他には何も存在していなくて、暗い海はそれを出自としていました。色彩は神であり、その神は至る所に存在していました。

見守っていると、瞑想が、強制されたのでもなく、思考とは無縁に訪れました。それは地平線がなく、時間とも無縁な、拡大して広がっている空虚の瞑想で、時間と距離の壮大な空間と出会っている精神の、あの計り知れない空間でした。その出会いの中に空虚がありました。それは、あらゆる既知の死で、楽しみや、喜びや、悲しみの、あらゆる活動の死でした。思考は、時間とは無縁な空間の空虚の中へ赴くことができず、沈黙しました。それは経験できないことだったので、あらゆる認識が止みました。経験は認識であり、既知の継続です。瞑想は既知を根絶やしにすることです。言葉や認識や既知が止み、精神の計り知れない空間がそれ自身の速さで広がって、後に何も残しませんでした。それは境界のないエネルギーでした。

道路は車で混雑していてほとんど歩く隙間がなく、人は側溝へ追いやられました。お抱え運転手が見ていましたが、彼は無関心でした。子供がベランダで遊んでいました。その子は足をできるだけ折り畳んで座ってみて、その中にどれだけ狭い空間ができるか、足を組んだり外したりしながら試していました。彼女は汚れていて、何日も洗っていないスカートをはいていましたが、可愛い顔をしていて、お茶目で楽しそうでした。車が道路上に溢れ、どの車も結婚式へ行く途中で、宝石や明るいサリーで着飾った女性たちや、礼服姿の男たちが沢山乗っていました。少女は、特に見るべきものがないので、その人たちには目もくれませんでした。その人たちは社会的に尊敬されている、死んでいる人たちでした。今や薄暮も消えて、頭上のオリオンが、樹木と家の間の狭い空間にかかっていました。

三月一日

人がなかなか謙虚にならないのは不思議です。一台の車が通り過ぎました。その中に、宝石を身につけた、非常に洒落た感じの女性が乗っていました。彼女は自分の髪や、ドレスや、体など、自分自身のことをひどく意識していました。髪をなでたり、服を直したり、小さな鏡で自分自身をあちこち見ていました。恐らく、彼女はパーティーか何かに行くところでした。隣に座っている男は、とても影が薄く、退屈そうで、ひどくだらしないのでした。彼女が全てであって、彼は何ものでもないのでした。彼女が命令して彼が従うのです。しかし、オフィスでは、恐らく彼は暴君でした。二人とも、金持ちや、傲慢な者特有の雰囲気を持っていました。彼らは、仕事で必要とする男たちを含めて、自分たちが欲するものは何でも買えるのでしょう。運転手つきの見事にターンする大型高級車を持っていて、彼もまた、高級車に乗ることや、金持ちたちを意識していました。彼らは、金銭やそれ以上のものを持っていましたが、やたらとひけらかすというほどではありませんでした。彼女は自分を見るのを止め、窓の外を見ていましたが、そこには誰もいませんでした。夕日や、水面に映る影さえもありませんでした。それは限りなく退屈な眼差しで、「〝歓待される〟が〝感興に包まれる〟と共に上に書かれている」ことを待っている眼差しでした。しかし、海も、浜辺にいる沢山の人達も、それを待つことはないでしょう。人が寄り集まっていて、生き生きとしていたのは浜辺の大勢の人たちの方でした。

一日が終わるころになると海辺の近くはひんやりとして、夕日が丘の樹々の背後に沈んで行きました。通りは混雑していました。夕刻の美しさは至る所にありましたが、車の中や、人々の中にはありませんでした。人は美を見つけられません。樹木や鳥も人に美を差し出してはくれないでしょう。しかし、人は、見ようと思えば至る所に美を見つけることができます。

美は、愛と同じように、経験がもたらすものではありません。経験は、思考者と思考の相互作用ですので、葛藤の相互作用です。美は、愛と同じように、思考する者がいなくて、感情と共に思考が止んだところに現れます。愛と同じように、美が存在するためには全ての知識が止まなければなりません。

しかし、人はあらゆることについて知っています。人は議論を戦わせて、多くの結論に至ります。人は鈍さを持て余して狡知に長けます。人は何についても知っていて、知らなければいつでも書物の中で知ることができます。人は月へ行けますが、精神の中に空間を持っていません。精神の中には、僅かばかりの空隙しかありません。しかし、その空隙は、無限の過去と無限の未来が出会って、それらの意味が完全に消滅した空間ではありません。愛と同じように、美が存在するのはその空間の中だけです。思考のための空間はありません。月へ行くための空間はあります。しかし、美は、愛と同じようにその空間には存在しません。それは、あの取り付く島のない精神の空間の中にあり、そこには爆発している空間しかないので、その精神を見つけることは難しいのです。というのは、愛や死と同じように、不可思議な創造が美だからです。

高級車がするりと入って行くと、空いた所へ、車体が黄色と黒のタクシーが入りました。

四日

それはモクレンの花で、小さなバラの花くらいの大きさにしかならない品種でした。それは長くて緑色に光っている美しい形をした葉にまだ付いていました。花は淡い黄色で、繊細な香りがしました。花全体は大きなビー玉くらいの大きさで、外側に暗く黄色がかった緑色の花弁がついていました。誰かが、茎だけを残してその花を無造作にもぎ取りました。葉の上に乗っているそれは天地の構造と色彩を含むように象《かたど》られていて、その中に空間があり、それは計られることのない果てしない空間でした。それを一瞬のうちに見ました。目と心が付いて行けない速さでした。人は、花の周りの空間と同じように空虚になりました。それは時限装置なしの爆発で、そのようなものが目の前にあることに驚きました。このこと全てが、瞬時に、瞬く間に起こりました。そこに現れていたのは永遠の美でした。美は全体の直接性を見ることです。人は、閃きの中でのみ際限のなさを見ることができます。人は生の全体性を、束の間の一瞬見ることができます。見るのは思考ではありません。思考は時間を通して作り上げられるものです。思考が見るとき、それは時間の領域の中にあるので、それには継続性があり、腐敗が付き纏い、加齢と悲しみが起こります。

花と葉はテーブルの上にあって、水の中へ活けられるのを待っていました——もし気遣う人がいるのなら。人々は気にかけませんでした。それは花瓶の中に活けられて、何やかやと寸評されるでしょう。しかし、人々は、花以外のあらゆることで頭が一杯であり、それらにかかりっきりで、精神の中に空間があるはずであることを、精神の中に壮大で無限の空間があるはずで、その空虚の中にのみ全ての時間を拭い去ってしまう閃きがありえるのだということを、見ることができなくなっていました。それは数時間で萎れてしまうでしょう。もし、人が気を利かせれば、人は、一瞬前の過去の死んだ灰を記憶しておくことはないでしょう。しかし、人の精神は塞がれていて、そこには空間が全くないのでしょう。空間の美は沈黙です。それは時間が生み出した沈黙ではありません。その計り知れない沈黙の中にのみ、際限のないものの閃きがあります。

人は、煌めく葉と共に、そのように象られた花を見て、そのようなことが起こりえることに驚きました。その驚きの中にあったのは、俗界が生み出しえない謙虚でした。その花の向こうには騒々しくて汚れた路地があり、子供たちが叫んだり、泣いたり、笑ったりしていました。路地の先には、もっと騒々しくて汚れている道路が控えています。そこにはいつも人の往来があり、穏やかになるのは深夜遅くになってからでした。街中が眠りについて、忘れました。遥か遠くの海の轟きが波が高ければ聞こえてくるでしょうし、エアコンの機械音が聞こえてくるでしょう。街灯が影を作っていて、霜の付いた窓枠に毎晩影ができます。それはいつも揺れていたり、いつも囁いたりしていて、人はそれらの優美な葉群れの中に消えて忘れられ、路地の無秩序と悲惨へは決して戻ってこれません。至る所に灰があり、あの束の間の際限のなさが消えていました。人はそれを思い出すことができませんでした。そして、道路が一日の始まりに目覚めました。

七日

ここに長居してはいけません。彼らに見つからないように、彼らに捕まって、彼らの思うように仕上げられたり、彼らの型に嵌められたりしないように、遥か遠くに離れていなさい。山々や汚染されていない空気のように遥か遠くに離れていなさい。両親、関係性、家族、国と縁を切るほどに、遥か遠くに離れていなさい。自分の居場所さえ分からなくなるほど、遥か遠くに離れていなさい。彼らに見つからないようにしなさい。彼らに接近しすぎてはいけません。自分の姿形さえ分からなくなるほど遥か遠くに離れていなさい。彼らが踏み込んで来られない距離を保っておきなさい。誰も入って来られない通路をいつも開けておきなさい。それは扉のない、ただ開け放たれている果てしのない通路ですので、扉を閉めるようなことをしてはいけません。どこか扉を閉めればそこから彼らは忍び寄って来て、万事休すです。彼らの息のかからない、遥か遠くに離れていなさい。彼らの息は、非常に遠くまで、非常に近くまで、這い入って来ます。

彼らの存在、彼らの言葉、彼らの仕草、彼らの膨大な知識に汚染されてはいけません。彼らは膨大な知識を持っていますが、自分の姿形が分からなくなるほど、彼らから遥か遠くに離れていなさい。というのは、人に姿形を与えたり、人を彼らの型に嵌めたり、人を粉々に分解してから人を彼らの思うように仕上げるために、彼らがあらゆる街角、あらゆる家で待ち構えているからです。彼らの神々は、小さかろうと大きかろうと、彼ら自身の手と頭で作った彼ら自身の似姿です。彼らは、教会人として、共産主義者として、信仰者として、或いは非信仰者として待ち構えています。彼らはみな同じです。彼らは自分たちは違うと考えますが、そうではありません。というのも、彼らはみな、人が彼らを出自とするまで、彼らの言葉を繰り返すようになるまで、古代の聖者であろうと現代のそれであろうと、彼らの聖者を崇拝するまで人を洗脳するからです。彼らは、彼らの神々や、彼らの国のための軍隊を持っている人殺しの専門家です。遥か遠くに離れていなさい。それでも、彼らは、教育者であったり、ビジネスマンであったりして人を待ち構えていて、恐ろしいことですが、全ての人が彼らの社会の要求に順応するように人を訓練します。* 彼らは、人を科学者や、技術者や、料理から建築から哲学に至る、ほとんどあらゆるものの専門家に仕立て上げるでしょう。遥かに遥かに遠く離れていなさい。彼らは、政治家や、改革者として待ち構えていて、誰かが人を窮乏生活へ追いやれば、他の誰かが改革者として名乗りを上げます。彼らは言葉を巧みに操り、人は彼らの魑魅魍魎の世界の中で途方に暮れるでしょう。遥か遠くに離れていなさい。彼らは、神に関する専門家として、或いは爆弾ゲリラとして待ち構えています。前者は人を信服させ、後者が人の殺し方を「人に教える」でしょう。神を見つけるための方法が沢山あり、人を殺すための方法がそれはもう沢山あります。他にも、人にこれをしなさい、あれはしてはいけませんと言ってくる大勢の人たちがいます。それら全ての人たちから、遥か遠くに離れていなさい。自分や他の人たちの姿形が分からなくなるほど遥か遠くに離れていなさい。待ち受けている全ての人たちと人も一緒になって興じたいと思うかもしれませんが、その感興はとても複雑で、とても巧みなもてなしになっていて、人はその中でどうしてよいのか分からなくなるでしょう。決してここに長居してはいけません。自分自身の姿形が分からなくなるほど、遥か遠くに離れていなさい。

彼らは、相当によく手入れされた庭に、一列に並んで座っていました。彼らは明かりを灯して食事をしていて、彼らの後ろに、大邸宅が控えています。沢山の花の香りが漂っていて、波が絶え間なく打ち寄せている海から、そよ風が吹いていました。道路には車がほとんど走っていなくて、頭脳は完全に静まり、閃きが起こっていました。瞑想は閃きであり、その閃きはただ空虚の中でだけ起こります。それは未知への扉を開ける閃きです。その閃きは時間とは無縁の、ほんの束の間の一瞬です。人は、風を手の中に握っておけないように、その閃きを決して保持できません。

＊彼らは、社会や家族と称するものを持っていて、この二つが彼らの本当の神々であり、人が絡み取られる網です。［クリシュナムルティの挿入］

十一日

その女性は髪に黄色い花を挿していて、大きな集合住宅の玄関先を掃いていました。彼女の緑色のサリーは清潔ではなく、彼女は痩せていて、沢山の子供がいました。夫は庭師らしく、建物の周りの幾つかの荒れ果てた藪と花々を世話していました。彼も痩せていて、頬がこけていました。彼は、水の入った重たいバケツを何とか運んで来て、植木に散水していました。それらの植物は毎日の水やりがされていませんでした。彼の上着は破れたままで繕っていなくて、汚れていました。建物の入り口も同じように汚れていて、犬たちがたむろしていました。それを誰も気にかけません。その家族は、路地裏の、椰子の葉で葺いた家で生活していました。彼らの家は、緩く組んだ幾つかのレンガの周りに二、三の杭を立てて、汚れたガニークロスを張ったものでした。そこが彼らの家――子供を育てて、許されればそこで死んでいく、彼らの家でした。庭師である彼は、その仕事で、高級レストランのウェイターが貰う気前のいいチップほどの収入を得ていて、その収入で、窓の下の路地でいつも遊んだり、叫んだり、泣いたりしている、五人ないし六人、或いは八人の子供たちがいる家族を養っていかなければなりませんでした。もちろん、彼らが何らかの教育を受けることはないでしょうし、彼らはいつも貧しく、痩せていて、汚れていて、途方に暮れたままです。

二歳ぐらいの女の子が路地をトイレ代わりにしていて、付近の子供たちはその路地を走り回り、叫び、呼び合い、笑ったりしていました。裕福な人たちは、玄関先まで車の騒音が轟く、人家が密集した丘の上の方に寺院を建てていました。しかし、至る所に、痩せていて空腹を抱えた、どうしようもなく貧しい人たちがいましたが、ピカピカに磨かれた車が通りましたが、その中に乗っている人たちも悲しそうでした。彼らの一日は終わって、もう二度と帰ってきませんでした。彼らはお金を持っていましたが、その他には何も持っていませんでした。

　これほど無垢なものを今まで見たことがありませんでした。彼女は仰向けに横たわり、彼女の優美な曲線だけが見えていて、彼女はほとんど水面に触れんばかりでした。それは、快晴の空に初めて姿を現した、生まれたての新月の光の一閃でした。何度も彼女を見てきましたが、人は以前に彼女を全く見たことがありませんでした。それがあまりにも無垢なので、混雑した賑やかな通りにいたにもかかわらず人は無垢になりました。人は努力せずに、思考を働かすことなく、無垢でした。人の周りのあらゆるものが新しくて、人はそれらを以前に見たことがありませんでした。目が洗われて、心に一点の曇りもなくなりました。人は、何ものも触れることができないほど、遥か遠くにいました。再び、ということがなくなっていたので、人が再び汚染されることは決してありませんでした。その間、ということがなくなっていました。過去も未来もありませんでした。今の、際限のなさが祝福である無垢の、あの壮大で空虚な空間があるだけでした。それは天恵でした。たとえ愛した人でも、その人をそこへ連れてくることはできませんでした。どのような聖者も教師も、人をここへ連れてくることはできません。人は彼らを見捨てて、姿形を追い求める思考の及ばぬ先で消えてしまわなければなりません。それは完全な独存性の無垢で、生から用心深く切り取ったものでもなければ、自己犠牲的な孤独の片隅でもありませんでした。人は独存していませんでした。というのは、人が経験の及ばぬ先にいたからでした。人は、それが独存性であることを知りませんでした。人は何も気づいていませんでしたが、何もない中に、あの際限のない無垢性がありました。それはあらゆるエネルギーと生命の無垢で、人が何気なくそこへ至れば――それはいつも何気なくなければならなくて、決して構えてはいけないのですが――そのとき、人は不生の喜悦の中にいるでしょう。

後ろの長い車の列から、クラクションが聞こえてきました。前方の海浜で政治的な集会が開かれていて、政治家の怒鳴り声が拡声器から聞こえてきました。新月が海の向こうに沈みました。

十三日

その汚れた通りはひどく混雑していて、かつてないほど汚れていました。辺り一面に唾が吐いてあり、狭い歩道は信じがたいほど汚くて、全く清掃されていませんでした。土砂降りの雨が、人口過剰で無感覚な街の野蛮な醜さを洗い流すまでには、まだ何ヶ月もありました。海はちょうど道路の反対側にありました。浄化作用のある潮が、黒い岩々や、人間によって汚された砂浜に打ち寄せていました。人間が現れるところはどこでも、汚れや、野蛮さや、あらゆるものに対する酷い無関心がありました。少しでもそれを気にかける人たちは、すぐに、社会活動家や、あの決して絶えることのない政治家になります。壁に張られた忌まわしい選挙用ポスターが、「他の候補者ではなく自分を当選させれば、自分は驚くような仕事をします」と世の中に訴えていました。あらゆる犬が歩道に小便の臭いを付けています。打ち寄せる潮では道路は綺麗にならないでしょう。精神は疲労困憊し、心は萎えました。少女が道路をトイレの代わりにしていました。人は泣きました。男が車からタバコの吸いさしを投げ捨て、捨てられたそれを他の男が拾う前に、車のタイヤがそれを押し潰していきました。それも半分吸いかけのタバコでした。

混雑した通りを抜けると、湾曲した海岸沿いを走る道路の端に出ます。黒い岩々の上に、色とりどりのサリーが広げて干してあり、彼女たちは、それらを取り込んで丁寧に畳んでいました。夕日が海面に触れていて、地平線がはっきり見え、帆船は一つもなく、雲もまた一つもありませんでした。人は、太陽と共に遥か彼方へ赴きました。人は引き下がったりしませんでした。どこへ行くことになるのか知る由もなく、ただ赴くままにしていました。もし引き下がれば、遅かれ早かれ帰ってくることになって、あのうんざりする日常を再び果てしなく繰り返すことになるでしょう。引き下がることは、感覚の麻痺や、絶望のあがきをもたらしました。

決して引き下がったり、引き籠ったりしてはいけません。堕落した家族の中や、観念や信念の死んだ灰の中や、精神の安っぽい神々の中へ逃げ込んではいけません。そこに愛はありません。もし、どこへ行くことになるのかを知ることなく、計画を立てず、小賢しい謀りごとを止めて、ただひたすら遠くへ赴くなら、人はあの死んでいる人たちのたむろする汚れた通りを歩くことができて、愛を知るでしょう。人は車や人々に小突きまわされて歩きながら、歓喜を伴った瞑想をしているでしょう。そうして瞑想は喜悦に、無限の優しさの活動になり、人は通りかかった子供の手を取りました。それから、先ほど貰った良い香りのするジャスミンの花飾りを、通りかかった乞食に手渡すでしょう。そして人は彼の表情の中に、際限のない驚きと歓喜を見るでしょう。人は、永遠がいつもあらゆる街角や、あの枯れ葉や落下した花の下にあることを知るでしょう。

前を行く男の人が強いタバコを吸っていました。上空の茶色の鷲たちは旋回するのを止めていました。

十九日*

我々は三万二千フィートの上空を飛んでいて、遥か下に途切れることのない雲があり、上空は雲一つない青空でした。雲の中を通ってくる太陽光が、目も眩むほどの白さでした。隙間のない雲が大陸から大陸へと広がっていて、それらが砂漠や海や島々を覆っていました。その高度の空は強烈な青さで、地上や山の上からは見たことがない青さでした。それは余りにも固体的で、それを切り取ってポケットの中に仕舞えるのではないかと思わせるほどでした。白い地平線が空の青と接していました。深い谷や高い山から、時折、空の青さを見ることがありましたが、その青は、それらとはまるで違っていました。それは人の目を満たして、時間では計れない遥か遠くへ人を連れ去りました。

機内はまだ混んでいませんでした。恐らく、次の空港で満席になるでしょう。従って隣の二座席を使うことができました。ジェットエンジンの音が轟いていましたが、それほどうるさくなく、通路の反対側の女性たちの会話が聞こえていました。しかし、沈黙が起こりました。それは、お喋りとエンジンの轟音の中でさえも、上空の青空のようにはっきりと、一点の曇りもなく存在していました。人は、経験されて、果てしない記憶の中へ仕舞い込まれてしまう何か［の］観察者としてではなく、それに気づきました。それについて考えることができず、時間が止んでいました。それを全く経験できないほどの強烈さでそれは現れていました。この沈黙から、突然、思いがけずに、あの際限のなさが現れました。全存在が、思考や感情を脱落させて余すことなく静まり、人間によって作り出されるのではない、あの近寄りがたい力強さが現われました。それは、何ものも貫くことのできない、全く脆い力強さでした。そして、どのような意志や熱情でも喚起することのできない、あの不思議な強烈さがありました。それら際限のなさ、底なしの力強さ、強烈さは、分離したものではなく、それらは死と愛と不可思議な創造のように分離不可能で、決してバラバラになることはありませんでした。頭脳は、その壮大さや、その荘厳さを捉えることができませんでした。それは軽音楽のかかっている機内に入る前、何世紀も前に静まっていました。夜の蒸し暑さから抜け出て機内に入ると、途端に人はいなくなりました、何世紀も何世紀も前に、一時間前に、或いは恐らく、もう少し前に。人はそこに身動きをせずに座り、全くいなくなって、決して完全に戻ってこないでしょう。三時間が経って、人はちょうど機内に入ったと思いました。彼らが人にシートベルトを締めるように言っていました。隣の二座席に男性と女性が座っていました。そして、再び我々は無垢で雲一つない青空の中にいて、あの際限のなさが現れていました。いかなる人間も、神も、それをかき乱すことはできないでしょう。心と精神は信じられないことに全ての時間を超えて、それを出自としていました。

このようなことが、このような場所で起こるとは！　男がタバコを吸っていて、煙が人の顔の前にきました。通路の反対側の赤ちゃんが、息継ぎも切れ切れに泣きじゃくっていました。

お母さんはミルクを持っていなくて、赤ちゃんを鎮めることができませんでした。母親は、その極度の緊張に耐えられなくなってきました。女性客室乗務員たちがやって来て赤ちゃんを連れて行き、体を綺麗にしてあげて、赤ちゃんを大人しくさせました。すると、今度は母親が泣き出しました。

ジェット音が変わり、我々は再び着陸の態勢に入りました。河と緑の田畑が見えました。河は、ヘビのように田畑を出たり入ったりしながら、田畑を縫うようにして流れ、田畑は、人間たちの精神のようにバラバラに分断されていて、その一つひとつにそれぞれの持ち主がいました。

そして、その向こうは青い荒波の信じがたいくらいに生き生きとした海でした。そして丘々があり、島々がありました。

*彼は、この日、空路でボンベイからローマへ向かいました。

訳者あとがき

私は、J・クリシュナムルティに出会った時から、〝J・クリシュナムルティは二十世紀を生きた盤珪永琢《ばんけいようたく》であり、盤珪永琢は元禄を生きたJ・クリシュナムルティである〟と独り呟いてきました。盤珪さんは、クリシュナムルティとは対照的にまとまった作品を残しませんでした。盤珪さんは、そういうものは〝脇かせぎ〟であるとして、〝不生〟でいるためには無用であるとされました。『盤珪禅師語録』（岩波文庫）は、盤珪さんのお弟子が独自の判断で書き残したものであると思われます。

一方、クリシュナムルティは膨大な量のトークやダイアローグなどのテープと多くの書物を残しました。それでも、彼の発言は我々を映す鏡の役割を果たしていて、我々が自己を知るようになればクリシュナムルティという鏡は無用になるので、そのときは〝Kという鏡〟を打ち壊して下さいと彼は言います。そして、彼の書物の内容にこだわる質問者に対して〝本を読まないで下さい〟と彼は言います。説法の場で、或いはトークの場で、盤珪さんもクリシュナムルティも聴衆がメモを取ることを丁重に断わっています。

私には、稲垣足穂の「一千一秒物語」（『一千一秒物語』新潮文庫）は、J・クリシュナムルティが記述する他者性の、〝不可解な創造的飛躍〟（「美のはかなさ」同書）による作家的な閃きであるように思われます。そして、「弥勒」（同書）の中のギュイヨン夫人の次の発言は、J・クリシュナムルティその人のことでもあると思われます。

「今は何者も無差別に、絶えて何物も欲することなし。我は、自らの、なお此処に有りや無しやを知らず」

最後に、『盤珪不生禅』を書かれた十菱麟氏、松嶌徹氏、たま出版の韮澤潤一郎社長、中村利男専務にお礼を申し上げます。また、出版前に、この翻訳文を読んでいただき、感想を下さった方々にお礼を申し上げます。

二〇一〇年二月

中野多一郎

著者――J・クリシュナムルティ

クリシュナムルティは1895年にインドで生まれて、1986年にアメリカ合衆国で亡くなりました。

彼は、生涯を通じて、世界中の多くの地で、作家、科学者、哲学者、教育者たちを含む多くの個人と語り合っただけではなく、多数の聴衆に語りかけました。彼の教えの根幹にあるのは何かと問われて、彼は次のように言いました。

「真理に通じる道はありません。人は、どのような組織を通じても、どのような信条によっても、どのような教条によっても、どのような聖職者や儀式によっても、或いはどのような哲学的な知識や心理学的な術によっても、それに至ることができません。人は、関係性の鏡を通して、自己の精神の内容を理解することによって、知的な分析や内省的な分析ではなく、観察することによって、それを見つけなければなりません…」

クリシュナムルティは全ての人間に関心がありました。彼はナショナリティや信仰を持たず、特定の集団や文化に属していないことを繰り返し表明しました。

彼は、後半生、彼がインドやイギリスやアメリカに設立した学校を主に訪れました。これらの学校は、人間を余すことなく理解することや、生きていく叡智を学ぶためのもので、これらを深遠に理解することだけが、平和に生きる新しい世代を生み出すと彼は強調しました。

「理解することは、決して習慣や日課にはなりえなくて、不断の注意深さや、絶え間なく気を抜かずに警戒していることを要求します。理解するためには、柔軟性、感受性、感傷的なこととは何の関係もない温かさがなければなりません」

（クリシュナムルティ財団のホームページより）

訳者――中野多一郎（なかの　たいちろう）

1948年生まれ、埼玉県出身。

クリシュナムルティ・ノート
《拡大完全版》

初版発行――二〇一〇年六月八日
著　者――J・クリシュナムルティ
訳　者――中野多一郎
発行者――韮澤潤一郎
発行所――株式会社たま出版
〒160-0004　東京都新宿区四谷四―二八―二〇
電話〇三―五三六九―三〇五一（代表）
http://tamabook.com
振替　〇〇一三〇―五―九四八〇四
印刷所――図書印刷株式会社
ISBN978-4-8127-0302-1　C0011